U0023516

UTOPIE

香塔勒·托瑪——著

沈亞男——譯

薩德
Sade

目錄

台灣版特別收錄

香塔勒・托瑪訪談

關於製作《訪談》— 沈亞男

　　製作《訪談》的初衷，是希望以一種生動的思想交流形式，引領讀者打開《薩德》這樣一本難得一見的當代人文著作。首先值得關注的是這本書的文體風格。散文，或稱隨筆（essai），由 16 世紀的思想家培根和蒙田發揚光大，是最難界定的文體之一。因為它允許在一個文本當中雜糅抒情、哲理、科學論證、以及趣味故事等多重文學樣式，是一種足以體現作者百科全書式的知識結構的人文讀物。而在當代的思想家或學者群體中，很少有人會有意識地去尊崇、或傾注心力去實踐這樣一種文體並筆耕不輟。香塔勒 · 托瑪恰是這樣一位卓越的實踐者。通過譯者與她的對談，讀者便可瞭解到她在學術生涯中歷經的情感體驗和思想推進。

　　其次，我們將聚焦於這本書的主題，即研究對象，薩德侯爵。這位自始至終充滿爭議的著名歷史人物，其漫長而又波折的一生跨越了 18 和 19 世紀。立於世紀之交，他見證了法國現代社會發展進程中極其重要且複雜的時期。他充滿戲劇性的人生經歷和極端化的文學創作風格，不僅極易引發我們去思索法國現代社會政治體制的改革和變遷，而且會激勵我們對個體自由的含義以及實現形式展開詰問和探索。托瑪

女士將為我們揭曉她如何與薩德結緣，又是在怎樣的特殊時代背景下，選擇了薩德這一獨特主題。

最後，作為薩德的當代讀者，我們自然希望知曉，薩德的當代意義和價值。如今，我們為甚麼還要去了解一個關於 18 世紀臭名昭著的浪蕩子和罪犯的故事呢？我們的對談，會給予您們答案。

香塔勒 · 托瑪訪談：

薩德、羅蘭 · 巴特、卡薩諾瓦與我

對談人：香塔勒 · 托瑪、沈亞男

主持人：吳坤墉

吳坤墉（以下稱吳）：香塔勒 · 托瑪女士，您好！很高興
　　與您再次見面。感謝您給予我們如此珍貴的機會跟我們
　　對談。在此，我們非常榮幸地宣佈，您的專著《薩德》
　　（Sade, 1994）的漢譯本即將在台灣面世。

沈亞男（以下稱沈）：香塔勒 · 托瑪女士，您好！我非常
　　榮幸，能夠獲得吳坤墉先生的邀請翻譯您這部精彩絕倫
　　的著作。這份翻譯工作，對我來說是一段獨特又非凡的
　　經歷：作為這本書的譯者，又是一名在索邦大學研究薩
　　德的年輕學者，我得以有幸同時跟兩種聲音進行對話，
　　一個，很顯然，是您，而另一個，則是薩德。在最終完
　　成翻譯工作的時候，我想我更好地認識了薩德，即更好
　　地理解了他的生活、他的著作，還有他曾生活的時代。
　　當然我還存有一些疑問，想要同這本書的作者分享和探
　　討。這些問題將圍繞您既嚴謹又富有激情的文筆風格，
　　您對薩德的思考，還有您作為散文家、小說家和 18 世

紀研究專家的職業生涯。

您當初為何選擇薩德作為研究對象？我之所以提出這個問題，是因為我覺得，您當初決定研究這位始終充滿爭議的人物時，非常年輕。他是否是您當時在熱情驅使下而做的選擇（un choix par passion）？您希望通過「薩德」這個簡潔的標題和這部作品向讀者們傳達什麼呢？

香塔勒・托瑪（以下稱托瑪）：我選擇薩德作為研究對象，是因為從未有一種文本像薩德一樣曾經造成如此效應（effet）。的確，這是一個受熱情感染做的選擇。在當時，我對整個 18 世紀、甚至法國文學史都不感興趣。而薩德，就好比日後的超現實主義者，他獨樹一格，有如一種「從未問世」（inouï）的、原創性的文本：它是一種極其高雅的、連結十分清晰的、呈現了邏輯嚴謹（rigueur logique）的語法純粹性（pureté grammaticale）的古典語言，與在無度（l'excès）及違抗所有律法方面的幻想（fantasmes）之間的交匯（rencontre）。換句話說，薩德文本是這種風格的嚴謹性與從未被表達的性的或情色的幻象（visions）之間的「大動亂」（conflagration）。在我求學期間，我主要閱讀的都是一些古典時期的作品，還有一些當代著作，其中包括熱奈（Genet）。我閱讀了他的《小偷日記》（Le Journal du voleur），這類一

直被認為是一種犯罪（crime）的性經驗（sexualité），對我的內心造成了迴響。事實上，我們談論的是離經叛道（déviance）和文筆嚴謹性之間的一種獨特關係。

沈：閱讀薩德對我來說並不總是愉悅的。有時我覺得他的話語既冗長又無聊，他描繪的場景淫穢、殘忍又暴虐。曾經，在我研究薩德的博士生涯中，遇到一些困難需要去克服，也就是說，我必須暫時放下薩德，並選擇適當的時候再重新拾起他來，甚至有時在夜裡，還會做一些無傷大雅的噩夢。我想知道您在閱讀薩德的時候，是否有同我一樣的經歷？

托瑪：我理解你的感受，可我的經歷跟你很不一樣。我們從來都不能夠將我們的書寫同我們的人生經歷分割開。我閱讀的第一本薩德是我的初戀送給我的。當時我還是一名高中寄宿生，他給我帶來了這本小書，而且是在一個足夠隱密得讓我們可以約會的場所，一個會客室 —曾經是古老的小禮拜堂（ancienne chapelle），他給我帶來了這本「黑色的」或者說有點「悲慘的」（misère）小書，我記得是 Editions Pauvert 的那個版本。首先，這個舉動是如此地美好，這也成為我感情（émotions）的一部分。後來，我讀了這本書，好比在一個愛的房間裡去讀它，確切地說，是在一種戀愛關係中。另外他還推薦給我阿

拉貢（Aragon）的《艾琳之歌》（*Con d'Irène*），同時我又發現了布呂奈爾（Brunel）、讓·熱奈（Jean Genet）等。我想，與你不同的是，我完全不是在大學研究生涯中，而是在一段探索愛情的經歷中，去閱讀薩德的。因此，相反地，閱讀薩德從未導致我做噩夢。我當然非常理解你，因為在這之後，當我認識了羅蘭·巴特（Roland Barthes），薩德被我拿來作為研究對象，我們開始閱讀大量的書籍，我們要做筆記，要去圖書館，這是一種設置（dispositif），恰如薩德所形容的，而且顯然事實上不再是愛戀中的事情了。可能正是因為如此，我當時根本沒有選擇《索多瑪一百二十天》（*Les Cent vingt journées de Sodome*），而是選擇了茱斯蒂娜（Justine）和茱麗葉特（Juliette）這兩姐妹的故事。因為《索多瑪》確實會帶來噩夢，這毫無疑問。

沈：我對您的寫作風格印象非常深刻。您用詞造句十分嚴謹。在我閱讀您這部作品的時候，我跟隨著一種想法（idée）和一套邏輯（logique）。而與此同時我也感受到作者的情緒（émotions），比如對薩德伯爵書信的喜愛，對薩德侯爵夫人的忠誠和堅貞的欽佩，對監獄裡侯爵的貪吃和他賭氣般的數字癖好的揶揄，還有對薩德在旅行和戲劇上傾注的熱情的敬意，等等。您的行文中充實著逸聞

趣事以及從薩德作品中擇出的補充段落。您的散文是用一種「追求感官享受」（sensuelle）的方式書寫的，如果您允許我如此形容的話。

這部著作脫胎於您的博士論文。而您當時的導師，羅蘭・巴特，也在書寫薩德，更準確地說，是在研究他的文筆風格。巴特認為，薩德通過他的寫作創造了一種獨一無二的符號系統（système des signaux）。那麼，您在《薩德》中充分發揮的文筆風格是否是從巴特那裡獲得的啟發？您如何看待他對薩德的解讀？您是否可以同我們聊一聊您跟巴特的友誼，以及他對您職業生涯的影響？

托瑪：我非常感謝你的評價。你對文筆風格的超常的敏感度給予我極其深刻的印象。通過你提出的這個問題，我感覺到你是一位特別敏感的譯者，而且極其細膩（délicate）。因此我要感謝你。

當我遇見巴特，也就是說，當我開始閱讀巴特的時候，確實，他觸動了我。而觸動我的作品，並不是他的《神話學》（Mythologies）這部極度理智的專著。而是當他逐漸前進，尤其是從《文本的樂趣》（Le plaisir du texte）開始，他放棄了結構主義（structuralisme）的「綱要特徵」（caractère schématique），他越來越讓自己去踐行一種理智的明晰（clarté intellectuelle）、即智性化（élicitation）

的明晰，與情感的審慎線索（fil discret）之間的融合性（fusion）嘗試。我所趨向的正是這後來的巴特，他不是擅長「編碼」（chiffrage）的巴特，也不是結構主義者（structualistes）那一學派推崇的巴特，而是發出個人化和獨一無二聲音的巴特，一個「非典型」的作家（écrivain atypique）。他這個作家，一直以來被看成是學院派研究者，但事實上，他自己開創了一條偉大文體作家（styliste）的道路。因此，我非常欣慰你在我的《薩德》中感受到了文本傳達的娛樂（amusement）、同情（sympathie）、距離感（distance）等一系列情感（émotions），這些正是我想傳達的。

當我重新讀這本書的時候，最觸動我的事情，是我以描繪薩德父親的肖像作為開端。因為對我來說，當時這麼做是真正的新意（nouveauté）。在我的第一本關於薩德的書和我們當下探討的這本書之間，存在很大的差別。其實在這期間我研究了 18 世紀，我理解了關於公眾輿論（opinion publique）和媒體（média）的問題，薩德的無度行為和他的文體風格因此得以在寬廣的視角（vision large）中被探討，包括（他的這些行為中）什麼是可能發生的，什麼是不可能發生的，以及輿論的突然出現（émergence），還有父親的角色。後者真正代表了舊制度（l'Ancien régime），真正代表了一個公眾輿論根本不

存在且貴族們自認為可以在任何事上不受約束（libre de tout）的時期。因而薩德代表了一種現實，在其中他繼續以攝政時期（la Régence）的方式自顧自生活著，他並非走向一個即將由大革命開創的時期，也就是說，並非走向一種大眾批判（jugement populaire）或是一種良心（conscience）的通道。

吳：是的。這其實打破了我的成見。因為我一直以為薩德代表了大革命，但其實並非如此。

托瑪：確實是這樣。他的的確確是攝政時期的人。他是被他的父親培養起來的。他和他父親一樣，是個典型的浪蕩子（libertin）。毫無疑問，父輩的教育（éducation paternelle）非常成功，因為他追隨了他父親的教誨（enseignement）。這也意味著某種災難（désastre），因為他父親的教育，從某種觀點來看，顯然是很值得商榷的，因為它只在某一特定的時期是可行的。

如果說我追求的是散文的完美性（idéal d'essai），那我會想到巴特、斯塔羅賓斯基（Starobinski）、或是蘇珊・桑塔格（Susan Sontag）和她的《疾病的隱喻》（*La Maladie comme métaphore*）。我喜愛的那些散文，是在其中有散文家的個性、他自己對世界的眼光，他傳遞或呈現的那種敏感度風格，以及在他談討的文本主題與他所

投注的眼光之間的某種平衡狀態（équilibre）。

吳：我閱讀的第一部您的著作，是《一代妖后》（*La Reine Scélérate*），這次我又閱讀了亞男對《薩德》的翻譯。其實在《一代妖后》中，我已經發現在《薩德》中體現的文筆風格，只不過在《一代妖后》中的行文沒有《薩德》那麼凝練（condensé）而已。

托瑪：是的。這是因為在目前我們探討的這部《薩德》之前，我曾經撰寫了另一部《薩德》。而在出版這兩本書的過渡時期，我研究的主題是關於 18 世紀的媒體、當時民眾的意識、輿論的操作等，所以有《一代妖后》這樣的成果。也因此，比較可以跳脫短視的看法（vision myope）。

吳：確實，您從描繪薩德的父親這一角度展開研究，令我印象深刻。這是一個非常好的方式，在《一代妖后》中也有一樣的安排。您並不急於直接剖析主人翁，而是創造一種可能性讓我們得以真正理解這個人物：他是如何自我成長，或者說如何被塑造的，以及他是在怎樣的環境和文化氛圍中成長的……等等。

托瑪：是的。在薩德的教育中，我們可以發現很有趣的一點，那就是薩德父親「擄走了」薩德，父親的影響是非

常深的，而他的母親是完全缺席的。根本沒有母親的影響，完全是一個典型的浪蕩子對一個年輕浪蕩子的言傳身教。當然，《一代妖后》與《薩德》間確實有一種聯繫，那就是，通過閱讀反對瑪麗・安東奈特王后（reine Marie-Antoinette）的抨擊刊物，我得以發現薩德原來竟如此熟悉抨擊性文學（littérature pamphlétaire）。他十分瞭解其攻擊浪蕩子們的這種暴力，而他竟能夠反過來利用這類文學去塑造他作品中的正向人物（personnages positifs）。這讓我十分著迷。那個所謂殘忍的王后，可以為所欲（peut tout faire）的瑪麗-卡羅琳（Marie-Caroline），那不勒斯的王后（reine de Naples），瑪麗・安東奈特的姐姐，薩德就在他的小說中對她進行了描繪。

沈：您自文章開頭，便反覆強調薩德文筆的「音樂」特性。如在「前言」中，您寫道：「薩德的寫作使人著迷，因為一種毫無缺陷的精湛技藝所產生的優雅，因為某種音樂精準度（justesse musicale）──這使他立即找到富有旋律的句子，和融匯在統一調性又帶著獨特重音的形容詞或動詞。」或者在關於薩德旅行的那一章中：「在他的《荷蘭遊記》中如同在他的《意大利遊記》中，薩德也採用了書信體形式；一位女士成為他的收信人。他並

未賦予她任何個性，但她讓薩德言語特有的這種節奏（scansion）得以顯露出來」。還有在「茱斯蒂娜」一章中：「借助這部小說，開創了薩德敘事上典型的雙時段節奏（la scansion en deux temps）：申論的時段和情色場景的時段。」您如何詮釋您賦予薩德文筆的關鍵詞：節奏（scansion）？

托瑪：這一點我在訪談開始已經稍作闡述了。顯然，他的語言是非常美的，因為他是在耶穌會學校接受的教育。他的文筆體現了對拉丁文句法（syntaxe latine）的完全掌握，他運用精湛的嫻熟技巧實現了演說風格（style oratoire）。更準確地說，他會把情色主義（érotisme）以及性行為（pratiques sexuelles）方面我們所能設想的一切推向極致。而這種表達，或者說這些圖景（tableaux），是通過一種等同於一個講道的神甫（prêtre en chaire）的語言，或是等同於一個正在說服公民們一項法律的正當理據（bien-fondé d'une loi）的演說家的語言展現的。他利用所有修辭語藝的素材（ressources de la rhétorique）。正因如此，我特地提到了他的「女士」、「親愛的伯爵夫人」、「讀者」，他是為了不要丟掉，或者說要贏得他聽眾的贊同（adhésion de son auditeur）。運用所有這些素材並不是為了教堂裡的美德演說（discours vertueux），也 不 是 為 了 捍 衛 公 民 們 的 福 祉 （bien-être），而是為了賦予一種情色姿態（posture érotique）優先權去攻擊另外一種。這實在太精彩了，這種諷刺（ironie）。在這裡有一種詼諧（drôlerie），因為他十分清醒於他在修辭標的（visée rhétorique）上施加的這種扭曲（torsion），那便是為惡的理念辯護（défense de l'idée du mal）。那些原是發展出來說服公民、民眾或是教民（paroissiens）行善，以及為了傳播宗教的話語，被他用來宣揚他的信仰，即「允准一切，尤其是允准違抗一切」（s'autoriser tout, surtout de tout transgresser）。

我提到的節奏（scansion），在薩德的行文中有兩種使用方式。一種指的是插入句（incise）的節奏，因為薩德孤單一人在監獄裡寫作、遐想，有一種精神分裂的傾向，所以諸如「夫人」、「伯爵夫人」、「讀者」等插入句，是為了不讓他們消失，有種地址（adresse）的作用。而另一種節奏，它其實是體現在薩德文本的佈局（disposition）中的，是論述、或者說長篇論說，跟狂歡行為片段間的輪替（alternance）。

吳：我唯一讀過的薩德的著作是《閨房哲學》（*La Philosophie dans le boudoir*）似乎正是您描述的這種風格。

托瑪：是的，這是一部獨一無二的作品。薩德寫作時腦袋裡

真的想著大革命的抨擊刊物，同時又與公民們的口號連接。但是根據薩德的觀念，博愛（fraternité）最終就是所有人在一起做愛。他其實是在玩弄大革命式的話語。在作品中，這一點也有所表露：有一個人民的代表（représentant du peuple），他是個園丁，叫奧古斯丁（Augustin）。在（性愛）場景將要持續更久的時候，書裡主人翁說：「喔，奧古斯丁你可以去[1]了！」（Oh, Augustin tu peux partir !）

吳：以前，我真的非常天真地認為薩德是一個革命者，因為有一篇〈法國人，如果你們想成為共和主義者，再加把勁！〉（Français, encore un effort si vous voulez être républicains）在《閨房哲學》中。

托瑪：那就要看我們將「加把勁」（encore un effort）的含義理解到何種程度了！薩德其實向共和者們傳達：你們既然已經頒布法令說所有人生而平等且都是兄弟，那麼你們就要做到極致，你們也要在性行為方面完成「博愛」這樣的理念。

沈：您在更早的時候出版了《一代妖后：潑糞刊物裡的瑪麗・安東奈特》（La Reine scélérate: Marie-Antoinette dans

---

1. 雙關語。這裡 partir 字面上是走開，但也意指射精。

les pamphlets, 1989）一書。在《薩德》的第二部分，您繼續探討那一時期的女性，不僅是像茱斯蒂娜或是茱麗葉特這樣在小說中的人物，而且還有存在於歷史或抨擊刊物中的著名人物，即王后或者公主等。在她們之中，有被折磨和被詆毀的受害者，也有支配者、即浪蕩子們的同謀。與此同時，您還分析了薩德小說中的浪蕩女（libertines），並解釋女性之間的關係比男性之間的關係更加危險。那麼，您是否認為，在薩德生活的時代，浪蕩女同浪蕩子是平等的？而放蕩（libertinage）也不一定是男性專有的？

托瑪：我認為在薩德的那個年代，我們幾乎對浪蕩女一無所知。我舉個例子，比方說騰森夫人（madame de Tencin）。她曾經是一個修女（abesse），她是在違背自己意願的情況下，被其父母送進修道院裡的。幾乎每一年，她都提交書面申請，聲稱自己是被迫的，並希望離開修道院，回歸世俗社會。這真是難以置信。在攝政時期，她終於獲得自由。她開設了沙龍，她曾經寫出極其合乎道德的作品，但我們通過她的同時代人的記述得知她就是個浪蕩女。通常來說，我們提到一個浪蕩女，她都出身於非常富有的資產階級（riche bourgeoise），或是來自貴族階層（aristocratie），而不是出自平民階層（classe du peuple）。

這裡需要闡明的是，放蕩（libertinage），在 17 世紀，最開始，是一種哲學（philosophie），它質疑並拒絕所有權威（autorités），尤其是宗教權威。因此，所謂的「浪蕩子」，在 17 世紀，是一些思想家和哲學家，他們捍衛享樂主義（hédonisme），反對宗教權力和宗教禁令。在其秉性中，沒有情色或性的面向。只是到了 18 世紀，「浪蕩子」明顯帶上了追求享樂（recherche du plaisir）的含義。那個時期的某些浪蕩子，比方說薩德，他們依然繼承了放蕩的哲學內涵。薩德就是一個同時兼有 17 世紀末和 18 世紀特徵的榜樣性浪蕩子。在 17 世紀的放縱方面，他保持著唐璜（Don Juan）的姿態，一種─「我的思想體系並非繼承於一種宗教傳統，我的思想體系屬於我自己，其中包含對於人能夠征服一切的捍衛」─這樣的姿態。在這種征服中，將會有對享樂的征服，而這是屬於 18 世紀的。

因此，浪蕩女是很難與放蕩的哲學意義聯繫在一起的。因為那個時期的女性並沒有接受很好的教育，她們被剝奪了進入索邦大學（la Sorbonne）此類高等學府的權利。不過到了 18 世紀，浪蕩女，伴隨著追尋享樂的放蕩理念，可以成為浪蕩子的同謀（complices），並且她們幾乎主要都來自戲劇演員和藝術家群體，即一些已經被邊

緣化的女性。不過這類情況，通過閱讀薩德我們其實是無法知曉的。然而通過閱讀卡薩諾瓦（Casanova），我們知道確實有一些自由的年輕女性，她們付出了一定的代價，因為她們是不被社會普遍接受的。她們是樂意接受這種生活的。她們並非每次都是被侵犯的。追求享樂也令她們感到愉悅。在歷史上，這個時期沒有任何一位女性書寫過浪蕩女們的經歷。如果有一個女性真正顯現出浪蕩女的模樣，比方說在薩德的父親、即薩德伯爵的書信集裡，我們得知，有很多極其「放縱」的女性，但是她們本人是完全不會公開自己的這些行為的，因為這太危險了。在那時代，丈夫只要一封密函（lettre de cachet）就可以把妻子送去關起來。

沈：基於您對放縱的解釋，我想要進一步提問。其實在《薩德》中，您已經呈現出對 18 世紀女性特徵（féminité）和自由（liberté）的研究興趣。之後您在 2014 年出版的散文《自由的風尚：關於 18 世紀精神的種種變化》（*L'Air de liberté: variations sur l'esprit du 18ème siècle*）中，通過探討黎塞留公爵（duc de Richelieu）和卡薩諾瓦等典型浪蕩子，以及藤森夫人和斯塔爾夫人（Madame de Staël）等女作家和沙龍女主人，拓展了相關主題。那麼，據您的看法，自由與放縱之間是怎樣一種關係呢？

托瑪：斯塔爾夫人，比方說，是一個跨越 18 世紀和 19 世紀
　　的人物。對她來說，當時的重大政治創傷（traumatisme
　　politique），是 1789 年法國大革命的理想後來竟演變出
　　了恐怖時期（La Terreur）。斯塔爾夫人非常堅定地捍衛
　　1789 年的革命理念，捍衛自由的理念，卻目睹了恐怖時
　　期的發展，看到她的朋友受害，這成為她人生的政治悲
　　劇（drame politique）。而與本雅明・貢斯當（Benjamin
　　Constant）為伴，她成為第一位真正具有知識份子與政治
　　思考的女性。當然她有得天獨厚的力量（force）。比方
　　說，她很富有，她的父親雅克・奈克（Jacques Necker）
　　富有到可以借錢給國王；而且因為她是瑞士人，她得以
　　逃避拿破崙專制（tyrannie de Napoléon）的迫害。在恐怖
　　時期，她可以協助人們逃離法國找到避難之所。她確實
　　是一個真正的自由之人物（personnage de la liberté）。
　　不過她的一生連續遇到一些不幸的感情經歷。她和不同
　　的男性有過孩子。有人可能會因此說她是「浪蕩女」。
　　但我不認為她是「浪蕩女」，她其實是一位戀愛中的女
　　性（femme amoureuse），每一次她都相信那是獨特的伴
　　侶關係（lien conjugal et unique）。在一段關係中，她完
　　全不會保持距離也不會諷刺挖苦，更不會施展殘忍的一
　　面，一般都是她去承受這些折磨。確實，對女性來說，
　　需要涉及關於孩子的問題。在卡薩諾瓦的《回憶錄》

（*Mémoires*）中，同樣反映了這個情況。卡薩諾瓦差點就要被送進監獄，因為他幫助了想要墮胎的女性。這也是限制女性放蕩的因素之一：墮胎是一項罪行。正如現在的美國德克薩斯州，墮胎就是殺人。總的來說，斯塔爾夫人確實是最早思考政治、思考自由的女性之一，但她並不是浪蕩女。

吳：是否，對於女性來說，不可能同時既是自由之人，又是放蕩之人？

托瑪：啊，不，其實是可以的。只是我找不到一個這樣的例子。就一個女性來說，她可以捍衛自由，雖然在當時的法國，去思考如何在一個國家實現自由的統治（règne de la liberté），這一實踐是失敗的。尋求自由是一種政治行為（comportement politique）和一種解放（libération）。而成為浪蕩女，則意味著要回到放縱最開始的涵義，那就是拒絕權威，拒絕宗教和政治壓迫。而事實上當放縱回到私人生活方面，就意味著，愛情（amour）不重要，而慾望（désir）才是重要的。正如《危險關係》（*Les Liaisons dangereuses*）書中所描述，也是薩德避之唯恐不及的：陷入愛情或者和某人戀愛。這是錯誤的，因為這會讓放縱的機器（machine）停擺。身為放縱主義者，就總是想要玩弄新的對象，就總是想要體驗（expérimenter）

薩德
25

其他東西。我們可以有同謀。比方說梅爾特耶夫人（Madame de Merteuil）和瓦爾蒙（Valmont），你可以和一個男人結盟將他作為情人，繼而和他一起探索（explorer），但是，絕不能陷入愛情或是和某人戀愛，那是不容許的。但到了 19 世紀，或是斯塔爾夫人的小說中講述的都是愛情故事。反之，浪蕩子的箴言是《明日不再來》（*Point de lendemain*），或是像小克布陽（Crébillon fils）那樣的書寫。

沈：我們很難在探討薩德的時候不去提卡薩諾瓦。他們是同一時代的人物。他們在義大利曾享有同一個情人，但不在同一時期。您現在與薩德保持一定距離，而您對卡薩諾瓦則表現出一種特別的喜愛。為什麼會有這樣的疏離（éloignement）和親密（intimité）呢？這兩個偉大的放蕩子之間的差別又是什麼呢？

托瑪：我並未從薩德處移情於卡薩諾瓦。我當時在紐約，開始閱讀卡薩諾瓦。在哥倫比亞大學的圖書館裡看到了他的書。我一下子便為他的書寫方式還有他講述自己人生的方式所著迷。觸動我的是兩種截然不同的世界，兩種截然不同的作品。薩德曾經想要書寫自傳，但是他最初的手稿被人偷走，他也從未完成自傳。薩德的作品不是自傳性的，而是虛構的和哲理的著作。卡薩諾瓦的作品則

純粹是自傳性的，他將自己搬上舞台並講述自己的人生。

這兩個人關於世界的態度也是截然相反的。薩德屬於大貴族（grand aristocrate）的態度，這是一種因出生就卓然於眾生（supérieur au commun du monde）的姿態，如同唐璜一般。法律約束或許是為了民眾、為一些資產階級準備的，對他、對他們的圈層來說則並不存在。但有趣的是，例如有另一個著名的浪蕩子─當然是通過他人的記述，我們才知道他的事蹟─那就是黎希留元帥（maréchal de Richelieu），他秉持著同薩德一樣的態度，而他同時又是個廷臣（courtisan），因此他有國王的庇護（appui du roi）。造成薩德的不幸的其中一個因素，是在於他有這種態度，這種違抗一切、高人一等、毫無人性的態度，但他又不是廷臣，他厭惡王廷，他甚至討厭對著國王卑躬屈膝，因此他是完全被孤立的。而黎塞留則截然相反，他依附於特別強大的權勢以維持他的地位和逍遙法外的態度。

卡薩諾瓦則完全不同，他的母親是鞋匠之女，父親是戲劇演員，他的出身一無是處。他講述了在 18 世紀背景下可能發生的另外一類故事，那就是通過鑽營（se faufiler）跨越障礙從而成就一切。當然除了他在威尼斯鉛板監獄（prison des Plombs）的那次囚禁，最終他其實也得以逃脫。他非常小心謹慎，如同狄德羅

（Diderot）一樣，他嘗試與權力虛以委蛇（ruiser）。因此他與薩德的巨大差別在於，卡薩諾瓦不自認凌駕於法律之上，他只是嘗試同它迂迴（biaiser）。他什麼都沒有，因此從一無所有出發，他嘗試找到自己的幸福形式（sa forme de bonheur）。卡薩諾瓦的原動力（ressort de la démarche），是追求幸福和追求享樂。而薩德，對他來說，根本沒有幸福這回事。在他眼中，只有激情的狂暴（emportement passionnel）和界限的永恆超越（dépassement perpétuel des limites）。

吳：有一件事我覺得很有趣。那就是，卡薩諾瓦寫的是自傳（autobiographie），而世人通常覺得他在虛構（fiction）。薩德的作品均為虛構，而世人皆認為他講述的故事都是他本人的事蹟。

托瑪：是的，這非常奇怪也非常有趣。其實當薩德從巴士底獄出來的時候，一方面他與舊專制君主制度對峙，另一方面他又對革命派非常警惕。但他還是加入了一個溫和革命派（révolutionnaires modérés）的俱樂部，而之後也以溫和革命派的身份被捕。在法庭上，他想盡辦法不要被判處死刑。確實關於這一點，正如你所說，有一種「停頓」（césure）。他在腦子裡想像構建東西，但這並不是他本人。至於卡薩諾瓦，我熟悉那些卡薩諾瓦研究者，

他們花很多時間去檢證卡薩諾瓦寫的東西到底是不是真的。而幾乎每次驗證的結果都是真有其事。他們的研究屢次證明，卡薩諾瓦確實來過某個地方，他的確結識過某個女人……等。這是不可思議的，他都說了是他的自傳，可很多人就是不相信。而反過來，薩德可從未說過《索多瑪一百二十天》是他的自傳啊，從未。

我在此想要直接回答亞男的是，我顯得對卡薩諾瓦比較親近，可能是因為薩德無法引導、激勵我們去追尋某種生活方式（mode de vie）。而當閱讀卡薩諾瓦時，我們能夠被他的敏感度，還有一種他深刻的樂觀主義（optimisme profond）所吸引：他彷彿一直對自己說：「我身處在一個將我排除在外的社會，但這甚至沒什麼所謂，真沒什麼所謂」。日復一日，他切實地追隨著自己發現的慾望（désir de découverte）。因而，卡薩諾瓦與我非常親近，絕對地。並且他向我昭示了關於 18 世紀的所有面貌（aspects）。因為想到 18 世紀，我們主要提到的還是哲學，伏爾泰，百科全書……等等。但 18 世紀同時還有其他種種，有冒險家們（aventuriers），是冒險家以及到處兜售假藥和假發明的江湖騙子們（charlatans）的世紀，也是個博戲的世紀（siècle du jeu），人人都賭錢，到處有牌局。卡薩諾瓦，作為義大利人，呈現了一種歐洲的風貌，即從一個國家邊界跨越到另一個國家邊界，

是毫無困難的。

吳：在我們生活的這個時代，憤世嫉俗（cynisme）已經如此
　　地嚴重和激進。與此相較，在生活中找尋快樂的這種卡
　　薩諾瓦式的樂觀主義確實更加討人喜歡。

托瑪：是的，確實如此。不管怎樣，關於《索多瑪一百二十天》
　　的進程，還有薩德小說的進程，其實，薩德書寫了《索
　　多瑪一百二十天》，接著又重寫了它。他這麼做，簡而
　　言之，是讓它與一種更容易企及（plus accessible）的空
　　想小說（roman romanesque）形式相稱。這是他不斷努力
　　的唯一文本，而且他傾盡了全力。他不會變動他已經確
　　立好的反叛的和情色的言語範式，他只會增加形式的花
　　樣，尤其是戲劇化的時刻（moments de théâtre）。
　　卡薩諾瓦完全不是這種表達方式（démarche），正如
　　後來的普魯斯特（Proust），他是要重新找回他的人生
　　（retrouver sa vie）。事實上，對我來說，卡薩諾瓦書寫
　　的遠不止自傳這麼簡單。比方說，有一個特徵是我特別
　　欣賞、也特別讚嘆的，那便是，卡薩諾瓦如何精妙地令
　　「次要人物」（personnages secondaires）具有存在感。一
　　個故事顯得如此強烈，是因為他並不急於將筆墨集中於
　　一個或兩個人物身上。一位他渴望得到的年輕女子在他
　　的文字中閃現，她存在過，他或許在二十年之後才再次

找到她，她就這樣再次出現。因此卡薩諾瓦的故事有著堆疊的層面（tout un feuilletage），而且完全不是線性的（linéaire）。正是為此，普魯斯特在書寫《追憶似水年華》（*A la recherche du temps perdu*）前，閱讀了大量的 18 世紀回憶錄。他從 18 世紀回憶錄裡學得的重要一課，是如何將一個人的故事從閱讀、慾望、社會和歷史等好幾個層面（couches）表現出來。因此，卡薩諾瓦對我們來說，不僅是一個更加快樂的陪伴，與我們更親近，他同時也是我們展開閱讀和書寫自傳的實踐的思考性原動力（ressort de réflexion）。

沈：您曾經為貝諾瓦・雅克（Benoît Jacquot）的電影《最後的愛》（*Dernier amour*, 2019）撰寫劇本。它講述的是卡薩諾瓦在英國經歷的最後一次愛情。您是否可以跟我們談一談您參與製作這部電影的經歷呢？（動機、與電影人的合作、電影的反響，等等）

托瑪：這很好回答，因為說實話，不是特別有趣。是的，我同另一個劇作家紀堯姆・包儒爾（Jérôme Beaujour）合作，為這部電影撰寫劇本。伴隨著我們的撰寫工作，這個劇本其實改變了非常多。而在這一過程中，是主演文森・蘭東（Vincent Lindon）將這個故事轉到一種減少了許多趣味（ludique）的方向上去的，很多都出乎我意

料。這是一個非常特別的卡薩諾瓦，是一個非常陰暗的（sombre）、悲哀的（funèbre）卡薩諾瓦。這是編劇工作的難題，因為電影是團體工作，而遇到這種問題也只能避開了。但是我的其它兩部作品的電影改編就不是這樣。像同樣也是貝諾瓦・雅克導演的《再見吾后》（*Les Adieux à la reine*, 2012，電影台譯《情慾凡爾賽》），我就完全認同，另外還有瑪爾克・杜甘（Marc Dugain）導演的《王妃的交易》（*L'Échange des princesses*, 2017），我也都絕對認同。

吳：而在《最後的愛》中，您並非如此地⋯⋯

托瑪：是的，我沒有辦法。實在太複雜了，有太多聲音了，有各種指令（injonctions），包括製作人的在場，還有那位十分強調自己表演風格的演員，一切都太難了。

沈：由於《薩德》是您的早期經典著作，您現在是否想要再重讀它呢？如果是的話，您是否有一些新的想法來續寫這部作品？

托瑪：我想如果我今天來寫的話，會增加一些看法，就是剛剛我講到的關於卡薩諾瓦的內容。我會強調關於某種距離（distance）方面的問題。我與薩德保持親密無間的關係（rapport fusionnel），是在我年輕的時候。因為

我當時在實驗階段，什麼都想體驗。另外也是跟時代相聯繫，那是在 68 年五月風暴（Mai 68）影響下的年代。68 年五月風暴當然是早在那之前就開始醞釀，在人們意識到以前就在發生。這段時期，我們非常迷戀薩德、讓・熱奈（為了同性戀解放）、維奧萊・勒杜克（Violette Leduc），還有西蒙・德・波娃（Simone de Beauvoir）等。某種關於薩德的解讀，與超現實主義者的態度部分一致的一些解讀，在這一時期風靡。這其實是反對所有審查制度（censures）、反對禁忌（interdits）、反對禁止墮胎等等的一種方式，事實上意味著性解放（libération sexuelle）。我自己第一本關於薩德的著作便是在這個脈絡下的書寫。而如今你們即將出版《薩德》，是我第二本關於薩德的著作。兩本書之間，我增加了某種關於 18 世紀的學問（savoir）、熱情（passion），得以在更廣闊的視野（horizon）中解讀薩德。如果我今日再寫《薩德》的話，我會嘗試探討，如今究竟是哪種誤解（malentendu）阻礙人們去解讀薩德。坤墉剛剛非常精確地描述了這個誤解：薩德書中那些幻想的自由進程（libre déroulement d'un fantasme），也就是超現實主義者很合理地視為是無意識之解放（libération de l'inconscient）的東西，現如今，卻被望文生義地（au pied de la lettre）當成是作家所作所為的如實

匯報（compte-rendu factuel），抑或是要犯下文本中講述的所有罪行的惡行警告（admonestation）。目前有一種危險，即人們將小說裡的東西當成一個作家的罪證宣告（déclaration de conviction）。我們已經不知道如何區分虛構和現實了。

吳、沈：感謝您，親愛的香塔勒，跟我們詳細並深入地探討了這麼多有趣的話題。感謝您對我們翻譯出版工作的支持和肯定。期待與您的下一次相見！

（2021 年 9 月 7 日視訊訪談。沈亞男整理。）

香塔勒・托瑪————著

沈亞男————譯

薩德

Sade

前言

因為非常確信，所有人們從我手中焚毀的，我將重新開
始……

文森堡監獄，1782 年 11 月 20 日

薩德自己，在其愁苦老年的某一天，絕望地寫下了這段
墓誌銘：《所有政體下的囚徒薩德之墓誌銘》。

過路人，
跪膝祈禱吧
在最不幸的人身旁。
他生於上個世紀
死於我們的世紀。
帶著醜陋面容的專制政體
在所有時期向他開戰；
在君主時期，這可憎的怪物
攫取了他的全部生活。
恐怖時期，它依舊如故
並將薩德置於深淵的邊緣。
執政府時期它再度降臨：
薩德仍然是它的受害者。

是以，在這位永恆囚犯的召喚下，在這位為了其感官享

樂（plaisir）之狂熱而以生命為代價之人的召喚下，路過的我們，在身處的這另一個世紀裡，讓我們暫且停下腳步吧。以此（沒完沒了的受害者角色）為交換，後世讓他能夠用一個新詞去形容施虐者[2]。然而這個新詞——這種後世誤解之先兆——應該依然不會令他氣餒。

薩德在所有政府統治下都被監禁。在他的書中，從未停止表明放蕩（libertinage）的實踐面向必不能從其理論面向中脫離，為此，他將嚴厲地承擔其後果：他先是在舊制度時期（l'Ancien Régime）因為荒淫無度（excès de débauche）被定罪（十三年的牢獄之災，1777 年至 1790 年），之後，因為他的作品，在執政府時期（le Consulat）和帝國時期（l'Empire）被定罪（又是十三年的牢獄之災，從 1801 年直到他 1814 年去世）。

頑強（obstination）——薩德用以對抗他不停成為目標的所有審查形式——出自一種獨特的毅力（énergie singulière），他經由遭遇的阻礙而變得更強大，因而越發難以馴服。薩德在這樣的毅力中看到了一種家族特徵，但他是僅有的一人，因為他將之當作他史無前例作品背後的支撐，賦予它一種作為榜樣的向度（dimension exemplaire）。任何事都無法令薩德膽怯，任何事都無法讓他噤聲。沒有任何宗教

---

2. 這一新詞指性虐主義（sadisme），以薩德之名為詞根。——譯者註。

或是政治權力能如此，也沒有任何朋友的影響能如此。由於貴族出身的驕傲、惹事生非的愛好、喜歡作對的性情，他無視謹慎的重要性。在文森堡和巴士底的監獄裡，在大革命動盪中，接著在 19 世紀拿破崙征戰勝利震耳欲聾的迴響裡（此時，被關在夏倫敦收容所 [hospice de Charenton]，他遠遠地追隨著充滿血腥的不凡功業），薩德持續不輟。1807 年，在一次警方的搜查中，他的手稿、鵝毛筆、墨水和紙遭到沒收後，侯爵簡潔地在他開始書寫的筆記本開頭記錄道：「此日記延續從我這兒奪走的那些。」

薩德的非凡意志，即這種不妥協的倫理，其作為一套完全被構思成一種對於**罪惡之頌辭**（apologie du Crime）的作品的基礎，可能就是緊緊抓住其讀者並激勵他們的因素，其程度不亞於文本的情色成分（composante érotique）。閱讀薩德是快意的（euphorique），因為浪蕩子（libertin）勝利的話語消除所有疑問、摧毀恐懼，但也因為，為了達成這種言語上的確信（sûreté d'énonciation），作家成功地消滅了審查者們的勾當，克服了自己的不幸。

因為一天有人問我，為什麼我對薩德的作品如此眷顧，這樣的答案便冒了出來（我是第一個對此驚訝的人）：我只要想到薩德，任何形式的氣餒都無法打擊我……

從路易十五統治時期，即他年輕的時代，到帝國時期，

世界變了，治安手段亦然；薩德卻保持不變。從他工整的字跡中（隨著他的視力減弱而逐漸變大），他戮力實現《朱麗葉特的故事》（*Histoire de Juliette*）結尾處所說的那項既宏偉又烏托邦式的綱領：「哲學必須說出全部（tout）。」

全體性（totalité），在薩德看來，並非通過他所探觸主題的多樣性來衡量，而是根據它們顛覆的程度（degré de subversion）。薩德的話語訴說並反覆訴說著，哲學根植於感覺混亂（confusion des sensations）和身體失語（aphasie du corps）中。他的人物表述出難以表達的（l'indicible），讓不被見諒的（l'injustifiable）發聲。

> 「這是趣味歷史（*histoire de goût*）」，杜克羅茲（Ducroz）說道，他在薩萊特（Laurette）的屁股上激烈手淫的同時親吻著弗萊維（Flavie）。
>
> 「這是*哲學*，這是*理性*」，沃爾瑪（Volmar）被戴爾貝娜（Delbène）口交時顫抖地說道……[3]

薩德哲學在閨房（boudoir）中取得了它全部的意義，因為它首先是一種感官滿足的方法（méthode de jouissance）。在它的邏輯中有情色的目標，在它最美妙的論證中有著藉由高潮（orgasme）而來的證明，一聲精力充沛的「該死！我勃

---

3. 《薩德全集》（*Œuvres complètes*），第 VIII 卷，第 66 頁。

起了」總是為這些論證提供它的結論。

　　作為研究性之任性（caprices du sexe）的歷史學家，薩德將色情描寫與不知疲倦的論證熱情（ardeur démonstrative）結合起來。兩種主題（motifs）相互交織並推進。從其中一個主題轉換到另一個主題的時候，沒有間歇，也沒有過渡。「我們繼續吧」，浪蕩子命令道。必須說出全部並不停地說。由於其單軸（monocorde）且毫無干擾的推進、由於它一貫的優美風格，薩德的文體可以被當成單一的「長卷」（bande）來讀（類似於《索多瑪一百二十天》[Cent Vingt Journées de Sodome] 的長卷，它是由薩德被囚於巴士底監獄時一頁一頁黏貼起來的），足夠緊湊，以防外界的干預，可又足夠靈活，可以插入符合他「談論其迷亂（raisonner ses égarements）」這一初始原則的內容。

　　通過這種偏執（monomanie）與靈活的融合，通過這種前進卻無所改變、但同時將所有知識、所有論證類型以及所有文學體裁變成自己所有的獨特方式，薩德的書寫顯得與眾不同。帶著對流浪漢小說（roman picaresque）（最自由的形式）的偏好，薩德還實踐了書信體小說（roman épistolaire）、短篇小說（contes）與中篇小說（nouvelles）等簡短體裁、旅遊指南（guide de voyage）這種最格式化的文體、歷史故事（récit historique），並且一生都帶著熱情，醉心於戲劇上。裝飾與場景的盛大排場、對白的活潑生動、抨

擊刊物的意氣風發（verve pamphlétaire）、說教的溫煦動人、百科全書式的精確……薩德利用一切。他將各種筆調屈從於其放蕩之法則，而這種受單一一種觀念支配的狀態遠非限制他的想像世界，反而啟發他創造出若干反映他慾望之過度（démesure de son désir）的人物。薩德筆下著名的浪蕩子皆以驚人的方式有著鮮明又有活力的存在。如同傳奇英雄般動人，他們一樣也擁有神話諸神的超人能力，即他們經久不變的光彩——他們正是如此刻印在我們的記憶中的。

定在自己目標上不動的同時，薩德根據所選定的體裁而有所變化。他以別的方式配置，以不同方式調整，然而是為了更好地重申他的體系。浪蕩子的表白：「這就是我的體系，親愛的女孩，它自我孩童時起便在我身上，而且我這一輩子都絕對不會拋棄它」，是他著作源起的真實寫照。一本書接著一本書，薩德不曾探索新的主題。他的主題已經存在於《索多瑪一百二十天》中，甚至，儘管只是初具形貌，它們在他年輕時期《意大利遊記》的寫作計劃中就已經存在了。

在薩德書寫中，如同在他狂歡場景（scènes orgiaques）的組織中，「安排（arrangements）總是一樣的，儘管形式多樣」[4]。喜愛薩德，意味著有感於那套對應一種精湛技藝和一套策略的變奏藝術（art de la variation）。不僅薩德宣稱隨

4.　《索多瑪一百二十天》，第 111-112 頁。

時準備好重新開始書寫那些被燒毀的手稿，而且他重新開始的每個文本都會改變早先文本的「安排」，預先填補它的消失。每個文本分別產生的這種平順和連續效果（effet de lisse et de continu），對他所有著作皆成立，即便——事實也確實如此——由於其中一部分已經被燒成灰燼，我們所得到的只不過是有所缺漏且並不完整的作品時，亦然。

藉由《索多瑪一百二十天》揭開序幕的事業，是一部戰爭機器（machine de guerre）；它同時也是，並且尤其是，一套感官享樂的裝置（dispositif de plaisir）。18世紀的放蕩小說作家（écrivains libertins），或者延續唐璜（Don Juan）的死亡挑戰（défi mortel），比如肖戴洛‧德拉克洛（Choderlos de Laclos），或者如同小克布揚（Crébillon Fils）、卡薩諾瓦（Casanova）或利涅親王（prince de Ligne），他們則偏好在一個享樂主義空間裡的私語，在其中，對享樂的尋求絕不會威脅公眾道德，而是以暫時擺脫它為樂。薩德則是毫無保留地選擇了公開宣揚的邪惡（vice proclamé）和跟最高當局的對抗。他的人物，如同《危險的關係》（*Liaisons dangereuses*）中的角色一樣，將他們的準則放在比他們慾望的飽足更高的地方，而他們關於惡（le Mal）的觀念則與一種關於善（le Bien）的神聖概念針鋒相對。他們還可以宣稱，如同瓦爾蒙子爵（vicomte de Valmont）一樣：「我會得到這個女人的；我會從糟蹋她的丈夫那裡將她劫走：我敢把她從她所熱愛的

上帝手中奪走。」[5]

　　但在這個越軌的脈系（lignée transgressive）中，薩德是他那個世紀的情色作家中唯一一個未將露骨言語同一種哲學宣揚（profération philosophique）分開的人，後者與它所宣告的或是所評論的狂歡（orgies）承載著同樣的強度。他同樣也未將性違常（perversions）（或「性嗜好」[passions]）的詳細列舉與他情色想像的自由抒發分隔開來。或者更準確地說，他將「心血來潮」（fantaisie）這一詞語所結合的行為和它的幻想、具體動作和它的夢想延伸包含在一種不可分解（l'indissociation）中，這種不可分解體現出它們的特徵：「我承認，必須要提升一點他的想象力」[6]，朱麗葉特（十分謙遜地）宣稱道。

　　隨著時間變化，而且即使置身於道德解放讓我們習以為常的寬容體制中，薩德的觀點和描寫中令人反感的特徵依然沒有削弱。薩德仍然是不可超越的；但這種持續作用的激烈，這種一路將他推向終極後果 —— 在性方面的孤立和他的怪異 —— 的決心，同時也是一種對讀者的持久關注。細緻的原則（principe de délicatesse），薩德將之置於所有性違常的源頭，同樣也主導著他的寫作。

5.　巴黎，Gallimard 出版社，「七星叢書」（Bibl. de la Pléiade），1951 年，第 46 頁。齊克果的《誘惑者日記》（1843）也隸屬於同一個傳統中。
6.　《薩德全集》，第 VIII 卷，第 161 頁。

薩德是一位無度之作家（écrivain de l'excès）。他也是一位體貼的東道主，還是——以他徹底性違常和極度理性的方式——一位智者（sage）。就在閱讀他的時候，他邀請我們暫且擱置我們的判斷，並給予我們在幻想方面的超道德性（amoralité du fantasme）。

正是現在，讀者朋友，必須將你的心和思想準備好，迎向堪稱自從這個世界存在以來最淫穢的（impur）故事上……很有可能，在所有你將要見到、被描繪的離經叛道中，有許許多多都會令你不悅，這我們清楚，但是當中也存在一些，會令你血脈賁張到想要操人的地步，這才是我們想要的。如果我們沒有說出全部、分析全部的話，那麼你如何希望我們猜出哪些才是合你心意的呢？這個，需由你去掌握，並捨去其它的；另一個讀者也會這麼做；慢慢地一切都將找到其位置。這裡是關於一場豪華宴席的故事，席間有六百道不同菜式來迎合你的口味。你全部都吃嗎？很可能不會，但這不可思議的數量拓寬了你選擇的尺度，並且，因為這些選擇性的增加而喜出望外，你便不敢抱怨款待你的東道主了 [7]。

7.　《索多瑪一百二十天》，第 69 頁。

薩德的寫作使人著迷，因為一種毫無缺陷的精湛技藝所產生的優雅，因為某種音樂精準度（justesse musicale）——這使他立即找到富有旋律的句子，和既融匯在統一調性又帶著獨特重音的形容詞或動詞。陷入一種貪戀愛撫的感官迷亂中，讀薩德可以很快，但藉著仔細欣賞每一個句子，如同反覆吟詠詩句或是傾聽著巴哈或莫札特，讀薩德也可以很慢。而在其中迷亂不減。

在對他鍾愛事物的列舉中，包括侏儒、旅館酒吧、槍以及雨聲，電影導演路易 · 布紐爾（Luis Buñuel）補充道：「*我喜歡薩德；我第一次讀他的時候過了二十五歲，在巴黎……我心想：應該讓我在讀其它東西前先讀讀薩德啊！盡是些無用的閱讀啊。*」[8]

薩德，或許可以被單獨發現，但欲望、友情，或是其它的書本所起的作用之一便是加速這一發現。總之，這便是這個文本的首要目的：提供一個引導。

8. 　《我的最後一聲嘆息》（*Mon dernier soupir*），巴黎，Robert Laffont 出版社，1982 年，第 269 頁。

父親之愛

要是我的兒子去做專一的情人，那我會惱怒。

我倒寧願他進學院[9]。

——讓-巴迪斯特·薩德

薩德曾經長期被放在歷史與社會脈絡之外來考量，尤其是任何家庭關係之外。而如今，人們已經無法繼續忽略在他情感與知性成長中父親這號人物的重要性。因為一批數量可觀、從未問世的書信——從薩德侯爵的後裔擁有的檔案中摘錄出來——的出版[10]，使得他父親——薩德伯爵（comte de Sade）的人格在其誘惑力及複雜性裡浮現出來。出身於普羅旺斯貴族階層中一個十分古老的家族，在他的一生中都與同時代重要的政治角色（路易十五、腓特烈大帝、孔岱親王 [prince de Condé]、舒瓦瑟爾伯爵 [comte de Choiseul]，以及貝爾-依斯勒 [Belle-Isle]、薩克斯 [Saxe]、黎希留 [Richelieu] 等諸位元帥，還有沙俄凱瑟琳二世的兄弟、安哈爾特親王 [prince d'Anhalt] 等等）以及各類作家，包括孟德斯鳩（他為我們描繪了這位哲人駭人的吝嗇）、巴庫拉·德·阿爾諾（Baculard

---

9. 在以薩德父親為代表的享樂派貴族眼中，學院院士皆為嚴肅刻板的可悲之人。——譯者註。

10. 這些書信結集於：《薩德文庫（I）家族書信 1. 父權在位（1721-1760）》（*Bibliothèque Sade (I) Papiers de famille 1. Le règne du père「1721-1760」*），莫里斯·勒維（Maurice Lever）主編，Fayard 出版社，1993 年。在薩德研究中，薩德伯爵一直被忽略。這位人物在 1991 年莫里斯·勒維的《薩德傳》（*Donatien Alphonse François, Marquis de Sade*）中第一次出現，Fayard 出版社。

d'Arnaud）、小克布揚，或者伏爾泰，都保持非常親近的關係。後者在給他的信中寫道：「我要向佩脫拉克（Pétrarque）及愉悅的學問（science gaie）致以無限謝意[11]，其為我帶來了您的回憶及勞拉後人的一封信。因此，請您告訴我，您是否出自佩脫拉克的直系後裔[12]；我相當樂於相信，因為您和神父先生都具備他的氣質⋯⋯」[13]

這種「氣質」——迷人的，薩德家的氣質——使他能夠同時成為法國王后瑪麗・萊婕斯卡（Marie Leszczynska）和蓬巴杜夫人（Madame de Pompadour）的朋友與心腹。因同露易絲・安娜・德・波旁-孔岱（即夏洛萊小姐[14]）長期保持情人關係，他獲得宮廷裡最美麗的女士們的青睞。「您真是太討人喜歡了！」她們爭相同他反覆說道。薩德伯爵似乎在文學方面跟在享樂方面都十分有天賦，他的書信好友們——不論男女——都焦急地等待他的來信。「永別了，迷人的薩德，我的衰老是您的青春最謙卑的僕人」，其中一位如是寫道。當時應腓特烈二世的邀請來到柏林的巴庫拉・

---

11. 指 14 世紀普羅旺斯地區的行吟詩人書寫的愛情詩。——譯者註。
12. 勞拉（Laure de Sade, 1310-1348），於 1325 年嫁給薩德家族的雨果二世。她是佩脫拉克的繆斯之一。這裡的「神父先生」，指的是薩德伯爵的弟弟雅克・薩德（1705-1778）。他曾撰寫《弗朗索瓦・佩脫拉克生平回憶錄》。在書中，他記述了勞拉與佩脫拉克的戀情，並聲稱勞拉是薩德家族的先祖。——譯者註。
13. 《薩德文庫（I）》，第 784 頁，1758 年 8 月 28 日信件。
14. 夏洛萊小姐（Mademoiselle de Charolais, 1695-1758），曾經一度被議定為法國王室奧爾良公爵的未婚妻。她一直單身，以生活浪蕩、情人眾多而著稱。——譯者註。

德 · 阿爾諾稱他為「我鍾愛的伯爵」；而他的一個朋友則在
信中寫道：「您生來便文雅（galant），我親愛的薩德」。

薩德伯爵的消息

　　薩德伯爵的書信如此受歡迎，不僅因為它們風格優美，
而且因為它們填補一種實實在在的資訊空白、一種求知慾：
「一切您書信裡塞滿的有趣消息所帶來的千百恩惠。書寫它
們的筆調既愉悅又輕快，賦予它們無窮價值。」[15] 一位因為
戰爭而流亡到土耳其一座島上的朋友感謝他道。然而，即使
收信人並沒有距離很遠，他的書信依然十分珍貴。它們被當
成小道報紙的*替代品*、*補充*或*更正*來讀，這些小道報紙要麼
難以獲取，要麼與讀者們的好奇心相比，發送得太慢。如同
一些手寫消息（Nouvelles à la main）[16]，它們就是以流通為目
的。這種對國家事務和外交及軍事動態的徹底無知時常可見：
「人們在這裡說的任何事情都相當不確鑿」，一位身在荷蘭
伊鉑爾城（Ypres）的軍官苦惱地說道。而且類似的不安在經
常出入宮廷的人那裡也並不少見：「我得知的消息實在太少。
才幾天前，我從楓丹白露回來，和那些同樣從那兒回來的人
一樣，也就是說對於發生的事一無所知」[17]。如果想要瞭解

---

15. 同上，第 483 頁，1746 年 12 月 26 日的信。
16. 「人們所傳播的未被印刷的消息。」——利特雷法語辭典（Littré）。
17. 《薩德文庫（I）》，第 157 頁，1754 年 11 月 23 日信件。

什麼，那必須得下定決心才行：「週三和週四，我沒法去凡爾賽」，薩德伯爵記述道，「因為我家來了太多客人。今天我去了，我問了，我探聽了所有我將告訴您的東西。」[18]

這就是為什麼，彼此間，人們互相傾吐的，更多的是*所有*可以蒐集到的或探聽來的消息，而非一些內心剖析或是情緒抒發。那些在前線的人傳來盡可能詳實的戰情描述。他們對大量臨陣脫逃情況的評論，他們面對糧草匱乏、不時導致戰壕淹沒的磅礴大雨、尤其是長官的領導無方時所產生的低落情緒，皆構成了奧地利王位繼承人戰役（Succession d'Autriche）的沈痛見證[19]。

為了補償這些在鬼門關寫就的書信所帶來的悲慘消息，人們希望從巴黎傳來更歡樂的消息：「關於下述的種種，歌劇院如何？芭蕾舞劇《菲麗希緹》（*Félicité*）的演出成功嗎？關於主題，請您說個兩句吧。好長一段時間，我都無法親臨現場，只能問問主題過過癮。」[20] 薩德伯爵的書信經常細數近期出版的書籍、上演的劇目、時興的消遣、婚事（「您可知道最近權貴間的所有婚事嗎？」），還有各類生老病死之

---

18. 同上，第 641 頁，1754 年 6 月 6 日信件。
19. 指 1740 年因奧地利哈布斯堡王朝絕嗣、歐洲兩大陣營爭奪奧地利王位而引發的戰爭。法軍於 1742 年加入普魯士陣營，在大大小小的戰役中損失慘重。1746 年，法國與英、奧兩國議和，簽訂《亞琛合約》，宣告戰爭結束。經此一戰，法國失去了在印度的殖民地，為英法七年戰爭埋下導火線。——譯者註。
20. 同上，第 400 頁，1746 年 3 月 25 日信件。

事。這些書信是那個時期名副其實的報紙，它們依序報導值得留意的大小事。由讀者們去評估它們的重要性！

> 議會要在週三向國王呈遞諫書。我給您寄來一段《熙德》（*Cid*）中的戲謔模仿詩句，是比思騎士反對其友人西蒙奈所做的。
>
> 昨天拜爾維勒夫人（Mme de Berville）家有場舞會。三天前彭博納神父（abbé de Pomponne）家也舉辦了一場。我都不知如何禱告了，還有我真覺得滑稽：像他這樣身份、這樣年紀的人居然會舉辦一場有模有樣的舞會，而且舞會二字竟然出現在他的請帖上。他在上面寫道：「彭博納神父先生榮幸地邀請某某夫人在某日蒞臨寒舍。從晚上五點到午夜時分，我們將縱情歡樂。」全巴黎人都趨之若鶩[21]。

既風趣又精確，薩德伯爵是一位絕佳的時事紀錄者，人間啞劇（pantomime du monde）的任何情事都無法從他眼下逃脫。讀他的書信，我們也無法對那些時髦女人還有她們情人的名字視而不見：「現下最耀眼的女士是：克萊蒙夫人、瑟吉爾夫人、布朗卡夫人、絲塔芙爾夫人、拉夫爾斯夫人、

---

21. 同上，第 547 頁，1753 年 1 月 20 日信件。

瓦倫提諾瓦夫人、還有羅貝克夫人。為首的那位女士愛上了弗里斯伯爵，後者去了薩克斯。寶沃先生以為這是向她表達愛意的大好時機；然而他卻不被接受……寶沃先生失魂落魄，他發燒，留在他的房裡……然而克萊蒙夫人卻未前去探望。猜猜是什麼因素讓她決定這麼做：她情人的到來，而她在他不在時曾對他如此忠誠。她抗拒不了可以同時玩弄兩個男人的誘惑。」[22]

宮廷之人

放蕩的消息總是令人快樂，可是無法獲取宮廷的消息才令人覺得特別沮喪，好比嚴重的政治失能。在這一點上，薩德伯爵便顯得格外難能可貴，即便凡爾賽宮廷採取了保密措施。因為就近住在孔岱府邸，他的大部分時光都在宮廷中度過，當國王移駕馬爾利（Marly）時，他也經常追隨宮廷前去。因為他性格上的某些特質，他骨子裡就是個廷臣（courtisan）。高雅、迷人、會說奉承話、愛拐彎抹角，他知道如何在說話者面前展現對方所渴望見到的樣子，而且擅長根據他對於階層的細膩掌握來調整自己的禮數。不過他對凡爾賽的奢華、慶典的光采之眷戀卻不會讓他受到迷惑。他非常明瞭宮廷才智的極限。也正是因為他自己將它發揮得如

22. 同上，第 635 頁，1753 年 2 月 24 日信件。

此之好，他才能這樣寫道：「看吧，這便是宮廷：這裡的人並沒有比別處的人擁有更多才智，而他們卻顯得如此。人情世故讓微不足道的東西述說著如此美妙的東西！它給愚蠢披上了一層美麗的外表，好掩蓋它的本質」[23]。

在宮廷中展露鋒芒？他要達到這個目標無庸任何努力，但這又能證明什麼呢？有一次從舒瓦西（Choisy）的晚會回來，他向蓬巴杜夫人說道：「拉瓦利耶爾先生剛剛也在。他忙著獻殷勤和攀關係。目前為止，大家不過覺得他有趣，可他能把人逗笑：他會飛黃騰達的。」[24]

木偶、傀儡、小丑，廷臣係一種存在，其命運依託於王室恩寵和那些有權分配恩寵或是提供門路的此時彼刻的說情者。在得寵與失寵間，薩德伯爵精確地記錄下那些在凡爾賽造成轟動的驟然更迭。例如，每個人都羨慕地覺察到「布拉克爾先生聖眷正濃」，但人們不會忘記一種可能的逆轉也相距不遠。薩德的信中講述了很多失勢的例子：諸如身為王太子老師的夏提雍公爵，又比方說擔任阿德拉伊德夫人管家的安德魯夫人（她因為將淫穢小說《查爾特勒修士們的看門人》[*Le portier des Chartreux*] 交給年輕的公主而失寵），又或者是埃斯特拉德夫人（Mme d'Estrades）那令人費解的失寵（「想像一下這個進得了國王帷帳、與他縱情聲色的女人，大臣們

---

23. 同上，第 262 頁，1744 年信件。
23. 同上，第 262 頁，1744 年信件。
24. 同上，第 412 頁，[1746 年]5 月 21 日信件。

又愛又怕，在所有皇家城堡中都可以稱心如意地留宿，她甚至命人花費十萬法郎在凡爾賽修建了一座小宅第。瞧她，正要離開默茲（Meuse），前往聖旺（St-Ouen）的蘇必斯先生家共進晚餐，就在大道上收到了請她離宮的詔令，並且命她不得再現身王宮」[25]）。伯爵同樣也指出，對於蓬巴杜夫人，她的政治權力與她施展在國王身上的情色權力此消彼長，其實正是通過她的失寵，她才得以建立自己的勢力。

「您生來便適合優游在上流社會並獲得成功」，一位密友在給伯爵的信中如此寫道。假如僅涉及有著若干才能的話，那麼這樣的說法或許恰如其分。只不過，薩德伯爵實在擁有太多才能了。對於利涅親王所說的如下規律，他並不買帳：「只要平庸，您將無往不利。」太多才能，而且太過獨立。正因如此，儘管生來便注定擁有閃耀的職業生涯，他卻無法成功。在科隆選帝侯身邊當差以後，他的外交官生涯便裹足不前。幾件事礙著了他，包括在辛奇希（Sinzig）被奧地利軍隊逮捕一事。在梅特尼奇伯爵夫人冒險策劃的一場大膽越獄失敗之後（她當時帶來了女人的衣衫，要給薩德伯爵穿上，而後者突然顧慮重重：「當我聽從她的指示，我突然意識到她會因我而暴露於危險之中，而這令我羞愧。我脫下了已經穿上的袍子，並且同她說，我不希望她為我踏入險境」[26]），

---

25. 同上，第 688 頁，[1755 年]8 月 9 日信件。
26. 同上，第 305 頁。

犯人被轉移到了安特衛普，之後又被送到了魯汶。在這兩座城市中，對他的監禁都並不嚴格。伯爵可以出門，去看范戴克和魯本斯的作品（並且在這些畫作的擁有者家裡享用晚餐），還可以製造一些風流韻事：「弗蘭芒女人擁有美貌，可是卻缺乏這些娛樂消遣能使美貌變得有價值並且盡情煥發魅力。」[27]

如果說這段插曲並非什麼艱巨的考驗，然而它在伯爵的生涯中卻帶來沈重的影響。儘管如此，將之拿來跟國防大臣阿爾仁松伯爵（comte d'Argenson）對他的恨意相比，就顯得輕多了，後者對他構成了一道威力十足的阻礙。

然而，除去這兩件倒霉事，問題出在他自己身上。確認某種意義上的屈從對他來說是不可能的，薩德伯爵宣稱「我不創造財富，我期盼它」。因此他不會被「雇傭」去做任何事情，除非是去逍遙快活。他在凡爾賽的核心圈及國王的身邊享有一種邊緣的位置。他「天生的快樂」使得他不會因為想要實現野心的謀劃而累及自身，而對女人們的熱愛足以讓他無暇它顧——這種熱愛並不排除他對男人們的喜好，畢竟他曾經落得被「雞姦警務當局」（police des sodomites）逮捕。而且他「還在各類回憶錄中被他的同夥們多次檢舉。他在杜勒麗花園裡勾三搭四，以現行罪被逮，並因承諾前去法官那

---

27. 同上，第 220 頁。

裡報到而被釋放。」[28]

「把愛情變成一種習慣……」

他的信裡充斥著放蕩的記述、個人的記述、抑或是發生在其他人身上的豔遇，而相關的敘事就是遊戲的一部分。這些信裡多得是一些不道德的案例，比方說關於奧爾良公爵夫人的死（「當她接見了上帝，她對女官們說：『瞧吧，這就是我剛剛做的一件無聊得要命的儀式；任何人可別再跟我提起。』」[29]），或是涉及到法蘭西王子及公主們（Enfants de France）的看護人塔拉爾公爵夫人（duchesse de Tallard）的荒淫（「她在凡爾賽過的日子，即使是一個沒有任何職務在身的女人都會因此身敗名裂。她整天閉門和情人們廝混。就連她的丈夫都不被允許進入。」[30]）歲月不會平息這種愛戀的狂熱，正如他一位女性友人的這項關係所證明的那樣：「蘭內夫人，68 歲，愛上了 22 歲的皮末丹先生。生就一顆溫柔之心，她把愛情變成一種習慣，她不知道該如何阻止自己不去愛。上了年紀並不曾澆滅她的慾望，她同我承認，她如此強烈地愛戀皮末丹先生，以至於她認為自己過去所有的不過

---

28. 埃里卡 - 瑪麗 · 波納布（Erica-Marie Benabou）所著《18 世紀賣淫及風化警察》（*La Prostitution et la Police des mœurs au XVIIIe siècle*），皮埃爾 · 固鉑爾（Pierre Goubert）介紹，巴黎，Librairie académique Perrin 出版，1987 年，第 182 頁。
29. 《薩德文庫（I）》，第 825 頁，1759 年 2 月 16 日信件。
30. 同上，第 629 頁，1754 年 1 月 2 日信件。

是趣味，而這回是她頭一遭的激情。」[31] 至於伯爵，他也認識到這種不可抗拒的習慣的力量：「女人虛偽、輕佻、刻薄、可憎。不過，我想要年輕（jeune），就為了取悅她們。我要耗盡她們的忘恩負義、她們的不專一和她們的毫無誠意；可是她們會愛我！」[32]

然而，青春（jeunesse）──隨著我們閱讀的推進，並且遵照一項並非 18 世紀社會獨有的法則──並不再由他、而是由他的兒子來體現。

「那麼好吧，就為了您的兒子，哲思、寫作吧。」

薩德夫人幾乎不在薩德伯爵的書信中出現，這符合她在現實中所扮演的微不足道的角色。伯爵同這位孔岱王妃的宮中女官（dame d'honneur）及親戚瑪麗 - 艾雷奧諾爾 · 德 · 拉瑪耶 · 德 · 卡爾門的結合，根本不是因愛情而造就的婚姻。「讓 - 巴迪斯特 · 德 · 薩德」，莫里斯 · 勒維寫道：「他結婚無非是為了得到秀色可餐的孔岱王妃，無論是對她一見鍾情，或是被感官沖昏頭了，而對那個即將成為他妻子的女人則無一絲感情，連她的嫁妝如何都未曾顧及，儘管相當微薄。但當然不是沒有算計、沒有預謀。」[33]

31.　同上，第 650 頁，1754 年 10 月信件。
32.　同上，第 601 頁，1753 年 8 月 1 日信件。
33.　莫里斯 · 勒維：《薩德傳》，第 43 頁。

夫妻二人互以冷漠相待，其中還有伯爵夫人的怨恨，她自認被無情背叛。多納西安在他們這場毫無感情的婚姻快滿七年時誕生，就在前一年他們兩歲的女兒卡羅林-勞拉（Caroline-Laure）去世之後（藉由一封信，我們得知她已然「十分可愛，儘管有點愛賣弄」），並且顯然是為了填補由之而來的哀傷。在坐落於現今盧森堡花園所在地的奢華孔岱府邸中，他度過了人生最初的幾年。多納西安是路易-約瑟夫・德・波旁王子的玩伴。以格外殘酷著稱的浪蕩子夏洛萊伯爵（comte de Charolais）則負責他們的教育。

　　四歲的時候，這個孩子被送到了普羅旺斯。從這時候開始，要麼因為母親的漠不關心，要麼因為父親的決定，多納西安的教育完全由父系家族成員負責。他一開始被托付給疼愛他的祖母照料。「我在亞維儂待過一些日子，在那裡我見到了一個古怪至極的騎士，然而，實際上是個最棒的孩子」，薩德神父（abbé de Sade）這個學養不俗的享樂主義者和有品味的浪蕩子在給他哥哥的信中這樣寫道。神父，同祖母一樣，被這個「古怪」的孩子吸引和迷惑，他個性傲慢、易怒、暴躁，同時也包含著一種極度的敏感，一些溫和的時刻，一種明顯的脆弱（或者說渴望被愛）。不久以後，他便帶著多納西安同他一起生活，後者便在叔叔的兩處宅邸裡消磨時間：波旁內地區的聖-萊熱・德・埃布熱爾修道院（abbaye de Saint-Léger d'Ebreuil）以及在普羅旺斯宏偉且莊嚴的索芒城堡

（château de Saumane）。多納西安一直如此生活到十歲的時候。他便在此時告別了這種在鄉間度過的自由生活及一種放蕩成分多於宗教成分的精神養成。入學於巴黎的路易大帝中學（collège Louis-le-Grand），多納西安由父親接手照料，他小心翼翼地照看他的教育，並由擔任家庭教師的安伯萊神父（abbé Amblet）從旁協助。

妻子與母親的角色由另一位女性來扮演，瑪麗・德・布萊葉・德・蒙特羅謝，即雷蒙伯爵夫人（人稱隆熱維爾伯爵夫人 [Comtesse de Longeville]），為之，薩德伯爵寫下了他最優美的書信：「當我沒有同您一起的時候，我渴望同您一起；有時我同您一起，我想我給了您我的手，好度過您的舊橋，我想我看見瑪麗 - 露易絲（Marie-Louise）掉了下去，因為害怕而喊叫，縱情地笑；我在您的草原上散步，我看見您的女鄉民們正跳著舞。光看可不夠：我同她們一起跳舞。」[34] 至於她，在她每一封信裡，都反覆訴說著她的忠誠，一遍又一遍歌頌她的摯愛：「再會了，我的薩德，我毫無保留地傾訴。在世上，情人有一些，朋友有一些，可是只有一個薩德，並且未來也不會有人同您一樣，儘管我對我們的小孩期待良多。」[35] 伯爵夫人，實際上，把多納西安包納在她的愛中，當成了「她的」薩德，她總是稱他為「我們的孩子」、「我

---

34. 《薩德文庫（I）》，第 601 頁，1753 年 8 月 1 日信件。
35. 同上，第 604 頁，1753 年 8 月 6 日信件。

們的兒子」。而在小孩這一邊，則喚她作「媽媽」，並將她當作母親般地愛著。

「哎呀，我們的孩子走了，將我們留在惆悵之中。他的心真好，這個迷人的孩子。我知道因為要離開我他流淚了，儘管他竭力在我面前掩飾。阿德拉伊德小姐告訴我，他曾經跟她說：『我趕忙從媽媽身邊脫身。如果她再同我多說一個字，我就會淚流不止。但是請您告訴她，我是多麼愛她而且多麼被她的好所感動。』」[36] 時值十三歲，薩德的心只為他的養母而感動。就在他每年在埃納（Aisne）的隆熱維爾城堡過夏天的期間，伯爵夫人的朋友維爾奴耶夫人（Mme de Vernouillet）讓他意亂情迷：「他的確愛上了她」，伯爵夫人寫道，「我有幾次都笑出了眼淚。沒有什麼比看著他表現出自己的溫存更令人開心的了，我們覺得他體會到一些他不能說的東西，這令他忐忑不安，令他不知所措；他的煩惱很有趣；他入了迷，他按兵不動，接著表現出嫉妒、以及所有將愛情描繪為最溫柔也最生動的悸動。事實上，他的「情婦」被打動還產生了憐憫之心。她說：『這是個挺古怪的孩子』。她認為他跟您相像。您可知道他變得更美了？」[37]

在同雷蒙伯爵夫人（comtesse de Raimond）的書信中，薩德伯爵最完整地表現出他要好好教導自己兒子的認真態度

---

36. 同上，第 612 頁，1753 年 9 月 8 日信件。
37. 同上，第 613 頁，1753 年 9 月 8 日信件。

和熱忱。出於愛，出於驕傲，帶著他的兒子將會重塑薩德家族些許蒙塵形象的期盼，他投入所有精力，動用所有關係，使他兒子的軍旅之路順暢並為他招來有利的聯姻。

在他慈父般的關懷中，他也並未疏忽感官享樂的篇章。他們有過若干一起放蕩的時刻。例如在拉什公主（princesse de Rache）家：「何等的女人啊！在那裡，她先是自己提出願意做任何事。她聲稱，當人們去到她的城堡的時候，人們必須要給予她共度第一個夜晚的獻禮。第二天，她提供四到五個特別美麗的女僕接著她之後進來，而不致惹惱她。她一點也不覺得我老，而我兒子對她而言也完全不會顯得太過年輕。」[38]

但是，更多時候，他自覺是一個正在被超越的導引者。正是為了討好他的兒子，他才再次投身於世界的漩渦中：「現在正是嘉年華的尾聲。我的兒子害怕它的到來，而我則很渴望。他加諸我去參加舞會的這個義務對我來說有些沉重。我甚至開了一場舞會，就為了讓他高興。當時舞會上不過三十個人，可是都根據他們的外貌、熱愛跳舞、跳得愉快又持久而精心挑選。」[39] 這個他努力避免讓其沾染駐紮生活的厚顏無恥習氣的年輕人，是否回應了他和他「養母」的期望呢？後者向伯爵叮囑道：「活著吧，我親愛的薩德，以便收穫您

---

38. 同上，第 738-739 頁，1757 年 4 月信件。
39. 同上，第 633 頁，1754 年 2 月 24 日信件。

一番辛勞後的成果。」

　　身為士兵，多納西安表現出無可挑剔的勇氣和膽量。他在攻佔馬翁港（Port-Mahon）（1757 年 6 月 27 日、28 日）的過程中脫穎而出，參與了一些廝殺的戰鬥，眼看著親密的戰友在他身邊陣亡。如果說他兒子在戰場上的行為為他贏來的只有讚許，那麼在平民生活中則並非如此，在這方面，這個年輕人很快便顯露了不受束縛的浪蕩子模樣。他的荒唐行徑和巨額開支令伯爵苦惱不已。面對父親及長輩們的批評，他以無所謂回應。他通過一種既令人沒辦法生氣又有點惱人的溫和來抗爭。它令他的指揮官普瓦昂侯爵（marquis de Poyanne）驚異：「您的兒子在史特拉斯堡鬧了些荒唐的小事，其中最嚴重的便是他揮霍錢財實在太快。我訓斥了他一下……他竟然如此溫和地接受了我的斥責以至於讓我去盔棄甲。」[40] 這種溫和或許令他的父親更加擔心：「我願意付出我擁有的一切，以確保我的兒子變得如同您兒子一般」[41]，薩德伯爵把他託負給蘇爾格雷侯爵（marquis de Surgères）時說道。

　　經年以後，伴隨財政問題的惡化、接連不斷的亡故、疾病的初兆，伯爵的幽默風趣有些變了質。在他人生最後的一段時間裡，他的朋友們想方設法消除他的「黑色情緒」。為

---

40. 同上，第 725 頁，1757 年。
41. 同上，第 685 頁，1755 年 7 月 2 日信件。

了使他走出憂鬱的困境，雷蒙伯爵夫人建議他：「您的素材這麼多！寫作吧，完成您已經開始撰寫的那些有趣的作品。您會對我說：必須要有自由的精神。那麼好吧，就為了您的兒子，哲思、寫作吧……」[42]

從這個角度看，薩德伯爵成功了。他確實將他受到攝政時期（la Régence）道德革命影響的世界觀、為享受而活（être né pour jouir）的絕對信念、以及對戲劇與文學的真切熱愛都遺留給了他的兒子。連同奢侈的消費意識和對資產階級精神（esprit bourgeois）的徹底蔑視，他還遺傳給下一代因他自己的失望而生出的苦澀，關於一位才能太過的朝臣以及自問是否糟蹋了他一生的人生閱歷……他的兒子——臣服於父親的存在和他身為誘惑者的成功之下——並沒有什麼地方讓他不悅，除了以他為榜樣，一頭栽進揮霍中。在薩德伯爵去世後，侯爵一直都珍視他的思想。對於他父親所遺留下的卷帙浩繁的手稿而言，他是第一位讀者、忠實的讀者，並且直到晚近一直都是唯一的讀者（包括詩、喜劇、悲劇、寓言、短篇小說、道德與哲理戲）。多篇書信由侯爵親手謄寫，正是這些作品在獄中被他讀、重讀、加註甚至校正。正是父親的缺席——是他遭受的最強烈痛苦——令他感到惋惜。正是從他的死開始，他追溯自己的惡運連連，以及它們令他絕望的

---

42. 同上，第 756 頁，1758 年 4 月 25 日信件。

無能為力。在薩德面對自己人生多舛的不解中，存有一名孤兒的慌亂不安。

「可是為什麼您希望我不要給我的家人寄去隻言片語，您提到的我的家人是什麼意思呢？」1781 年，薩德侯爵在寫給一位女性朋友的信中這樣表明，「關於家庭，我只熟悉我父親那邊還活著的人，而且全世界都無法阻止我給他們寫信或阻止我愛他們。他們越是讓我記起一位受到摯愛的人（而他絕不會讓我遭受這麼久的磨難），他們對我來說就越是親近和珍貴。如果說我在法國有什麼遺憾，那便是他們，也唯有他們。」[43]

很久以後，此時他不再是文森堡的犯人，而是夏倫敦的犯人，68 歲的薩德在 1808 年 1 月的日記中說道：

28 日，我父親去世週年紀念的這一天，我整天都心心念念著他，而且只能為他哭著入睡。啊！如果他還活著，他會受折磨於這些令我痛苦不堪的蠢事 !!![44]

---

43. 《薩德全集》，第 XII 卷，第 312 頁；1781 年 4 月 20-25 日信件。
44. 《未出版日記》（*Journal inédit*），第 55 頁（薩德伯爵事實上去世於 1767 年 1 月 24 日）。

他已經完成了《弗蘿貝兒的日子或被掀開面紗的天性》（*Les Journées de Florbelle ou la Nature dévoilée*），他的最後一部放蕩小說，他的「偉大作品」，正如他在成了本書僅存線索的那些註解中所說的（因為他的兒子後來讓人將它付之一炬）。《弗蘿貝兒的日子》讓他父親身邊的人物們上場：路易十五、夏洛萊伯爵及他的女兒、蘇必斯親王（prince de Soubise）、弗勒禮紅衣主教（cardinal de Fleury）……（「我意興闌珊地給了路易一根粗大的陰莖；更有技巧地給了蘇必斯。弗勒禮紅衣主教也是一夥的：他只用嘴來搞。」[45]）故事發生在 1739 年；也就是多納西安出生前一年。

這部小說不只向他的父親致上最後敬意，同時也是在親子關係中重新確立一種停頓（césure）的方式。作家從他的文本中誕生：侯爵是他創造的狂歡所結出的果實。

45.　《薩德全集》，第 XV 卷，第 60 頁。

薩德伯爵的兩封信

巴黎，1753 年 [5 月 15 日]

　　人同自己的朋友分享他的痛苦和快樂。昨天我有一個很不錯的斬獲（fortune），老實說有點稀鬆平常。不過沒關係，通常是這點才讓豔遇有價值。首先，這使得我們敢於談論它而且壓根不必扭扭捏捏。

　　是這麼回事，埃斯特 *** 先生與夫人（M. et Mme d'Est***）再度請了好些人去家裡晚餐。人們早早就離去。我同她單獨在一起，聊著聊著，我也不知道為什麼，竟無所顧忌地邀她委身於我。「這真是有趣啊」，她說道，「竟有人如此放肆，膽敢還未向我殷勤獻媚，便直接叫我委身於他；我清楚知道您將我當成了一個不懂事的女孩，幸虧我是您的朋友，否則我怎麼會不惱火。不過我的確對您有點偏愛。」「那您就證明給我看吧」，我同她說道，「將我所求的給我吧」。「您真是瘋了」，她回答我道，「不管我對您懷有什麼樣的情趣，我唯有在您不斷表達情愫和對我連番獻殷情、證明給我看您的確愛我之後，我才可委身於您。」「那麼您並不愛我」，我同她說道，「因為一個戀愛中的女人樂於屈服於她的感情。而賣弄風情的女人則周密安排挫敗、拖延，就為了抬高一種只需費心等待就能得到的歡心。而一個正派的女子，敏感且誠實，則不懂得任何虛偽矯飾。她的愛人討她歡喜嗎？那麼她便委身吧。」「您真有魅力。」她同我說，「照您這麼說我非得同您上床才能向您證明我

是一個正派的女人囉。」我停止說話，我行動，我得手了。「讓我們約定一些事情吧，」事後我同她說道，「親王有助於您的各項事務，您將他看作恩主而非情人。我嫉妒他就不上道了；我將您留給他。然而那個紈絝子弟蒙某人，打發了他吧；同他一起分享任何東西都將令我蒙羞。」埃斯特 *** 夫人擺出您熟悉的那種威嚴不可冒犯的姿態，她起身，搖了搖鈴，神色驕傲且面露鄙視地同我說道：「事實上，先生，我認為，在要求對方付出代價的時候須得有自知之明才行。」她的人進來了，我哈哈大笑並告辭。自此之後我再沒見過她，很有可能再也見不到她了。

相似的豔遇也曾落在她的一位好閨蜜身上，儘管是不一樣的情趣。我有一個表兄弟，他是我夫人娘家的同姓親戚，至於我夫人就不在這兒贅述。我希望他成熟一些，便將他帶到維 *** 夫人（Mme de V***）家，請她照拂一二。我那表兄弟心甘情願地將自己托付給了女主人，他成了情人或者說扮起情人。維 *** 夫人愉快地傾聽他吐露情話；年輕人的天真無邪特別討女人們歡心。她的情夫察覺出二人正在培養的情愫，變得嫉妒起來，而且在數次爭吵之後，他勒令她要打發走這個年輕人，而後者當時也在場。女士不願意這麼做，一番和解之下，情夫上樓回房。而家裡的僕人們並不喜歡他，便將他關在房間裡，不讓他出來。維 *** 夫人同馬耶先生（M. de Maillé）說，她受了先生很大的恩惠，不得不跟他生活在一起，他介入了她所有事務，她便不能繼續再在自己家接待他了；而她對他的興趣使得她害怕自己會失去自制力，為了確保自己不行差踏錯，她認為應該停止再同他見面。馬 [耶] 先生極盡溫柔地抗議，而女

士呢，本來見他僅僅是為了打發他走，竟無法抗拒他的愛撫而委身於他，同時不斷向他保證這是第一次也是最後一次。

（《薩德叢書（I）》，第 577-578 頁）

致隆熱維爾夫人

1758 年 12 月 31 日

啊！我親愛的伯爵夫人，盡是些乏味的讚美、虛偽的保證、不真誠的祝福呀！我沒什麼好說的，您去想所有他會讓您稱心如意的事吧，但您回想一下我的分寸及經久不衰的柔情。我多麼希望只愛您一個啊！可是如何才能做到從不移情別戀呢，我的女王？從一而終的都是傻子。絕不應該停止去愛已經實實在在愛上的人，然而也必須迎向到來的一切：我們更加值得被愛。黎希留先生（M. de Richelieu）如果當初只擁有過一個女人，那麼他不過是個平庸的男人。當女人們獻媚於他，您難道認為她們獻媚的是他、這個皺縮的蘋果？不，她們獻媚的是一個做了上百個女人情郎的人！她們認為列在他所擁有女人的名單中將令她們更加光彩。她們可不是在她們的感官享樂上努力，而是在她們的名聲上努力。當一個女人鼓吹專一，並非是她總是想要同一個情人，而是她想要離開他而非被他拋棄。我曾經遇見過一些專一的情人；他們帶著一種悲傷、一種抑鬱，讓人害怕。要是我的兒子去做專一的情人，那我會惱怒。我倒寧願他進學院。鑒於您是愛我的，我原諒您在我不在您身邊時的一切行

為。如果您對我保持忠貞，我相信您沒受到什麼誘惑，這倒會讓您成就一番小小的功勳。可如果您在交往過了另一個人之後還是回到我身邊，那麼我便贏啦，這才算得上是真正的榮耀！……

我好像記得就在這個月，您要返回巴黎。您到時便會同您那些一起玩卡瓦紐爾牌（cavagnole）的老牌友們好好樂樂。啊！我本以為您在隆熱維爾的時候過得更好呀，享受它的寧靜、休憩和那裡足夠愜意的社交圈；能找到這麼多優點的鄉村實在很少。我就十分滿意我自己的鄉村；在外省有很不錯的小圈子，不過它依然是外省；況且如果我還回憶起巴黎，我會感受到另一種舉止談吐（ton）。我在這裡只覺得自己是個蠢貨。如果我想有點精神高度，那麼人們或許會嘲笑我而且不會聽我講話。但當我談及家務之事、飼料糧食、修補房屋，人們就會聽我說話、崇拜我，覺得我是一個早就熟稔世事的偉大天才。我認為在外省，人們沒辦法做浪蕩子。女孩們漂亮歸漂亮，可都如此乏味，和她們在一起會覺得無聊。即使最自然不過的活動，都需要技巧。也沒辦法在這裡做虔信的教徒；人們談上帝談得如此糟，人們向我提出一個關於祂如此狹隘的觀念，以至於人們讓我討厭祂。儘管如此，我還是覺得自己過得非常好，我心安理得地過著無所事事的生活，沒有人打擾我，我認為自己受到愛戴，我對自己的佃農們很好，這讓我確信自己治理得井然有條。這樣的幻景令我沾沾自喜。我們不過就是靠這個活著。如果我沒有相信您愛著我的錯覺，您認為我還會如此幸福嗎？

再見了，我親愛的伯爵夫人。

（《薩德叢書（I）》，第 816-817 頁。）

旅行者：古羅馬的壯麗

杜朗斯泉

「我並非從來都有著一雙充血而紅通通的眼睛；我的鼻子當初也沒有塌到我的下巴，還有，我也並非一直是個僕人」，《憨第德》（*Candide*）中的老婦在開場白中敘述她一生的時候如是宣告。而薩德，到目前為止，除了那幅憑藉想像並由曼‧雷（Man Ray）創作的畫像以外，再也沒有別的肖像了，他或許可以說同樣的話：「我當初並不肥胖；我曾經擁有敏捷的身材，而且我並非生來就是囚徒。」薩德跟巴士底獄囚徒的身份之同一——活生生被囚禁者的悲劇性不動（tragique immobilité），其身軀最終與圍住他的厚壁高牆融為一體——是一項進程的最終完結，事後回想起來，它似乎不可避免，然而在薩德自己眼裡，這卻沒有什麼宿命色彩可言。這個人物，直到他咽下最後一口氣為止，都從自由的角度來設想自己的存在，並且帶著一股不滅的能量，抵禦著家庭和社會結成的穩固聯盟為了對抗他而設置的阻礙。

可是不管怎樣，對於薩德而言，還有著一段被監禁前的時期——一段以不安穩為標誌的童年時光（薩德不知道何為家庭安穩）和一個過早向世間的這本巨冊敞開的青少年時代。人們讓他閱讀的頭幾章便是關於戰爭和士兵們的無國籍生活（vie apatride）。薩德，在年輕的時候，便開始旅行了。儘管在軍隊中服役並非確切意義上的*旅行*，我們記得，遵照他父親的意願，這位青少年自 14 歲起（1754 年）便開始了

軍旅生涯，並且直到 1763 年（即英法「七年戰爭」結束），他主要生活在法國北部以及德意志地區。他在軍營駐紮的城市與戰場之間往返。他很早便瞭解戰爭的恐怖，但也學會了德語。也由此，在國外生活的這幾年中，他自我修習：

> 當我，並非在意大利——因為那時有妻子的約束，所以在那個時期我可什麼都沒幹[46]——而是在德意志地區，那時候我根本還未成婚，就已經參加了六次戰役；曾有人同我保證，為了學好一個國家的語言，應該要定期及規律地找該國女人上床。我對這一準則深信不疑，寒冬時節，在我駐紮的一個營地，靠近克萊夫（Clèves）的地方，我便給一個胖胖的男爵夫人調戲了，她的年紀三、四倍於我，而且她將我調教得極好[47]。

幾年以後，薩德去尼德蘭和意大利旅行。走訪尼德蘭，從格茲・德・巴爾扎克（Guez de Balzac）及笛卡爾開始，這是法國知識界必行的朝聖之旅。薩德在 1769 年展開這趟旅行，就在他的第二個兒子出生不久之後。他首次探索意大利則是在 1772 年的夏天，那時他有妻妹安娜-普羅佩・德・

---

46. 此處，薩德在與友人開玩笑，因為眾人皆知，他那時對妻子極其不忠：他因馬賽醜聞出走意大利，並拐走妻妹同行，引起軒然大波。——譯者註。
47. 《書信與文學雜錄》（*Lettres et Mélanges littéraires*），第 I 卷，第 69 頁。

勞奈（Anne-Prospère de Launay）在側，在她的陪同下，他探訪了威尼斯以及周邊城市。這趟出走發生在馬賽醜聞之後，因此行程嚴格保密。侯爵在普羅旺斯的艾克斯被判以模擬像的方式（en effigie）施以火刑，然而實際上他當時在欣賞委羅內塞（Véronèse）和提香（Titien）的畫作 [48]。他對肖像藝術的思考很可能由於不尋常的延期而變得更加充實……

　　接著，1775 年，一趟長的旅行，從佛羅倫斯至羅馬一直到那不勒斯，對於薩德來說，它猶如在創造自己生命的種種可能性中的最後一道火光。在這一時期，事實上，當侯爵決定再一次離開法國的時候，他的社會與司法處境正變得愈發困窘。一個為了達到目的可以不擇手段、道德敗壞的貴族老爺形象正在形成。輿論覺得他十分危險，薩德這個名字即將成為無恥（infamie）的同義詞。在蘿絲・凱勒（Rose Keller）的鞭笞事件以及被控下毒事件相繼發生之後，另一樁醜聞正要爆發。在去意大利的路上，同他綽號為「青春」（La Jeunesse）的侍從卡爾特倫（Carteron）一起，薩德在身後留下了一堆亂七八糟的麻煩，還引起妻子心中的惴惴不安，她一直全心全意地支持她的丈夫，即便他引誘了她的親妹妹，為了替他奔走求情而精疲力竭。藉著前往國外，薩德試圖銷聲匿跡。儘管他非常小心，通過莫里斯・勒維的研

---

48. 法國外省報紙渲染薩德荒唐行徑，並宣稱他與其侍從已被判火刑並伏法。而事實上，薩德當時與妻妹在意大利。——譯者註。

究，我們知道這個逃竄者還是經常被法國警方跟蹤：「馬黑警探（inspecteur Marais）在意大利部署了一個情報網，負責向他匯報逃竄者的行蹤。某個叫皮特洛（Pitrot）的，是意大利戲劇院的舞者，通報巴黎有某位「馬桑伯爵」（comte de Mazan）來到佛羅倫斯，並記下了他在意大利宮廷現身的情況。在羅馬一位法國演員負責監視他的任務。多納西安識破他並將他痛打一頓，可這並未阻礙這名眼線一直尾隨他到那不勒斯。」[49]

薩德並非冒險家（很有可能這是令他決定，即便有危險，也要回到法國的緣由之一）。當他採用假名，他只會選擇其中一處領地的名字，馬桑。

然而，在精力充沛的年紀中、在一種無拘無束自由的光彩和激情中完成的這次出走，對於薩德來說，仍舊算得上是一場真正的旅行。這一意大利的長途旅行有著一種特殊的強度。它關乎於一種眼光的清新，即將一種受個人獨特導向所磨利的細節感知，結合上一種狼吞虎嚥般的百科全書式貪婪。為了品嘗杜朗斯（la Durance）的泉水，這位旅行者在他普羅旺斯城堡拉考斯特（La Coste）所做的幾天停留，其所展現的清新在我看來是富有象徵意義的：

---

49. 莫里斯・勒維：《薩德傳》，第 274 頁。

這條在普羅旺斯多次造成災禍的河流，在它的注入處，也不過人的胳膊那樣寬。我們瞧見它帶著一股無比的清新噴湧在一小片草地上。我喝它的水，但我覺得它又冷又生，以至於我不允我的人喝，怕他們會覺得不適[50]。

有某種清新，還有某種節奏……

薩德，在喝過河水之後，重新回到他率領的小隊伍，從陡峭的熱內弗爾山峰（Mont Genèvre）沿坡道下行，繼續他的旅程，在那裡，他不顧危險，決定讓他的馬車走這條險路。他抵達第一個阿爾卑斯山的村莊，他的招待所，之後路經克拉維爾（Clavières）的小村莊，即「皮埃蒙山麓的首要領地」，以及古老的聖 - 熱爾維（Saint-Gervais）小禮拜堂，從那裡走要越過一條山頂小路，這是到達平原前的終極挑戰：

我們從這裡可以看到聖 - 西凱爾（Saint-Sicaire），法國人進入皮埃蒙駐紮的頭一個常規營地。正是從這座聖 - 熱爾維小禮拜堂我們開始下山或者不如說是猛然衝下去[51]。

---

50. 《薩德全集》，第 XVI 卷，第 119 頁。《意大利遊記》出版的部分只占完整手稿的三分之一，完整版由薩維爾·德·薩德伯爵（le comte Xavier de Sade）與他兒子蒂博·德·薩德（Thibault de Sade）編訂，收錄於《薩德文庫》中，Fayard 出版。
51. 同上，第 122 頁。

薩德一頭栽進這個他正急忙奔向的國家的探索中。此外，也正是以這樣的方式，他構想著自己整個存在，毫無趨吉避凶的思慮，也完全沒有保持謹慎，面對災難，他將雙眼緊閉，投身他的未來。

旅行文學

在 18 世紀，旅行並不是一種休閒型態，而是危險的行動，因為必須要把海盜和強盜、傳染病、幹著殺人越貨勾當的旅館、糟糕的路況甚至毫無道路可行等問題都考慮進來。這就是為什麼人們通常極少獨自旅行。如果有人不能隨身帶著一個或者幾個家僕，那麼他會選擇和其他旅行者一起結伴而行——他們中有朝聖者、演員、流浪漢、江湖騙子、打扮成男人的年輕女性、喬裝成修女的騙子……每到晚上，在旅館的桌邊，散播著各種故事，人們分享有用的地址、路線的建議和合宜的行為方式。一些在旅途中所認識的同伴會加入你們的行程，有些則會離你們而去。如此，數以千計搜尋各種事件的好奇人士，以不固定及變動的組合，從一座城市走向另一座城市。

還有一些旅途的伴侶（accompagnateurs），因為較不顯眼，卻並不因此就扮演了一個無足輕重的角色。那便是旅遊指南。它們建議一些行程路線，富含淵博的認識、歷史的回

顧、今日的概況和實用的註記。早先在文學上僅嘗試過幾齣簡單業餘劇作的薩德，起初正是被這種既自由又非常格式化的（codée）形式所吸引。

自從他在荷蘭的遊歷以來，一個規模龐大的計劃便開始在他心中蘊釀成形，其以米松（Misson）所著的《意大利遊記》（*Voyage d'Italie*）為範本，此乃那個時期所有旅行者和所有遊記作者的參考書[52]，即便有些作者批評它，但也不能不提到它。奧爾蒙公爵（duc d'Ormond）的家庭老師米松所撰寫的《意大利遊記》於 1668 年問世。米松，從英格蘭出發，第一站便是荷蘭。接著他橫跨德意志，最終到達意大利。薩德，當他決定遊歷尼德蘭的時候，完全依循著米松的旅行計劃。我們還可以設想，對德意志有所瞭解的侯爵也可能打算過為這個國家貢獻一兩篇文章。再加上他還閱讀過他父親在科隆做大使時的敘述，還有關於尼德蘭，父親被關押在安特衛普和魯汶的那幾個月裡的敘述。在他的《荷蘭遊記》中，薩德實際上以兩個嚮導作為範例：米松和他的父親。

「荷蘭普遍上又平坦又低矮；這是一片綿延不絕的草地」（米松）

---

52. 《意大利遊記》（*Voyage d'Italie*），馬克西米連 · 米松（Maximilien Misson）著，增加了新的和有價值批注的新版本，阿姆斯特丹出版，在巴黎由 Clousier 出版社販售，1743 年，4 卷本。

荷蘭的地勢平坦在薩德看來並不是什麼了不得的元素。
不過，帶著他那種絕不偏離既定計畫的堅定信念，他忠實地
提供了旅行的「精準細節」。這些細節總是遵循同樣的順序：
關於交通方式、城市的地理形勢、居民的身體與精神樣貌，
總之包括所有關於僕役、旅館、食物的信息，以及對一個講
究品位的紳士來說至關重要的其他元素。

……我只專心於向旅行者們提供可靠的指引，包括住
宿以及路況，還有在我玩遍的國家裡匯集的各種奇特
處[53]。

在這部儘管簡短（由七封信組成）而且可說枯燥的《荷
蘭遊記》（*Voyage de Hollande*）中，薩德倒是顯現出對高雅
與安逸的關注 —— 在他每日一板一眼的框架（quadrillage
régulier）邊沿，鑲上了享樂及聲色的視域（horizon de plaisir
et sensualité）。在鹿特丹的時候，遊歷者，已然被這座城市
的規劃所折服，讚美運河的美麗。他同樣也留意到房屋的整
潔，還有所採用材料的品質：

---

53. 《荷蘭遊記，以書信形式》（*Voyage de Hollande, en forme de lettres*），收入《薩德
全集》，第 XVI 卷，第 87 頁。十年前，卡薩諾瓦以共濟會和外交身份遊歷荷蘭
的時候，幾乎也是下榻在同樣的旅館（「皇后」旅館、「英國議會」旅館等）。

幾乎所有朝內的牆壁都砌上了白色的琺瑯瓷方磚，這令它們再可愛不過 54。

而在米松這邊，震撼於此處對衛生的關切（這在當時的歐洲應該算是十分出色的），他留意到：「不管是他們的船舶，還是他們的房屋，都是一樣的整潔乾淨。這樣的整潔乾淨延伸到每一處，我們甚至可以在牛欄中見識到，那裡的乳牛的尾巴都被捲起來並用一根細繩繫在木板上，就是害怕它們被弄髒。」55

為了從鹿特丹到海牙，薩德自己體驗了取道運河的旅行：「沒有什麼比這種旅行方式還要令人愉悅的了」。只不過，他補充道，「為了不要與眾多使用此方式的人混在一起，只需預訂俗稱的*甲板室*（rouf），或者船長房間……」56

薩德從未忘記*自己是誰*。他的眼光是一位戲劇、文學與繪畫熱愛者的眼光，一位建築愛好者的眼光，也是一位軍人的眼光。在海牙，他參觀了奧蘭治親王（prince d'Orange）轄下軍隊的操演：

我覺得他的部隊維持得不錯又井然有序，但總體來說，

---

54. 同上，第 94 頁。
55. 米松，第 I 卷：《荷蘭遊記》（*Voyage de Hollande*），第 3 頁注釋。
56. 《薩德全集》，第 XVI 卷，第 96 頁。

我對其操練並不十分滿意，我覺得它笨重而遲緩[57]。

對薩德而言，風格和敏捷相輔相成，在所有領域都是如此。

除了一些「好家族」，其名號已經出現在他父親的書信裡頭，尼德蘭自由寬容的——這點確實沒錯——但資產階級的社會讓他覺得厭煩。「對花卉的狂熱」，他記錄道，「在萊登與哈倫這兩座城市達到巔峰」[58]。搞園藝和抽菸斗的荷蘭人並非他的典範。

達摩埃島的烏托邦

然而，荷蘭並非沒有用處的一站，因為，他遊歷意大利時的衝擊，正是從這條地與海在此相會的平坦又連綿不絕的線上清楚地浮現出來的。遊歷荷蘭之後，薩德意識到合理的人本主義（humanisme sensé）無法融入他思想的煉金術中。途經這裡的時候，他估算到一個國家可以達到的安定程度。

相反於如同對自由的緬懷而一直令他魂牽夢繞的意大利，荷蘭則沒有激起他留下來的一丁點慾望。不過它出現在他的小說作品中——並非成為放蕩冒險的背景，而是出現在他自認為唯一一部可以署名、不懼怕面臨刑罰的小說：《阿

---

57. 同上，第 98 頁。
58. 同上，第 101 頁。

麗娜和瓦爾古或哲理小說》（*Aline et Valcour ou le Roman phi-losophique*）中，它在巴士底獄期間寫成但出版於 1795 年。這部恢弘的小說交叉敘述兩段形成鮮明對比的愛情故事：第一個故事，以書信往來的形式呈現，講述了阿麗娜的不幸，她是瓦爾古的愛人，卻被他的父親許配給一個可怕的浪蕩子。第二個故事，則以一種連續敘事（narration continue）的形式，一路跟著雷奧諾兒（Léonore）與聖維爾（Sainville）的冒險而展開，他們同樣是父權專制的受害者，跑遍世界就為了找到對方。正是在這場尋找愛人的過程中，聖維爾有一天在達摩埃島（île de Tamoé）登陸，那裡由一位賢明的國王統治，他奉行的道德與治理準則跟它們在其中充分發展的國家一樣溫和。在第一次將眼光投向這個王國的首都之時，聖維爾便感覺進入到一個和諧世界：

> 所有的道路都整齊排列；而每條道路都更像散步場所而非通道。它們兩邊都種滿了樹木，一些人行道沿著房屋開展，中間是一片柔軟的沙地，形成一個宜人的步行環境[59]。

之後，他在島上展開了一番遊歷，這座島「由運河合

---

59. 《阿麗娜和瓦爾古或哲理小說》（*Aline et Valcour, ou le Roman philosophique*），第613-614頁。

宜地分割，運河的兩岸上有棕櫚樹與椰子樹形成的綠蔭，而且在這裡，就像在荷蘭一樣，人們從一座城市行至另一座城市，需乘坐可愛的獨木舟，它們一個小時可行駛大約二古里（lieue）。」[60]

局限在這座天堂內的理性並沒有強大到可以留住這個年輕人。不顧國王的提議，他決定啟程。聖維爾離開達摩埃，就像憨第德離開黃金國（l'Eldorado）「這個一切都好的國度」一樣。

運河平緩的水流、沙地的柔軟和樹蔭，只需要徜徉其中，存在便可以無憂無慮。薩德，用自己的雙眼，經由他在尼德蘭的秋日之旅，已經見證過這樣的可能性，將其歸為烏托邦的統治。僅只是愜意的東西在他眼裡毫無價值。

伯爵夫人與神父：薩德的節奏

米松提議一種採取書信形式的日記，因為「書信文體是一種簡短的文體，一種自由和親切（familier）文體」（〈告讀者〉）。藉著將這些信寫給一位年輕的爵爺，他並未濫用親切度（familarité）。在他的《荷蘭遊記》中如同在他的《意大利遊記》中，薩德也採用了書信體形式；一位女士成為他的收信人。他並未賦予她任何個性，但她讓薩德言語特有的

---

60. 同上，第 696 頁。（譯按：這裏的里程指法國古里，每里約合 4 公里。）

這種節奏（scansion）得以顯露出來。再者，這些「您知道，伯爵夫人」、「您將免除我，伯爵夫人，去談論聖格里高利（saint Grégoire）荒誕不經的幻象」等等的表達方式，允許他多多少少快速地展現整套見聞。

更微妙地，伯爵夫人體現了脆弱的關聯、需要吸引的不明確的傾聽；儘管薩德的散文由獨白之力（force monologuante）所主導，然而她正是這散文不顧一切所要趨向的對象。這些以伯爵夫人為對象的講話揭示了薩德對讀者的關注，這是他從未拋棄的。儘管他在其體系的孤獨狀態（isolisme）中走得很遠，讀者仍應有他一席之地。

在《意大利遊記》中，那些特別為伯爵夫人撰寫的段落正是薩德的聲音凸顯之處。例如，正是向她，他吐露了自己對天主教式和現代之羅馬的蔑視：「怎麼說呢，伯爵夫人，廟宇內如今就是個馬廄！」[61]

伯爵夫人沈思著，表示贊同；可是薩德期待她更積極的支持。他將她視為自己與指南作者針鋒相對時的盟友。

理查神父（abbé Richard），著有《意大利歷史的與批評的描述，或關於其治理、科學、藝術、商業、人口與自然歷史的現狀之新回憶錄》（1776），是他冷嘲熱諷的首要對象。神父認為薩德本人既是剽竊者，又是控訴者。薩德對剽竊的

---

61. 《薩德全集》，第 XVI 卷，第 213 頁。

概念無動於衷，這對他同時代人以及在 19 世紀是習以為常的事。（比方說，狄德羅在他的《荷蘭與奧地利轄下尼德蘭遊記》中，有好幾個段落整個都抄自詹尼森 [Janiçon] 的《尼德蘭七省聯合共和國現狀考》[海牙，1729] 一書。）薩德不喜歡使用引號：再說，並非不曉得它的作用，在一篇文字中，他表示不欣賞引文總是構成的這些「令人不悅的亂糟糟東西」……[62]

與「好理查」背道而馳，旅行者的怒氣不時爆發著。他責罵他的「疏忽」、他的「錯誤」（「理查先生竟然忘記了這個歷史背景，真是令人難以置信……」[63]），他抱怨他的糟糕品味，還有他對「小說般的描述」以及「天馬行空的添油加醋」的愛好。

薩德從未厭倦於爭吵。神父不是他唯一的受害者，博學的拉郎德（Lalande）也沒有倖免：「在此處駁斥拉郎德說的蠢話」，他囑咐自己道。還有，在他遊歷梅塞納別墅（villa de Mécène）廢墟的過程中，他評論道：

拉・郎德先生 [M. La Lande]（原文如此）確信這些拱門當初是替梅塞納別墅充作馬廄的，他錯了……或許不該把時間花在馬廄上，而是花在建造如此愚蠢的人們呆

---

62. 同上，第 VIII 卷，第 276 頁。
63. 同上，第 XVI 卷，第 348 頁。

著的畜牲棚上吧……[64]

　　他的指南作家們的滑稽可笑，在他看來，唯有在國外旅行的法國人的滑稽可笑能與之匹敵：

　　我根本不願去描繪我們這些高雅的人旅行時所表現出的過度自命不凡與放肆無理；還有這種詆毀的口氣，他們用它來談論所有自己想像不到的事物，又或是在自己國家找不到的事物[65]。

　　薩德帶著一種罕見的好鬥熱情投身於旅遊文學中相對溫和的領域，而在他的第一部著作中，或許正是這種爭議與辯論的熱情表現得最為顯著。薩德並不贊同這些旅行家們的客氣，他們——例如理查神父——在自己的記事本上記錄一塊麵包的美好、或樹幹上一隻孔雀之美。他尤其反對那些被他揭露出來、隱藏在信息化散文的中立外衣之下的意識形態立場。

　　歌德在羅馬的第一次遊歷激起了他重生的激昂感受。相比於這種與生命之樹般的永恆之城的接觸，一本遊記有一天落到了他手裡，對他來說卻如同煙灰：「我偶然間在這裡

---

64. 同上，第 376-377 頁。
65. 《阿麗娜和瓦爾古或哲理小說》，第 645 頁。

看見了阿爾琴霍爾茲（Archenholtz）的《意大利》。怎會有這樣一部著作，可將同一個地方寫得如此乾癟僵化，簡直就如同我們將這本小書放在炭火上烤，它慢慢地變成褐色及黑色，我們看見紙張蜷曲並且幻化成煙！」（1786年12月2日）

當薩德將羅馬同他的旅行指南中的描寫相對照的時候，他從未有過類似的觀感。或許是因為他只管自己的作品，並且因為突然降臨在他身上的新生活正以一本包羅廣泛的書的形式發展，這些令歌德失望的死氣沈沈的字句，不管是以素材或是反例的名義，都必須納入書中。

啟蒙時代的哲學家

薩德選定的標題意味著他創作計劃的野心：「意大利遊記，或關於佛羅倫斯、羅馬、那不勒斯、羅雷托（Lorette）及與此四城毗鄰道路的評論性、歷史性與哲學性論文。在這本書中我們將致力於深入探討風俗習慣、倫理道德、立法形式等等，古今兼顧，以一種迄今為止從未有過的、更特別且廣闊的方式進行。」他藉他的一位人物之口說出的這句話「從大處著眼，我的朋友，絕不要低估你的想法」首先便是證諸他自己身上，證諸他從一開始對於作家格局所做的設想上。

在四座城市中，羅馬是薩德偏愛的地方。他精確地記錄下自己進城的日期和時間。

在龍奇廖內（Ronciglione），我住在一個叫巴卡諾的破爛驛站，它離羅馬大概 12 到 15 里（milles）遠，以便能在天黑前瞥見這座世界首都入口一眼，在 10 月 27 號早晨 11 點鐘我抵達了 [66]。

正是在這些關於羅馬的字裡行間，薩德最直截了當地顯示了他與他剽竊的那些作家的不同之處。通過引用伏爾泰的題詞，薩德突出他著作的論戰意圖。對伏爾泰的參照表明了他那奮戰不懈的不信神態度（incrédulité）。薩德嘲笑羅馬城中充斥的「神聖的愚蠢」。天主教不僅在構建戲劇性和塑造主要人物方面滑稽可笑，甚至在命名方面都有某種尤其可悲的意味：

被稱為來自上帝（la Lumière）的聖 - 瑪麗如今已經代替了維斯塔女神（Vesta）或太陽神，而且整體說來，甚至在命名方面，基督教的迷信看來始終都將自己繫於對異教偶像崇拜的蹩腳複製之上 [67]。

「這裡的一切都壯麗又金碧輝煌」[68]

---

66. 《薩德全集》，第 XVI 卷，第 188 頁。
67. 同上，第 265-266 頁。
68. 同上，第 239 頁。

然而他的無神論並沒有阻礙他喜愛「耶穌會的奢華」

（luxe jésuitique）——作為他們學校的校友和他們戲劇的熱

烈愛好者[69]。跟那些哲學家們不同——他們將宗教迷信與它

所傳播的豪華排場放在一起譴責——薩德只與前者作鬥爭。

他只譴責戲劇布置中那種信以為真的愚蠢。在聖彼得大教堂

裡剛走了幾步，薩德便認為他進入了一所劇院中：

> 可以確信的是，當三道門都緊閉，必須知道這裡有一座
>
> 教堂。殿堂的入口什麼都沒告知；這反而更像是一個表
>
> 演廳的入口……[70]

　　這座門廳「非凡的壯麗」將侯爵導向羅馬教堂取之不竭

的寶藏，它們因黃金、大理石、瑪瑙、紫晶、碧玉的光芒四

射而輝煌璀璨。薩德偏愛圓柱，我們知道它們會引致怎樣的

幻想：「黑色的圓柱，有好似黃金的斑點作為紋理」、「花

色大理石圓柱」……陵墓以及它們大量的陰森森場面令他著

迷：

> 在金字塔底座的兩邊分別立著力量與慈善二神的雕像，

---

69. 薩德曾經在耶穌會學校就讀，他十分喜愛那裡由耶穌會士創作並排演的戲
　　劇。——譯者註。

70. 《薩德全集》，第 XVI 卷，第 194 頁。

再往下，刻在大理石上的銘文，由被連接在兩顆帶有翅膀的骷髏頭上的一個橡木飾帶所烘托：如此稀奇古怪真是難以猜測它的理念[71]！

所有的過度都得到了他的稱讚，相反於構成了令人反感類別的粗糙與枯燥。他用以下措辭草草打發了杜勒（Albert Dürer）的作品：「《所羅門的審判》（*Le Jugement de Salomon*），由阿爾伯特·杜勒創作，正如他的名字那樣令人難受（dur）」[72]。還有由羅馬法蘭西學院院長那托爾（Natoire）負責的聖王路易堂（église de Saint-Louis-de-la-Nation-Française）天花板，也激起了他如下的評論：

皺褶（draperies）顯得生硬，構圖不對，而國家希望這位其社會美德遠遠凌駕於畫家品質之上的正直人士不要如此可笑地暴露他的崇敬之心[73]。

他關於「真福的露易絲·阿爾伯托尼」（la bienheureuse Louise Albertoni）雕塑的評論揭示了他的審美要求。一件藝術作品的雅致（grâce）必須為它的震撼力服務：

---

71. 同上，第 266 頁。
72. 同上，第 324 頁。
73. 同上，第 239-240 頁。

臉上的表情其實就是毀滅的表情。為什麼藝術家就沒有在其餘部分以一樣精確的方式依循著自然呢？支撐著頭部的通床長枕和枕頭展現了令人震撼的真實。但是雙手擺放的位置就太過矯揉造作了。人們在斷氣的時候絕不可能以這樣的優雅擺放它們！它所欠缺的是我們可以在馬代爾的聖女西西爾（la sainte Cécile du Maderne）上找到的這種令人驚駭的真實[74]。

在穹頂之下一切都壯麗又金碧輝煌。這裡的一切也是奢華地承受痛苦。薩德觀察這些受到如此精細的束縛、帶著慘白膚色、眼中閃著淚光的聖人和聖女處於垂死中。他既是受害者也是劊子手，既是在競技場中死去的受刑犯又是剛享用完盛宴前來消遣一番的皇帝。

---

74. 同上，第 278-279 頁。（譯按：Maderne 即下文的 Maderno。）

聖 - 西西爾 (Sainte-Cécile)

　　這座教堂最美的部分，毋庸置疑便是出自艾迪安‧馬代爾諾 (Étienne Maderno) 之手的聖女雕塑，其被放置在正祭台亭閣 (pavillon du maître-autel) 的下端*。……藝術家保留了模特兒所有的優雅而將她凍結起來的死亡似乎——如果可能的話——只讓她更加吸引人。……她精緻的雙手是張開的，而幾根手指彷彿在一種強烈和驟然的垂死作用下蜷縮著。這是一具被丟在這兒的屍體，而我們彷彿還能感受到一個既引人又美麗的十七、八歲的年輕人所有的細緻與輕巧。在這座神聖的作品中存在一種如此震撼人心的真實，以至於我們無法看到它卻不被感動。……請原諒我在這個作品上著墨得有點太多了。我的品味和我的感受不過於那些二流藝術愛好者：我沒有別的企圖。不過我承認是羅馬現代的這一部分令我體驗到一種更鮮活的感覺。

《意大利遊記》，《薩德全集》，第 XVI 卷，

第 275-276 頁。

---

* 她以在聖 - 塞巴斯蒂安地下墓穴 (catacombes de Saint-Sébastien) 裡被找到的相同姿勢雕刻。

「我們確實可以邊走在這兒邊說：『*羅馬皇帝們曾在這裡，如同我一樣！*』」[75]

那些撰寫羅馬的篇章是關於異教世界被天主教碾壓而毀滅的一個長篇悲嘆。對於每一間他所遊歷的教堂，薩德都記下它所抹滅的一處古老建築：

> 我們顫抖著看見這些聖母像或是混蛋們充斥在這些珍貴的遺跡裡[76]。

然而當他在這座現代城市四處遊歷的時候，他在精神世界中不斷重塑的是這個已經化為遺跡的世界。正是這古城，「世界之主的羅馬」，才令他因在其上行走而引以為豪；是它的愛與殘忍，激發了他的想像力，並讓他，透過如今的廢墟，目睹遠古時代光輝燦爛的畫面。

主觀的視角

在談到一處阿爾巴諾（Albano）的廢墟時，薩德為自己註記道：「在這裡給出反思：這些古代文物唯有提供教導（instruction）的時候才值得被欣賞。」[77]

---

75. 同上，第 257 頁。
76. 同上，第 218-219 頁。
77. 同上，第 353 頁。

那些他播撒在他文章中的種種知識，回應了一項個人詰問。除非對他的口味，否則薩德不會表現出淵博學識。他將之納在一種已被殘忍的感官享樂之謎佔據的世界觀中。關於聖天使城堡的軍火庫（arsenal du château de Saint-Ange）的參觀，他寫道：

> 我看見一把設計獨特、格外小巧的弓，它曾經屬於一個西班牙人；他的唯一樂趣便是用這弓箭，在他所在的街上或人群裡，要麼在廣場，要麼在教堂出口，射出一些有毒的大頭針（除了一種沒緣由的毀滅之外毫無其他意圖）。這種只為了做壞事的樂趣而做的奇怪偏執（manie），是最不能為世人理解、因而也是最少被分析的人的性嗜好之一，然而我敢於相信，讓之歸入一種普通類別——即人在想像方面所產生的亢奮（délire）——是可能的[78]。

在羅馬，當親眼看到各個世紀倖存下來的見證時，歌德既高興又安心。他呼吸到永恆的空氣，這使他安心於自己的創作上。薩德，面對同樣的廢墟，則看到毀滅的力量、罪惡一成不變而激烈的重複。正是在這上頭，他將構建起自己的作品。

---

78. 同上，第 356 頁。

在一次關於小說藝術的思考中，薩德寫道：「它所要求的最重要的知識，非常確定來說，就是關於人心的知識。然而，這一重要的知識，所有有智慧的人可能都會同意我們，由於他們確信人們只能通過不幸和旅行得到它；只有見過各個國家的人，才能好好瞭解這些國家；只有成了它們的受害者，才知道如何欣賞它們。」

1776 年 5 月，當薩德離開意大利的時候，他完成了他的旅行。剩下的，就是不幸了。

閹人歌手（les castrats）

在佛羅倫斯有很多劇院……我在那裡的時候，《佩爾斯與安諾梅德》（*Persée et Andromède*）正好再度搬上舞台。那裡面的詩句在我看來有些短促、缺乏力量與趣味；音樂有氣無力、單調拖沓且缺乏溫度。這是我第一次在戲劇舞台上看到這些半個男人（demi-hommes）的傢伙，他們的倒退（dégradation）最初可以歸結於對荒淫最可恥的追求，而儘管人性悲嘆且極度反感於這個可怕的習俗，但是音樂上的趣味則使得他們得以留存於世。可我們從中得到了什麼呢？羅馬在戲劇舞台上率先設置這些人，是為了規避讓女性上台產生的醜聞，可是這難道不是釀成了更大的罪惡嗎，要不因此讓大自然倒退，要不就是將這些沒有鬍子且帶著全世界最美相貌的年輕人們，獻給羅馬臣民們不受約束的慾望，而他們早已傾向於視法律如無物。同一位如您這般真誠的人一起，伯爵夫人，這個問題頗為棘手；因為它必然冒犯純潔的耳朵。然而，我懷疑我們能夠在談論

這些戲劇時，不提及在這方面羅馬居民不受約束的景象。

總之這是第一次我聽到這類怪物的聲音。我對此很反感。

（《意大利遊記》，出自《薩德全集》，

第 XVI 卷，第 160-161 頁）

肖像：一個佛羅倫斯神父

他們（佛羅倫斯居民）大部分乾瘦又蒼白，是消耗熱（éthisie）的患者，一口壞牙且眉目可憎，以至於他們大部分人一輩子都戴著眼鏡。在這方面，我總是想起一位肥胖的佛羅倫斯神父的可笑樣貌，他的鼻子上滑稽地架著副眼鏡，還用一把大扇子搧風，這兩樣滑稽的東西湊在一起造就了他令人嘖嘖稱奇的模樣，而且如果為了讓誇張的程度加倍，這位神父每天晚上都以上述的奇怪模樣前來橋上透透氣，他還身著白色印度印花棉布睡袍，頭戴大草帽，領巾圍得好似女人一樣，這樣他裝扮成一個特別古怪的模樣，而對之，我們法國人的眼睛總是難以適應。

（《意大利遊記》，出自《薩德全集》，

第 XVI 卷，第 159-160 頁）

一位年輕的羅馬公爵夫人

您知曉，伯爵夫人，這位皇后（小福斯蒂娜）為了這位競技場鬥士癡迷到何種程度，還有他的丈夫馬可 · 奧理略（Marc Aurèle）

為了讓她從這種瘋狂的激情中恢復過來，給了她何種療效顯著的解藥。這種愛好在羅馬被保留下來，而我曾看到這座城市的一位美麗又年輕的公爵夫人在觀看古羅馬圓形劇場裡舉行的球類比賽時高聲尖叫（這是唯一可以令人回想起古羅馬鬥士還有他們搏鬥場面的活動，在比賽裡賭博很普通）：「*我支持這個人，因為他最美！*」

（《意大利遊記》，出自《薩德全集》，
第 XVI 卷，第 272 頁）

聖母雕像照明，據理查神父所述……

羅馬市在夜間從不點燈籠，所以如果不是房子主人或是主要宅第命人在大門、或者房屋的轉角處點上有反射鏡的大燈籠（lanternes à réverbère），從而照亮了部分街區的話，這座城市將會非常暗，難以忍受；另外，沒有哪條街道上不會設立一、兩幅聖母雕像，每天晚上，在它們前面，都會有一個或好幾個點燃的燈，而且很多時候甚至還有大蠟燭使周圍變得更亮。這些虔誠的照明尤其為在冬夜裡行走以及在步行時辨認街區提供了巨大便利。

（紀堯姆・理查神父：《意大利歷史的與批評的描述》，
第 III 卷，第 260-261 頁）

……在薩德看來

我曾經說過佛羅倫斯的治安還算不錯。不過，在我看來，這裡

缺少一件至關重要的東西：那就是照明。除了在一些聖母像腳下，人們通常會點燃一盞夜燈以外，街道籠罩在一片特別有利於滋生犯罪的陰暗當中，而且還更有可能因此摔斷腿。對於單單只照亮聖母所顯現的這種深情，我們可以說佛羅倫斯人愛聖母勝過自己的錢財和性命。

不過，這第一種危險在佛羅倫斯幾乎不存在。在這裡，聽到人們談論盜竊或謀殺乃是極其罕見的事。第二種危險則更可能發生。用來鋪就這座大城市的又平又大片的石塊，乍看上去，顯得漂亮並且維護得很好。但這不過是表象。人們極少修復它們，而且只要它們有所破損，便會形成一些凹陷，其深度在幽暗的夜間足以導致跌倒，十分危險。我可是掌握了事實根據才這麼說的。

（《意大利遊記》，出自《薩德全集》，

第 XVI 卷，第 178 頁）

書簡作家：懲罰的失敗

我全心全意地擁抱你，

我親愛的朋友，

而只能用想像之快樂給你寫信……

致薩德夫人便條（1753 年 7 月 3 日）

　　薩德的書信是囚徒的書信。它們有在情感上和在物質上
苟延殘喘的功用，而且，據他的說法，是他「唯一的占卜」
（seuls horoscopes）。它們構成他與外界的連繫、他抱怨和吶
喊的宣洩口，當然，也是他僅有的交談的愉悅。自從 1777 年
2 月 13 日，他在巴黎被逮捕，直到 1790 年 4 月 2 日，他從
夏倫敦瘋人院被釋放，薩德*只通過寫信交流*。關注他的通信
可以對於他這十三年的日常生活提供珍貴的見證。這些書信
顯示他情緒的反覆無常，一直很極端，還有一種伴隨著逆境
的增加而愈加牢固的決心之堅定不移。它們，在討要缺失的
字裡行間，講述他所告別的生活是由什麼造就的。

「那裡」

　　在性失落感（frustration sexuelle）連續的背景下，世界受
到剝奪的折磨造化出千萬個痛苦的回憶，其中最糾纏他的是
一些簡單的快樂，比如散步、與友人晚餐（吃飯的時候不和
某個人說話是薩德從未習慣的一件事）、還有玩一些室內遊
戲（jeux de société）。薩德喜愛唱歌、朗讀、演戲、猜謎、

捉迷藏（「我會多麼樂意參與這場捉迷藏啊！這是我瘋狂熱愛的一項遊戲」[79]）或是抽選國王（「我遲了兩天才寄這個包裹，就是為了讓你拿到你的那塊國王餅，它根據你想要的方式被抽選出來，完全照規矩」[80]，她的夫人向他如此寫道）。作為一個愛打扮的人（「您啊，總想當個漂亮的小伙子」，瑪麗-多羅特‧德‧胡塞 [Marie-Dorothée de Rousset] 調侃他），薩德同樣會感到遺憾的還有那些時尚的趣味。起初，當他依然認為自己坐牢時間會很短暫的時候，他將趕時髦的時間延遲到出獄的時期。他明確指出別幫他買衣服，除非是暫時性的。

但對薩德來說，尤其難熬的是，將他從世界中拉開，便是將他從他的拉考斯特城堡中拉開（坐落於索芒城堡幾公里處，在那裡他度過了部分童年時光）。對此，侯爵無法釋懷。這便是為什麼春天的來臨對他來說尤其痛苦，當他徒勞地想透過妻子給他帶來的幾束花和幾籃水果，來撫慰他無緣於自

---

79. 《薩德全集》，第 XII 卷，第 190 頁，1779 年 3 月 21 日信件。
80. 《在文森堡監獄及巴士底獄撰寫的書信及文學雜集，以及薩德夫人、瑪麗-多羅特‧德‧胡塞還有其他人的書信》（*Lettres et Mélanges littéraires écrits à Vincennes et à la Bastille, avec des lettres de Mme de Sade, de Marie-Dorothée de Rousset et de diverses personnes*），由喬治‧托瑪（Georges Daumas）及吉爾伯特‧勒雷出版的新發表文集，Borderie 出版社，1980 年，第 II 卷，第 175 頁，175[?] 年 1 月 5 日信件。國王餅是法國人在每年 1 月 6 日天主教主顯節前後食用的一種圓形餅狀蛋糕，由千層酥和杏仁奶油內餡烤製而成。薩德夫人寫到的 "抽選"，即指在餅中放入蠶豆（fève，現多由瓷製小像代替）。眾人分食國王餅，吃到蠶豆的人可被封為國王一日，並受到友人祝福。——譯者註。

家花園的遺憾。忠心耿耿的女僕勾彤（Gothon）盡力確保城
堡的維護。儘管不識字，她口述讓人寫下一些簡單的字——
成為她的「苦難報」（Gazette de misère）——藉此讓她的主
人掌握最新情況：「刮起了一陣該死的風，以至於一段圍牆
倒塌了……」

陷入泥淖的主教

這是一件相當古怪的事情，那就是某些虔誠的人對於瀆神
（jurements）所持的觀念；他們自以為，某些以這樣或那樣的方向
排列的字母，既能夠在一種方向中無限地取悅上帝，也能夠在另一
種方向中殘忍地侮辱祂，而這種偏見可能是所有那些蒙蔽虔誠人士
的偏見當中最滑稽的一個。

在那些謹慎小心地對待這些 b 或這些 f 的人當中，有一位前米
赫普瓦主教（évêque de Mirepoix），他在這個世紀初被看作是一位
聖人；一天，在去探望帕米耶主教（évêque de Pamiers）的路上，他
的四輪華麗馬車陷入了分隔這兩座城市的惡劣道路上的泥坑裡：就
算再怎麼努力，馬兒們就是不肯再挪動。——「大人」，怒氣沖沖
的車夫最終說道，「只要您在這兒，我的馬兒們就不會前行。」——
「可這是為什麼呢？」主教大人問道。——「因為這會兒我絕對要
說些瀆神的話，而閣下卻妨礙了這麼做；可如果您不允許我這麼做，
我們都得在這裡過夜了。」——「那麼好吧，那麼好吧」，仁慈和
善的主教劃了個十字的同時回答道，「那麼您就罵吧，我的孩子，

但可要少罵點兒啊。」車夫罵了，馬兒們拉了，大人上車了……而且他們順利到達了目的地。

《小故事，短篇小說及韻文諷刺故事》（*Historiettes, Contes et Fabliaux*），出自《薩德全集》，第 XIV 卷，第 105 頁

這些拉考斯特的消息擁有一出博馬舍（Beaumarchais）劇作的魅力。在上頭演出的有女僕勾彤（她同時被主人和僕從垂涎，又同樣招侯爵夫人和女管家厭煩），還有總是醉醺醺的獵場守門人，那位和薩德鬧彆扭又和好的拉丁語學者及議事司鐸，村裡的農民們，還有三條狗：提斯貝、德拉貢還有格羅斯多度……別忘了家禽飼養場：「我正要同您聊一聊我的家禽飼養場；裡面沒多少家禽；我有如此美麗的小雞、和可愛的火雞，以至於加爾迪奧爾神父每次看到它們，都忍不住對它們說：『你們好啊，漂亮的雞，你們是多麼的美麗呀！』」[81]

在巴黎只逛劇院和妓院，相比於凡爾賽的八卦新聞，他對自己飼養場裡的火雞抱持著更大的興趣，薩德就像一個封建領主般掛念著拉考斯特。在這片夏天的時候酷熱難當、冬天的時候被可怕的強風蹂躪得滿是石子的領地上，他辨認出自己的王國。他對拉考斯特的掛念從來沒有以一種生產利益

---

81. 《書信及文學雜集……》，第 I 卷，第 417 頁，1779 年 4 月 12 日信件。

的形式表現出來。薩德完全沒有管理或經營的意識，但他卻不忘提醒：「當你寫到那裡（là-bas）的時候，叮囑你要講到維護花園的事；叫人說說替換榛樹小徑的情況。」[82]

由於一種宗主權（suzeraineté）的傳承、對一種語言及文化傳統的熱愛，薩德自認是個普羅旺斯人。他對自己的先祖勞拉 · 德 · 薩德——佩脫拉克的戀人——懷有一種崇敬。他一遍又一遍閱讀米羅神父（abbé Millot）所著的《行吟詩人史》（Histoire des troubadours）。他著迷於他們詩歌中的「純真」與「高尚」。他在寄給「迷麗」 · 胡塞（« Milli » Rousset）的書信裡，寫到一些普羅旺斯方言的詩歌作消遣（他曾經打算用普羅旺斯語的課程跟她交換意大利文課程）。如果說他從未掌握普羅旺斯語的腔調，那麼他確實抓到了其精髓。

隨著年歲的逝去，「那裡」離他越來越遠，可是「那裡」被剝奪的傷口卻沒有癒合。1790 年，薩德終於重獲自由，重見拉考斯特便是他頭一個願望：「我要來死在我所在的地方。」[83]

對庭長夫人的詛咒

密函（lettre de cachet）是舊制度典型的專斷形式。以它

---

82. 《薩德全集》，第 XII 卷，1777 年 4 月 18 日信件。
83. 莫里斯 · 勒維引用于《薩德傳》，第 396 頁。

的名義，有可能不經過審判就可以監禁或流放某個人。它懲罰犯政治罪的人，或是回應家族的訴求，來擺脫麻煩。如果它還可以在民眾階層中使用[84]，那麼可以想見，當一個家族屬於司法階層的時候，獲取它更是愈發地容易。而薩德，因為娶了熱內-佩拉日‧德‧蒙特勒伊（Renée-Pélagie de Montreuil），便不幸地跟法律結下不解之緣。那種本該保護他的因素，正如一位評論羅斯‧凱勒事件（affaire Rose Keller）的報紙評論人指出的（「然而，多個最高法庭成員與他有交情，而且他的不法行為沒有蔓延的可能，對以儆效尤的效果而言，他的懲罰將變得毫無用處」[85]），卻反而是導致他身敗名裂的因素。薩德有所理據地將他的岳母、也就是蒙特勒伊庭長夫人——其強烈而獨斷的個性碾壓了她丈夫的個性——視為他被監禁的始作俑者。就我們獲得的通信內容來看，其中寫給蒙特勒伊夫人的信寥寥可數。這些信都採用了堪為典範的尊敬語氣，並且帶著極度斟酌的真摯語調，許諾了堅定的後悔之意。在那些寫給妻子的信裡，相反地，薩德則並未克制對他「可怕的巫婆母親」、「可恨的造物」、那個「宗教裁判所的逃脫者」、那個「凶惡的老婦」、那個「大

---

84. 阿爾萊特‧法爾施（Arlette Farge）：《家族之亂：巴士底獄檔案之密函》（*Le Désordre des familles. Lettres de cachet des archives de la Bastille*），與米歇爾‧傅柯合著，巴黎，Gallimard 出版社，1982 年。

85. 《烏德勒支新聞》（*Gazette d'Utrecht*）副刊，1768 年 5 月 10 日。被引用於莫里斯‧勒維《薩德傳》，第 801 頁。

壞蛋」的怒火。他咒罵這個「年老蠢貨的執拗」、這個「假正經的女人」的偽善、這個「能夠將報復發揮到這種程度的醜八怪」的殘忍。庭長夫人身負所有邪惡而且薩德讓她為之付出代價：

> 這天早上，我受著折磨，看見她，這個婊子，我看見她活生生被剝皮，被拖到炭火上，接著被扔進醋缸裡……

在最純粹的諷刺風格中，他孕育著報復式的版畫：

> 人們在那裡看到庭長夫人光著身子，仰面平躺著，呈現出大海有時毫無掩蓋地留在岸邊的這些怪物的形象……勒·N先生……（勒·努瓦爾[Le Noir]，巴黎警察總長）把了她的脈，並說道：「夫人，必須施行穿刺術，否則膽汁將使您窒息」……這可以成為一幅誘人的版畫[86]。

對庭長夫人的詛咒使這樣的念頭成形。這些詛咒驅除了監獄這種抽象的懲罰施加給犯人的精神酷刑，並且解放了薩德折磨人的想像力，是一項創作歷程的開端。

86.　《薩德全集》，第 XII 卷，第 261 頁；1780 年 12 月 30 信件。

小人國子民

他的筆（這些他偏愛的鵝毛筆）是他可支配的唯一武器。遠遠不是學著緩和他的風格，薩德反而將之提升到跟他的狂怒相稱的程度。無視於審查制度，或倒不如說正是由於審查制度才導致他變成這樣。他書信中最具張力的段落其實就如同他以書寫的方式來消遣獄卒所製造的干擾。「六號先生」竭盡全力反抗規則[87]。在他被拘禁的最初日子裡，格列佛與小人國子民的形象便令薩德揮之不去：

> 這是一封可能無法送達到您那兒的大尺寸信件，因為它並不是按小人國的尺寸寫的。無論如何，它總是會被看到的，並且，在所有應該看它的人裡頭，誰知道你是或不是我最直接針對的對象呢[88]？

某些信還包含對審查者（「勒‧格里布依先生」[89]）的詢問。信將通不過審查嗎？那就罷了。不過在他同「得意洋洋蠢蛋的平庸言語」的鬥爭中，他仍然算贏了一局。薩德竟然如此寬厚，想到給「格里布依」的工作行方便。有時為了同一封信，他寫了兩種版本，好讓格里布依選擇！規定的概

---

87. 薩德的外號，六號是他在文森堡監獄的牢房號。——譯者註。
88. 《薩德全集》，第 XII 卷，第 124 頁；1777 年 4 月 18 日信件。
89. M. Le Gribouilleur 為薩德取的外號，意譯為「亂塗亂畫的人」，指監獄裡一位名叫布歐的官吏，他主要負責檢查囚犯信件。——譯者註。

念是侯爵一直無法理解的。例如，成群的大小老鼠令他無法睡覺：

> ……當我懇求他們放一隻貓在隔壁房間好消滅它們的時候，他們回答我說動物在這裡是被禁止的。對此我回答道：「但你們真是蠢啊，如果動物是被禁止的，那麼老鼠應當也被禁止才對。」他們回答我說：「那不一樣。」[90]

再或者，薩德，因為一隻眼睛不舒服，曾經寫了一張紙條給外科醫生：

> 「好吧！我隔天一邊醒來，一邊問道，你們帶了來我所要求的東西嗎？──不發一語，他們回答道，我給您帶回來您寫的字條。──我的字條？──是的，先生，您的字條：您寫信給醫生，這是犯禁……這事兒得向獄官寫信才對──那麼藥呢？──哦！藥啊，等您的訴求按規定提出……」呃？您要怎麼說這傢伙呢？他漂亮嗎，他溫和嗎，他溫柔嗎[91]？

風格（style）的問題，對薩德而言，是一個道德問題

---

90. 《薩德全集》，第 XII 卷，第 167 頁；1778 年 10 月 4 日信件。
91. 同上，第 226 頁；1779 年 12 月 2 日信件。

（question morale）。他從未跟他的法官們和其判決執行者所用的「野蠻方言」（idiome de la barbarie）攪和在一起。為了仔細瞭解它，他評論道：

> 你們看看這些判決書、罪行檢舉命令書、傳喚信還有密函的風格；幸好，他們殺死或拘禁一個人時無法用上好的法語[92]。

「你是我唯一的目的⋯⋯」（薩德夫人）

儘管薩德的書信基本上都是一些跟需求、指責或是辱罵有關的信，它們卻沒有一點「枷鎖味」（這是薩德自己的說法，他擔心自己的戲劇會受到自己長期與世隔絕的影響）。無論是何種必要性促使他寫出這些信，它總是因寫信人精湛的技藝而輕快了一點。胡塞小姐，自身就是一位偉大的書簡作家，向他寫道：「我有些不耐煩地等待著你向我預告過的那封（信）。如果它的風格也一樣優美，那麼我們會讓它們出版。」[93] 正是同她，薩德吐露道：

> 是的，我親愛的聖女，是的，您風雅又聲色俱全地（voluptueusement）寫了滿滿四頁紙⋯⋯可是您親愛的女伴可

---

92. 《阿麗娜和瓦爾古》，第 725 頁。
93. 《書信及文學雜集⋯⋯》，第 I 卷，第 319-320 頁，1778 年 12 月 26 日信件。

不具備同樣的才華……[94]

他直截了當地寫信給他的妻子，並指責她道：

看來，實際上你今天可能沒獲得滋潤，因為看到比您的
信還要*枯燥無味*的東西是不可能的。那麼潤色您的風格
吧，我懇求您。我身處牢獄而且我需要消遣。哪怕是最
平淡無奇的事情都可以被寫得妙趣橫生[95]。

侯爵夫人，很有可能，不會*聲色俱全地*寫信。她用自己
的忠貞來彌補這一缺陷。正如同她為內容的重覆道歉，因而
說道：「……這是我缺少豐富言辭的一項證明，而不是缺少
對你的*眷戀*。」她祈求他「用心而非頭腦」[96] 來讀信。她的
愛是強烈的、焦躁不安的，一種混合著依賴和同謀的熱情，
在其中，伺候人的愉悅和對一切遭遇的接受藉由一種判斷方
面的極大自主性而獲得平衡。薩德夫人並不對這個她「視為
彷彿一群無賴組成的，而其中最虛偽者就是成功者」[97] 的世
界抱有幻想，也沒有對自己抱有幻想。她意識到自己缺乏高
雅的氣質，她的「才智」太過「平庸」，而且知道在拉考斯特，

---

94. 同上，第 63 頁，1779 年 4 月信件。
95. 同上，第 114 頁，1787 年 8 月 14 日信件。
96. 同上，第 II 卷，第 172 頁，大約是 1778 年 12 月 20 日信件。
97. 同上，第 149 頁，1778 年 10 月 3 日信件。

她並不討喜，因為她「總是深藏不露，好似一所最高法庭般地！」[98]

臣服於他，她毫無保留地為侯爵謀福祉，並找到力量抵禦周圍人的冷嘲熱諷和來自她母親的壓力，後者有段時間曾經威脅將她也關在她家的高塔中，如果她還堅持夫妻情份的話。日日夜夜，她都在想著她稱作「善良而溫柔的朋友」、她的「好孩子」（bon petit）的那個人。而薩德，從他的角度來看，沒有他的妻子，他可能無法倖存。她是他唯一的收件人。他在她的來信上做評註，並一行一行地回覆。薩德夫人身處巴黎的時候，切斷了所有世俗的、甚至家庭的生活，卻沒能夠與他身陷囹圄的丈夫重聚，而這是侯爵最後的朋友康斯坦絲・凱斯奈（Constance Quesnet）── 同他一起在夏倫敦精神病院定居下來 ── 成功做到的：似乎透過一種溫柔與情色、專制和說服力的混合，薩德具備一種才能，會以一種無止盡的自我犧牲慾望來激勵他的伴侶，藉著服侍他一切事情的意志（甚至包括他的放蕩胃口），向她們鼓吹同他分擔他的囚徒生活的決心……薩德夫人將她孩子們的教育托付給她的母親。而如果她加倍地擁抱了她的小兒子，那是「因為他像父親」。在她丈夫的要求下，她寸步不離巴黎，甚至是去鄉下探望他們，即諾曼地的艾莎弗爾城堡。她越來

98.　同上，第 203 頁，1779 年 5 月 30 日信件。

越離群索居，因為他要求，她甚至答應與她唯一的朋友斷絕往來（「要記得你答應過我不去鄉下，而且尤其是你美麗的維萊特的家；我推測她是個了不得的蕩婦而且甚至有點莎芙（Sapho）。」[99]）為了平息侯爵的嫉妒，薩德夫人最終提出：「你希望我進修道院嗎？我將達成兩個目標：你的平靜還有省錢。」[100]

因此，自 1781 年開始，她定居於坐落在新 - 聖 - 熱尼維爾街（rue Neuve-Sainte-Geneviève）的聖 - 奧爾修道院（couvent de Sainte-Aure）內。侯爵稍微安心了些，至少表面上，在白天。因為，在夜晚，他又變成自己那些折磨人又讓他垂涎的幻覺的犧牲品。他們待在各自的牢籠裡——她在修道院裡，他在巴士底獄裡——他們在夢中相互交談、相互撫摸、相互愛慕。薩德夫人並沒有說過在自己的睡夢中她都做什麼，或者他對她做了什麼，而侯爵卻描述得十分仔細：

> ……都是同樣的情形：我發覺您比我離去時衰老很多，總是有著什麼隱秘之事該對我吐露，對此，您從不願意清楚說，而且依然不忠，在這個詞發揮得淋漓盡致的意義上，而且是在您母親的煽動之下。我大概做這樣的夢

---

99. 莎芙為古希臘著名女詩人。18 世紀情色小說中，尤以她的名字指涉女同性戀。——譯者註。

100. 《書信及文學雜集……》，第 II 卷，第 291 頁，1781 年 7 月 23 日信件。這裡指他夢見薩德夫人被母親唆使去賣淫。——譯者註。

五百次了吧 [101]！

（在女婿的眼皮子底下讓女兒賣淫的母親竟然是在《索多瑪一百二十天》的目錄中缺席的人物！）

侯爵夫人致力於執行每封信裡的清單上列出的代辦事項。無論這些清單包含在信中或否（為了避免遭到沒收，它們通常與信件分開），它們都揭示了薩德對貴族生活方式的眷戀。他不僅絲毫不讓自己同牢獄裡的規定妥協，而且他日常生活習慣的任何變化對他而言都是不可想像的。這些清單包含了日常必需品：衣服、書、所有關乎薩德工作的東西、還有一些食物要求。這位囚徒的要求帶著一種被加劇的瑣細。如此關於一塊巧克力蛋糕：

「……我希望」，他寫道，「它是巧克力口味的，而且因為巧克力餡而裡頭是黑色的，黑得就像拔火罐的屁眼因為煙燻變成黑色的一樣。但糖霜則不變。」[102]

對他收到的這塊蛋糕不滿意，他會反彈道：

---

101. 同上，第 III 卷，第 71 頁，1781 年 1 月 22 日信件。
102. 同上，第 I 卷，第 67 頁，1779 年 5 月 9 日信件

薩伏依餅乾（biscuit de Savoie）跟我之前要求的一點也不相符：一、我要它被糖霜完全包裹，上下都要，就是那些小餅乾上面的那種糖霜；二、我想要它裡面是巧克力口味的，沒有一點好懷疑的……我請你叫人做好，在第一批裡寄來，而且想辦法讓信得過的人留神看著，確保他們把巧克力放進去[103]。

或者他想要吃鮪魚醬（pâté de thon）：

應該去的，不是普羅旺斯的商店；只需跟一個有名的糕點師說，請他為您做一個油佐鮪魚醬，他就會幫您做好。因此，弄這個東西，沒什麼大不了的……[104]

四天過去了，魚醬沒送來……:

鮪魚醬算了，既然您找不到；不過，因為我安排好要吃請您送來的魚醬，來過 11 號的聖 - 馬爾丁節（la Saint-Martin），我請您要在 10 號給我送來一塊母雞做的肉醬，無有閃失，剔去骨頭而且包覆上新鮮的肥肉，而如果恰好現在不是母雞的季節，您可以叫人拿這一季的任何一

---

103. 《薩德全集》，第 XII 卷，第 207 頁，1779 年 5 月 16 日信件。
104. 《書信及文學雜集……》，第 I 卷，第 124 頁，1787 年 11 月 3 日信件。

種動物來製作，因為我*強烈地渴望*在 10 號吃到您送來的肉醬，無有閃失 [105]。

他想從*她*那裡要一小塊肉醬，而她完全準備好給他送來。對這些反覆下達、要求收集清單上所有物品的命令，薩德夫人都熱忱地回應。「你想要我們給你送來的東西精准無誤⋯⋯」，她同他這樣說道，無意抱怨什麼。對她而言，這種讓她跑遍巴黎，甚至去外省訂購 [106] 的細節感（sens du détail）被解讀成一種愛的對話。她將自己奉獻為鮭魚醬、斑鳩肉串、奶油夾心（croquantes）還有杏仁蛋糕。

如果菜餚美味，侯爵會非常高興：

我收到了全部你送來的東西；這次它們真的太令人滿意了，我的心肝，我全心全意地感謝你：蠟燭棒極了，一隻配得上擺在城樓司令官餐桌上的野雞，還有完美的橘子花和精心挑選的果醬 [107]。

他此時稱呼熱內-佩拉日為他的「靈魂」，他的「天使」，或是他「小母雞」！

---

105. 同上，第 125 頁，1787 年 11 月 7 日信件。
106. 比方說，為了找到他想要的長筒襪（bas），「只有在香檳區的特魯瓦城（Troyes）才有你要的樣式」，她寫道。同上，第 II 卷，第 348 頁，1784 年 1 月 29 日信件。
107. 《薩德全集》，第 XII 卷，第 258 頁；1780 年 12 月 14 日信件。

「你要確信無疑，永遠地，你的慾望對我來說就是一道法律」，她向他寫道。從中可以聽到《索多瑪一百二十天》小說一開始的論調迴響著：

　　我因此必須建議您精確、服從還有一種對您自身的徹底忘卻（abnégation totale de vous-même），以便只遵從我們的慾望：讓這些慾望成為您唯一法律……[108]

　　薩德夫人蒐羅*所有*丈夫要求的東西。只要侯爵一句話，她便著手尋找刺繡的上衣、描繪維蘇威火山的版畫、又或是一些盒子（étui），作為他的人造陰莖（godemiché）。對於最後這類被他稱作「幻術」（prestige）或是「幻想」（chimère）的東西，她有點厭惡：「……當我向工人們講述盒子尺寸的時候，他們將我當成瘋子：他們當著我的面笑我而且不肯給我做。」[109]

　　不過她最後終究還是得到了那個東西：「看吧，終於，你的盒子做好了；我給你送去，你應該可以很寬裕地將其他東西放在小瓶旁邊。」[110] 薩德則在空白處寫下了這些話：「所有東西在你的屁眼裡，都寬裕得很，甚至太寬裕了，真是不

---

108. 《索多瑪一百二十天》，第 66 頁。
109. 《書信與文學雜集……》，第 II 卷，第 340 頁。
110. 同上，第 334 頁。

幸。」

薩德寫信的時候以您相稱，而在享樂中則以你相稱。

薩德夫人不僅充當他丈夫的跑腿，她還是他 —— 針對那些最溫和的作品（《阿麗娜和瓦爾古》、短篇小說和戲劇）—— 的讀者，有時還是謄抄者。她清楚掌握作家的工作進展。例如，她寫信，談到他的劇作《孿生姐妹》（*Les Jumelles*）的初稿：「第一版在我讀來算相當過得去了，並且可在修道院上演，它風格有些冷，不過不算糟；對我來說它還會給人感覺更冷，如果不是因為你的風格能讓紙熾熱起來，不管是在作品上還是其它事上頭皆然。」[111]

> 「美麗的男孩」：這個詞在我那有點意大利情調的耳邊聽起來是多麼溫柔啊！「一個『美麗的』男孩，先生」（Un bel giovanetto, signor）人們跟我說道。如果身處那不勒斯，我會說：「是的，是的，先生，給我送過來，我就要他了。」您真將我當作紅衣主教了，我的媽咪……只可惜這只是在畫裡（en peinture）。好吧盒子，至少有盒子，既然您讓我只能幻想！

年復一年，在她婚姻生活中如今僅存的這種既難挨又孤

---

111. 同上，第 271 頁，1781 年 3 月 25 日信件。（譯按：這裡說的「其它事情」，是指薩德在信中同她談情說愛。）

獨的歲月裡，薩德夫人感到越來越疲憊、沮喪，而且對侯爵所捍衛的想法帶有敵意。他們之間漸形擴大的隔閡是基於情感因素（侯爵夫人在讓她喘不過氣來的嫉妒爭吵中感到厭煩及受盡折磨[112]），也是基於理智和宗教方面的原因：「您堅持您的原則，不是嗎？而我，堅持我的」[113]，他向她寫道。從薩德夫人到侯爵，而從侯爵到他的妻子，兩種狂熱、兩種苦行持續著並最終取得了勝利，帶著夫妻二人分道揚鑣的結局。

　　獲得自由之後，薩德將回到世界。而曾經為了好好伺侯丈夫而脫離世界的薩德夫人卻不會回來了。她並非因為另一個男人而背叛他，而是因為宗教。如今她向上帝、這個看不見的丈夫低語：「祢是我唯一的目的……」

暗號

　　在薩德的信中，跟他的代辦清單同樣也是如同慣例般發生的，還包括祈求知曉自己出獄的日子：

　　　我難道就在這裡待一輩子，以至於我不應對人們的任何安慰再有所期待？如果真是這樣，那麼為何還會有所有

---

112. 「你對我的思考方式令我驚愕、令我沮喪、羞辱了我：我只為了你而存在並活著，卻只落得遭受懷疑和輕視！我無話可說了，可是你在我的心上劃了一道永遠無法癒合的傷口」，她向侯爵寫道。出處同上，第298頁，1781年8月18日信件。
113. 同上，第 III 卷，第 167 頁。

你們這些蠢話、這些神秘、這些費解、這些暗號呢 [114]？

事實上，薩德並不甘心被終身關押。自認人們向他隱瞞了出獄時間，他不停地將一切詮釋為暗示出他還有幾個月或幾年牢要做的暗號（signaux）。在這一種對數字的偏執中，也包含了他對寄來東西（或沒寄來的東西）的計數，此外還有他所收到而由於審查在其上留下「刪除、塗改、和所有可能的亂塗亂畫痕跡」的信件。薩德無法抑制自己的衝動，去解密他妻子的書信文字裡隱藏的暗號，還在她文字的聲音組合中聽取其數字諧音。薩德夫人懇求他停止「解剖她的句子」。她徒勞地對他重複說道：「我溫柔的朋友，別再認為我想要激怒你，給你製造暗號。」[115] 遺憾於無法將薩德拉回閱讀的正軌，也就是說單意的閱讀，她寫信越來越簡潔。可是，即便如此，薩德依然覺得到處都有雙重含義：

還有什麼樣的意義含混、模稜兩可能夠與之相比呢，而你是否在啟發你有此靈感的地獄惡魔的煉爐中將之足夠地加熱？它該感到滿意 [116]。

---

114. 同上，第 107 頁，1782 年 2 月 24 日信件。
115. 同上，第 II 卷，第 280 頁，1781 年 5 月 23 日信件。
116. 《薩德全集》，第 XII 卷，第 169 頁：1778 年 10 月 21 日信件。

當他不再透過她的文字，那便是透過她的行為舉止，來追索命運的數字謎題（比如，她在一次會晤中按他的手多少次）……薩德計算一切而且不停地計算。這十足的計算式狂熱甚至包含了他肉體的享樂次數。1780年，這個在他給妻子的信中規規矩矩寫道：「幻想更多，我四十歲了，這特別惱人的四十年，這期間我總是發願要遠離撒旦以及他虛幻的感官享樂……」的年份，他給自己記錄下（在他侍從寫給他的信之一角）自己手淫的次數：「3268+3268：6536，自從回來以後（到文森堡監獄，在1778年），將近六千六百次的插入」。

意識到一種這樣的癖好（數字的癖好——自慰癖好在他看來毋寧是有益的）可以將他引向自殺或瘋狂，薩德盡力不要全然成為它的受害者。在他又重新開始的時候，他將自己所沈湎於其中的無休止計算看成是「十足的瘋癲發作」（purs accès de folie）。他聲稱：

> 謝天謝地，我已經完全擺脫它了，而且不管她[蒙特勒伊庭長夫人]如何，我自豪於自己能夠頭腦健全地（身體倒不一定）從這裡出去，就如同離開我的書房一般 [117]。

---

117. 《書信及文學雜集……》，第 III 卷，第 103 頁，1781 年 12 月 15 日信件。

這位囚徒一心一意，想要成功讓自己彷彿置身於書房一樣地住在牢房裡，讓一種內在紀律的固定規範戰勝來自外部的干擾。要注意，即使在他的癖好發作最嚴重的時候，書的寄送從來都不包含在他數字的狂熱之中 [118]。

在他到達比安納湖中央的聖皮耶小島的時候，讓-雅克・盧梭用採集植物代替閱讀與寫作，用植物讓人凝神定氣的存在代替語言的陷阱，來對抗被迫害妄想症。這個島嶼庇護所為他帶來寧靜，鑒於此，他覺得，「在巴士底監獄，或甚至在一間沒有任何事物吸引 [他的] 目光的單人牢房裡，他也能自由地沈思。」

跟盧梭相反，薩德正是通過將文學語言的豐富同暗號的貧乏相對抗，才逃過了數字的「纏繞」（entortillement）。而他，事實上被關在巴士底獄中，卻彷彿在一座島上沈思。

　　再會了。我正準備寫作，這個夜晚，像一頭畜生、一頭驢、一隻西班牙種公雞一般神采奕奕：如此，我向您致意 [119]。

---

118. 薩德揭露「最不可原諒的愚蠢便是將文學與教育的東西搞成暗號（況且這樣是多麼地白費氣力，假如你這麼做了，我永遠看不到，永遠不會在這些東西上找什麼，我向你發誓）……」（同上，第 151 頁。）
119. 《薩德全集》，第 XII 卷，第 459 頁，1787 年信件。

不道德譜系

　　尼采試圖勾勒道德意識的歷史，他假設有一段通過懲罰而學習的漫長歷史。被反覆灌輸於一個在本能上傾向於滿足自身慾望的個體身上的有罪情感（sentiment de culpabilité）——得自於一種建立在過錯與懲罰之間的因果慣性（automatisme de cause à effet）。道德譜系必須以*矯正*（*dressage*）為前提。法律的深植人心同它相反一面的內疚（mauvaise conscience）之間，等同於一種有條件的反射、一種「記憶法」（mnémotechnique）的獲得。尼采在債權人與債務人的契約式關係中看到了這樣的一種義務關係（lien d'obligation）、還有努力——即債權人這一方要讓債務人認識到必須信守承諾——的原初模式，處罰因此具有補償債權人的價值，而它也必須矯正不良償還者。尼采強調懲罰的這兩種目標：「懲罰作為歡慶（fête），也就是說，允許施暴於一個受降的敵人及用嘲笑去凌辱他。懲罰作為產生一種記憶的方法，要麼在承受懲罰的人身上（所謂的「改善」），要麼在觀看行刑的人身上。」[120]

　　薩德因他的荒淫行徑而受到懲罰，恰恰是因他蔑視債權

---

120. 弗雷德里希・尼采：《道德的譜系，一份戰帖》（*La Généalogie de la morale. Un écrit polémique*），赫登伯朗（I. Hildenbrand）、格拉提安（J. Gratien）譯，《尼采全集》，第 VII 卷，巴黎，Gallimard 出版社，1979 年，第 272 頁。

人與債務人之間的契約關係，且對道德操守漠不關心。他兩者皆不承認。沒有人，能比他更好地*以相反的方式*（*a contrario*），展示尼采強調的*債務*（*Shulden*）與*犯錯*（*Schuld*）這兩個詞間的演變關係（filiation）。薩德被監禁代表了債權人的道德在對抗債務人的傲慢中獲得了勝利。

薩德的通信也是一種對懲罰的炙烈沉思。他遭受的痛苦，對於折磨他的人來說是一種歡慶，而且，根據尼采的說法，「看人受折磨 [讓人] 爽快，使人受折磨則更爽快」[121]，薩德是第一個意識到這點的。以反常的方式游走於享樂與痛苦的雙重性狀態中（為此遭受懲罰），薩德同樣有能耐欣賞他的債權人岳母在知道自己身陷囹圄的情況下所感受到的那種滿足（jouissance）。然而作為「*執法的女人*」（*femme-de-loi*），她正好因此而無法承認這種滿足。正如飛利浦・索萊爾所寫的：「勇氣十足，他或敢接受監禁這樣的事，只要他不是唯一該*說*可以從中獲得滿足的人。說吧，說你們因為把我關起來、審查我而獲得滿足；承認吧，承認文學如果觸及你們的國家秘密就不可饒恕，而一切都明瞭（clair）了。」[122]

這種明瞭（clarté），薩德的著作在其中開展，它是浪蕩子的玩世不恭，對他來說，一切都是歡慶：包括他犯的錯還

---

121. 同上，第 259 頁。
122. 飛利浦・索萊爾（Philippe Sollers），《特例的理論》（*Théorie des Exceptions*），巴黎，Gallimard 出版社，Folio Essais 文庫，1986 年，第 51 頁。

有他受到的懲罰：

> 他鞭打他，給他口交，他咬他的陰莖，他踩爛他的一顆
> 睪丸，他雞姦他，最後將他送到火上去燒了：——他是
> 雞姦者，自稱是無賴，那麼，既然如此，這就是適合他
> 的酷刑 [123]。

我的思考方式

　　我思考的方式，據您說，是不被認可的。可又有什麼關係呢？
如果有誰替他人採取了一種思考方式，那他才瘋了呢！我思考的方
式是我深思熟慮的成果；它取決於我的存在，我的構成。我不是改
變它的主宰；即使我是，我也不會那麼做。這種受你指責的思考方
式是我人生唯一的安慰：它減輕我在獄中所有的痛苦，它構成我在
這個世上所有的快樂，而且我將它看得比生命還重要。一點也不是
我的思考方式造成了我的不幸，而是他人的思考方式。

　　　　　　　　　　　　　　　　文森堡監獄（1783 年 11 月初）

　　　　　　　《書信及文學雜集……》，第 III 卷，第 167-168 頁

---

123. 《茱麗葉特的故事》，《薩德全集》，第 IX 卷，第 411 頁。

一則社會新聞

當年多家雜誌都報導了這樣一則社會新聞，使得我們想像這個犯罪的女主角或許夠格被放在一部薩德小說裡：「人們在《英國誌》周刊（*Papiers anglais*）上讀到，一名年約三十歲左右、相貌美艷的女子，去年八月在維也納毒死了她的丈夫、父親、母親還有孩子們。她被判施以鐵頸圈之刑（carcan），棍刑一百五十下，並終生監禁，只能吃麵包和喝水，不得見任何人：她戴著刑具毫無情緒波動，只是在受了棍棒之刑後說道：「感謝上帝，我終於解脫了」；而另一邊她的情夫，他的共犯，儘管只受了棍刑五十下，卻已奄奄一息。

《法國和英國最新時髦雜誌》（*Magasin des Modes Nouvelles, Françaises et Anglaises*），1789 年 7 月

薩德遭受的牢獄之刑意味著雙重失敗，一方面從劊子手的角度，他無法通過施行酷刑獲得滿足，另一方面從受害者的角度，他根本不可能被矯正。在他被監禁期間，薩德就一再說道：監獄，遠非矯正了他，而是令他變得「千百倍地壞」，造成這種情況的一般原因在於監獄並不矯正（薩德特別指出，要讓某人學習好好生活在社會中，卻將他剔除於社會外，是荒謬的）；而更為個人的原因，則是出於純粹的「愛惡作劇」（taquinisme），每當有人想要矯正他的時候，他便總要唱反調。

「為了將什麼固定在記憶裡，人們需要用燒得通紅的鐵來將之烙上：只有那個不停*讓人痛*（*faire mal*）的東西才會被記得」尼采寫道，「這是世界上最古老的心理學的一條基本法則」[124]。監獄是一個漫長的酷刑——在有罪者的身上，製造出一個道德記憶（mémoire moral）的時間。

薩德利用這段相同的時間精煉出了一套反系統（contre-système）。他學著預言，但他預言在接下來的世紀中他的思想都會留存。

細緻的原則

[1783 年 11 月 23-24 日]

致薩德夫人：

迷人的造物，您想要我的髒內衣、我的舊內衣？您是否知道這屬於一種完美的細緻？您明白我是如何領會著事物的價值。聽著，*我的天使*，我極想好好滿足您，因為您知道我重視*胃口*（*goûts*）、*遐想*（*fantaisies*）：不論它們有多怪異，我覺得它們全部都值得重視，因為我們並不是它們的主宰，而且因為它們當中最獨特和最奇怪的，經過仔細的分析，總是源於一種細緻的原則（principe de délicatesse）。

（《薩德全集》，第 XII 卷，第 412 頁）

---

124. 《尼采全集》，第 VII 卷，第 254 頁。

薩德精湛的文筆

1. 牆上的佈告

儘管如此，由於我曾經發誓模仿這裡我能接收到的所有範例，既然有人已經張貼了，所以我也張貼了！而且感謝上帝，就在我同你說話的這個時候，附在下面的這則墓誌銘已經被所有獄友看到和知曉了。如果不想人盡皆知的話，他現在唯有找人來將它盡快抹去。

> 文森堡的獄卒長眠於此，
>
> 矮小、卑鄙、戴綠帽、脾氣暴躁，
>
> 他從懲罰中獲得樂趣
>
> 也從不幸者的眼淚中。
>
> 大地整個都在追討他。
>
> 過路人，你看這整個人世間：
>
> 不要探詢他的靈魂，
>
> 因為這個壞蛋沒有。

（《書信及文學雜集……》，第 III 卷，第 41 頁。）

2. 晚禱

哦，我的上帝，我唯有一個恩典想向祢求討，而不管我的禱告多麼迫切祢都不願將它賜予我；這個恩典，這個意義重大的恩惠，哦我的上帝，就是不要挑選比我還要凶惡的人做我的矯正者，

不要將那個僅僅犯了極平常和極小過錯的人交給那些在罪惡中變得更冷酷無情的無賴，他們嘲笑祢的律法，每天時時刻刻輕易地觸犯它們。我的上帝，請祢將我的命運放在美德之手中吧，它是您在人間的形象，而且唯有那些尊重它的人才能投身於改邪歸正的工作。……阿門。*戰爭的果實* [125]。

（《薩德全集》，第 XII 卷，第 356 頁。）

3. 仿司法辭令

煩請您，薩德之妻，我的伴侶，一收到信，便無延遲且無折扣地，將家庭議會為了我們共同生活開支而過戶給您的資金，加以兌現為國內通行的貨幣，共計 313 里弗爾、12 索爾 [126]，交至布歇先生（le sieur Boucher）手中……上述支付涉及兩個方面：第一，用來支付上述先生的固定費用，他在法官的寬容和庇護下，負責給我修理鬍鬚；第二，結清牛奶供應的帳單，係由那些政府的長角畜牲們 [127]負責……一七八二年的四月二十六日，早上十一點整，吾人體健神清，完成並簽署相關信件，以備不時所需，特此證明。囚徒薩德。

（《薩德全集》，第 XII 卷，第 355 頁。）

4. 仿理查德森

致胡塞小姐，1783 年 4 月 26 日

---

125. 原句為拉丁語：Fructus Belli。——譯者註。
126. 里弗爾（livre）、索爾（sol）皆為當時的貨幣。——譯者註。
127. 指獄卒是笨蛋。法語中，長角的男人指被戴綠帽。——譯者註。

芳妮（Fanny），親愛的芳妮，您絲毫沒問發生了什麼。親愛的小姐，您對*洛夫拉斯*（*Lovelace*）的興致冷卻。不過如果您可以觀察到*馬森女士*（*lady Mazan*）去拜會他丈夫，如果您可以看到她盡力地瞟了遲鈍的*薩博梅爾*（*Submer*）那麼多次好讓他明白她想要出軌，您會覺得多麼有趣啊……啊，芳妮，芳妮，我自己在同您講述這些時自己也笑了！當蠢貨也搞欺騙時，是多麼有趣啊……

再見了，我明天在*弗勒韋爾小姐*（*milady Folleville*）家晚餐。您要來，我希望。到時我們一起談論政治，我們喝潘趣酒。我們另闢一處，少喝酒，絕不要聽別人講話，一起說點惡毒的話 [128]。

（《薩德全集》，第 XII 卷，第 386-387 頁。）

一眼不適的薩德持續寫日記，他取名為「我的眼睛日記」（*Journal de mon œil*）（1783 年 1-5 月）

開始於 [1783 年] 1 月 30 日

打從我想在晚餐時看書，一隻眼睛讓我感到灼痛，尤其是一直折磨我到凌晨 2 點。這之後，它總是發紅且灼熱，但在晚上比較不痛：可從傍晚 5 點起直到午夜我上床睡覺期間，還會有 3 到 4 次發作，疼痛不已，淚水直冒……

我 5 月 3 日的時候重新看了眼科醫生；他們給我送來一種粉末，我用了 4 次，分別在 5 月的 17、18、19 和 20 號。這讓我的眼睛灼

---

128. 薩德模仿理德森（Richardson），以書信體情感小說中的人物口吻寫信，描述社交圈子里的風流韻事。薩德實際在自我調侃，因為他身處監獄，不可能參加任何聚會。馬森女士（*lady Mazan*）、薩博梅爾（*Submer*）、弗勒韋爾小姐（*milady Folleville*）是薩德虛構。──譯者註。

熱得更厲害；我便捨棄不用；5 月 31 日，他們允諾送過來一個有用的機器，可以自動往我的眼睛裡吹氣，可是他們根本沒把它送來；我繼續使用眼藥水，眼睛卻沒有好轉的跡象；由於它的效用，當我沒睡的時候，夜間的灼熱感少了些。但時不時地，它又引起陣陣劇痛；煤油燈儘管已經用得少了但總是很燻人，而且同燭光相比，它也沒好到哪裡去。寫於 1783 年 7 月 12 日。

（《書信及文學雜集……》，第 I 卷，第 453-456 頁。）

小姐，鷹 .....

致胡塞小姐

自我鄉下家中，1782 年 4 月 17 日

小姐，鷹有時候必須離開天空的第七域來到奧林匹斯山頂棲息 [129]，或是去到高加索山脈的古老松樹上，或是飛到汝拉山脈（Jura）冷峻的落葉松上，要麼就是飛往托魯斯山脈（Taurus）被雪覆蓋的圓形山頂，有時甚至停駐在蒙馬特的採石場附近。我們透過歷史知道（因為歷史是個好東西），卡托（Caton），偉大的卡托，親手耕田，西塞羅親自在他美麗的福爾米亞小道兩邊種植了樹木（我不知道它們是否已經被砍了），第歐根尼睡在木桶裡，亞伯拉罕製作黏土雕塑，《代雷馬克》的著名作者為固雍夫人（Mme Guyon）寫短詩 [130]，皮倫有時會放下他那撰寫《作詩癖》（*La Mé-*

---

129. 鷹的形象是薩德家族徽章的主要圖案，也是奧林匹斯山之王宙斯的象徵。「第七域」指「第七重天」，在猶太教和基督教文化中指天空的最高處。——譯者註。
130. 指在 1699 年出版了《代雷馬克歷險記》（*Les Aventures de Télémaque*）的費內龍（François Fénelon）。——譯者註。

tromanie）的崇高之筆，去品嘗香檳酒並創造《普里阿普之歌》（或許您知道這首輕佻的小詩，是多麼適用於年輕女子，而對於專門用來從精神上及從心靈上培育那些有志踏入上流世界的年輕女子的整套教育藍圖而言，它又如此現實[131]）。難道我們不曾看見偉大的伏爾泰親手為耶穌建了座教堂，而正是這同一隻手寫下談論這位救世主的神聖降生的詩篇嗎：

約瑟夫，彭泰爾和淺黑色皮膚的瑪麗，

做了這件最糟的作品而不知情。

出自《處女》（La Pucelle）[132]

而小姐，在我們的時代，在我們這個偉大的時代，難道我們沒看到那著名的蒙特勒伊庭長夫人撇開歐幾里德（Euclide）和巴雷姆（Barrême），就為了來同她的廚師交代*油*和*沙拉*的事情？

小姐，就是這個向您證明，人白白努力了，人白白超越自己了，一天當中總有兩個命定的時刻（deux fatals instants）讓他想起 —— 無論他再怎麼努力 —— 畜生般的悲慘處境，您曉得，我對此的說法（也許太過於據一己之見），我會說，我的說法與這種處境相距不

---

131. 皮倫（Piron, 1689-1773）是著名的詩人和戲劇家。他的《普里阿普之歌》（*Ode à Priape*）發表於 1710 年，是一首在當時非常有名的情色敘事詩。——譯者註。

132. 出自伏爾泰最初在 1752 年發表的英雄及喜劇諷刺詩《奧爾良的處女》（*La Pucelle d'Orléans*），主人公即聖女貞德。這部作品因太過驚世駭俗而被官方查禁。薩德所引一節應是諷刺耶穌「神聖降生」（la Sainte Naissance）。根據猶太教的說法，耶穌不僅是非婚生子，而且很可能是通過強暴或私通而結下的惡果。傳說他是瑪麗與一位名叫朱利佑斯 • 潘特拉的羅馬士兵所生。其姓（Panther，薩德寫成 Pantherre）與法語「豹」（panthère）諧音。——譯者註。

遠。這兩個殘酷的時刻（原諒我這樣的表達方式，小姐，它們並不高貴，但它們是真實的），就是那個他需要*飽食*（*se remplir*）的時刻和那個需要*排泄*（*se vider*）的時刻。我們或許還可以在其中加上，那個他得知有人在損害他資產的時刻及那個有人向他坦承該為其衷心耿耿奴隸的死亡負責的時刻。這就是我身處的情況，美麗的聖女，因此這也是這封令人沮喪的信裡想要講述的主題⋯⋯

（《寫自文森堡監獄的信》，見《薩德全集》，

第 XII 卷，第 349-450 頁）

風俗特徵：警探的散文

神父報了自己的姓名和高階身份，一位名為格羅瑟利埃小姐的女士也在，她身材修長，曲線畢露，袒胸露乳；而且他稱他自願來到這裡，就為了讓人給他手淫，同時還有另一位小姐拿著枝條鞭打他，讓他趕在警長先生到來的前一刻射了。

（一份警察報告節錄，1759 年 10 月）

如果說薩德沒有想過要改過自新，那也是由於他看不出自己的行為有什麼異乎尋常的地方。他為了家族怨恨而「被犧牲」所生出的狂怒，還伴隨著他面對自己的「麻煩」激起的醜聞時產生的某種深刻震驚。公眾輿論愈來愈反對那些大人物們的放蕩，而他對這一現實不屑一顧。他認為在他之上只有國王和皇親國戚。並且從這一點來看，因為缺少足夠的財力，他實在無法跟那些司空見慣的行徑匹敵。孩童時期，他就親眼見識過夏洛萊伯爵的所作所為，他諸多娛樂中的一種，便是向正在屋頂上幹活工人的身上射箭；又或是他父親的另一個朋友西蒙奈侯爵（marquis de Chimènes）的行為，他一劍刺傷一個侍從，就因為讓他等了很久才來伺候……一個平民的生命根本不值一提；一個娼妓的命更是一文不值。她被剝奪了所有權利，被放逐於社會之外。與她廝混不會造成什麼後果。經常涉足巴黎的那些後宮（sérails）、妓院（maisons closes）或是「風月所」（académies des filles d'amour）與去劇

院一樣稀鬆平常；再加上，人們在戲台上看到的恰恰是同一批人，她們稍候還將會為您擺出最大膽的姿勢來。供養妓女不僅被視為附庸風雅，而且在放蕩教育中的傳承是一種貴族階層的風俗特徵（trait des mœurs）。

上流社會並不滿足於妓院的方便，在其尋歡作樂的組織上，它增加了一種更加隱秘、更為大膽的「小公館」（petites maisons）。這些小公館都設置或建造在巴黎郊區，能夠在歡場建築的精緻方面達到難以置信的高度。其中一些擁有私人劇場，在那裡上演著情色戲碼。那些大花園，有時甚至是它們周邊的樹林，都為這些荒淫的主人公提供了他們所渴望的隱秘和法外逍遙。

小公館中的暴行（excès）是如此無度，以至於老鴇們在拂曉時分親自來接她們租出去的「女孩們」是常有的事。這些回到她們身邊的妓女們有時狀況不是很好。有些被拳打腳踢得過於嚴重，乃至於不得不向警察局報案。根據埃里卡-瑪麗・貝拿布（Erica-Marie Benabou）所述：「一位在老鴇布魯奈（la Brunet）門下的年輕妓女為了一場『聚會』因而被應召來，在一群『醉得如同看門狗一般暴躁的』老爺們家，她『被棍棒打』、『被恥笑』，並得到了……三塊金路易。達爾仁松先生（M. d'Argenson）是最後一個離開的，當她懇求送她去找一輛馬車的時候，他衝她笑了起來。她孤身一人被丟下之後又被僕從們凌辱了一番，她最後被『搶光了身上

所有的金銀財物』，還被『狠狠暴打了一頓』。」[133]

不論如何，妓女知道她們客人的貴族出身和財富徹底保護了他們。警察的行事方式會根據這些被視為行為放蕩的人的社會地位而顯現出巨大的差別。盡可能地蒐集關於嫖客的性習慣和妓院生活的消息（老鴇們被勒令積極配合）並不意味著直接採取打壓措施。當涉及到有頭有臉的人物，警探們收到的命令總是盡可能掩蓋醜聞。保護名字以防它曝光、讓可能會產生後果的抱怨噤聲：這便是王權命令風化警察（police des mœurs）去做的事。如此一來，它便確保了放蕩的權利（droit au libertinage）成為某一封閉階級（caste）的特權。在它留意將其許可縮減到僅供一小撮人使用時，它既要操心不要讓某些該受尊崇的名字被標上公共醜聞的印記，同時還要忌憚風俗的混亂瓦解了社會等級（la hiérarchie sociale），並導致普羅大眾被威脅秩序安定的不道德（immoralité）和不信教（irréligion）思想感染。

警探為王權所編纂的報告，以極大的精準性關涉著妓女們的生涯、她們的起點、她們飛上枝頭直至躋身「高級阻街」（haut trottoir）、亦或是她們的身價暴跌，可說是千篇一律：「她在老鴇沃德里（la Vaudry）門下呆了大約三個月，由於

---

133. 《賣淫以及 18 世紀風化警察》（*La Prostitution et la Police des mœurs au 18 siècle*），第 119 頁。這本書是一項重要博士論文研究工作之結晶，以一種全新的方式，啟發了我們對於放蕩世界的思考。

接客不斷，她染上了這個行業所有典型的重症。沃德里打發她走，只帶著一點家當，如同在這類女人身上所遭遇到的慣常情況。」[134] 當她們從比色特爾的恐怖裡逃過一劫（在那裡，治療從鞭打開始）並痊癒之後[135]，便重操舊業。她們從一個妓院流動到另一個妓院，有時，會改個名字（「瑪麗 - 讓娜・博瓦耶以昂熱利克的名字為人所知，之後又成了密斯圖弗萊男爵夫人。現下她又叫豐特奈」）；但是她們一直伺機尋找能夠讓她們脫身的恩客。警方的注意力基本上正是放在這一點上，他們盡力保護家族財產、遺產的完整性，防止「妓女們」的貪得無厭。其中最有本事的女子，那些在一個如此危險的生涯中成功的人，她們除了有堅毅的性情之外，更因為她們對於自己財務方面的利益有敏銳的意識。比如這位薩丁小姐，她的志趣便是尋找「一個不錯的易上當受騙者，她打算將他啃得只剩骨頭。」[136]

一旦找到這樣的靠山，要做的就是「俐落地支配他」、「同他進展神速」，也就是說，要得到住宅、服飾、首飾、馬車和最顯而易見的錢財。另一種成功的模式便是離開蒙布朗（la Montbrun）、波杜雯（la Baudouin）、艾科（la

---

134. 《路易十五治下的巴黎。國王警探的報告》（*Paris sous Louis XV. Rapports des in-specteurs de la police du roi*），由卡米爾・皮東（Camille Piton）出版並評注，巴黎，Société du Mercure de France 出版，1905 年，第 192-193 頁。
135. 比色特爾監獄（Bicêtre），為當時著名的女子教化監獄。——譯者注。
136. 《路易十五治下的巴黎》，第 187 頁。

Hecquet）、費隆（la Fillon）、布利索夫婦（couple Brissault）
或是著名的古爾丹（la Gourdan）（人稱「小伯爵夫人」）等
老鴇的地盤，而到一位親王的私人後宮裡去，比方說蘇必斯
親王後宮、孔蒂親王（le prince de Conti）後宮，關於後者，
據說他「前幾天剛得到了來自歌劇院的亞德里娜小姐。自從
她在奧迪諾（Audinot）的時候，他就垂涎於她。他將她安
置在自己的小後宮。我們確信他目前已經擁有二十位。」[137]
又或者，再往上爬高一點──而這正是令所有剛踏入此途的
女人們顫抖的夢想──躋身鹿苑王室後宮（maison royale du
Parc-aux-Cerfs）[138]。

　　當然，沙特爾公爵（路易 - 飛利浦 · 德 · 奧爾良
[Louis-Philippe d'Orléans] 擁有皇家宮殿 [Palais-Royal] 所有的
娛樂街區）、舒瓦瑟爾公爵（duc de Choiseul）、黎希留公爵
和他的兒子馮薩克公爵（duc de Fronsac）、拉 · 馬爾什伯
爵（comte de la Marche）、盧瓦侯爵（marquis de Louvois）、
杜拉斯公爵（duc de Duras）以及他的兒子們、威尼斯駐法大
使、薩德伯爵和他的兄弟薩德神父、朗貝斯克親王（prince
de Lambesc）、萊吉永公爵（duc d'Aiguillon）、邦多勒侯爵
（marquis de Bandole）、拉 · 杜斯伯爵（comte de la Douce）

---

137. 同上，第 46 頁。
138. 傳聞中蓬巴杜夫人專供路易十五一人享用的後宮，其中供養著年輕貌美的女
　　　子。──譯者注。

等等的名字絡繹不絕；而這些「和藹可親的老爺們」的醜事，極少被詳細描述，卻隱然獲得證實了。

夜幕降臨凡爾賽。在這座被剝去了輝煌外衣的宮殿裡，一個冷峻的嗓音高聲朗讀著一份警局調查報告。路易十五坐著，杜巴利夫人（Madame du Barry）在他身旁。多虧了她，他終於發現，要對抗鬱鬱寡歡——由於他的個性、他對王國命運的漠不關心、以及不可避免的死亡逐漸逼近所致——獲得滿足是最有效的良藥。這些，他早已經知曉，只是，同他的最後一任寵妃一起，他證明了性較之於情感、以及技巧較之於即興的優越性。有一種學問，而且這種學問在一些專攻於此的地方被精煉和傳承……那個聲音列舉道：「盧瓦侯爵大人同來者不拒的梯也爾夫人（Mme de Tilleul）一起去舞會。我們確信，孔蒂親王因為跟一個人稱『小 J...F...』的女孩在一起染上了花柳病，他的外科醫生蓋蘭（Guérin）沒搞清楚，親王大發雷霆……」

然而，尤其是對那些高級妓女們（courtisanes）、那些他後宮裡潛在的寄宿者們（pensionnaires）的描述，才是國王的幻夢停留之處——比如，關於朱莉（Julie）：她有「一張俏麗的嘴巴，美麗的牙齒，一雙美麗的眼睛，儘管眼神冷酷，她那活潑卻兇巴巴的個性裡，都是賣弄風情和虛情假意，在談情說愛時尤其如此」，或者關於西妮（Célie），「身材頎

長又有型，頭髮是棕色的，眼睛又美又黑，嘴有點大不過其輪廓不錯，漂亮的牙齒，胸形夠美，大腿生來就是入畫的，性格活潑而放蕩」，又或是關於阿盧瓦爾小姐（Haroir），她「那翹起的鼻子，她童稚般的笑容，因帶給面容光彩而特別迷人」，還有那個叫香德莉（la Chanterie）的老鴇，她擁有「秘密技能，可以輕易騙取那些被她用連綿絮語及春情款待所套住的男人，她自詡可以藉此讓一個男人一直被她騙還一直愛她」，或者是這個年輕的鄉下姑娘：「母親和女兒出發去凡爾賽，女兒穿著高舒爾區的傳統服裝（en Cauchoise），以最賣弄風情的方式，就為了引起注目。她們在迴廊裡走來走去，她們被君王注意到了，然而看來他並未對這位小姐的魅力表現出超乎尋常的關注……」

　　──穿著高舒爾區的傳統服裝？

　　細節誘惑國王。他為自己的分心感到懊悔。他想像一個全身赤裸的年輕女孩，戴著她的花邊頭飾，在那裡等著他，因激動而臉色潮紅，置身於鹿苑的閨房之中。以一根漫不經心的手指，他輕輕掠過他情婦的手腕。在暗處，杜巴利夫人撤回了她的手。

薩德寫給侍從的信，他淫蕩行為的夥伴

致卡爾特倫（Carteron），人稱「青春」，或「馬爾丁・奇洛斯」（Martin Quiros）（1780 年 1 月初）

……而享樂，它們如何呢，奇洛斯先生？

誰，是酒神的還是愛神的，

今天獲勝？

什麼！……輪流慶祝祂們

您想要得到榮耀？

我相信您確實有這番能力，而默爾索、夏伯利、萊爾米塔日、柯特 - 羅提、拉奈爾特、拉‧羅曼奈、托考伊、帕福斯、雪利、蒙特普奇亞諾、法拉爾內還有布理的葡萄酒 [139] 淫蕩地撩撥著您的器官，就在龐法爾、奧洛爾、阿德拉伊德、羅塞特、賽羅米爾、弗洛爾、法蒂瑪、普胖德、雅辛德、安傑利克、奧古斯蒂娜和法特美這些小姐們 [140] 的貞潔部位（chastes flancs）。太妙了，奇洛斯先生！相信我吧，這就是生命該過的方式；當大自然造物者一方面創造了葡萄藤，而另一面又創造了陰 [戶]，您必須非常確信，這正是為了讓我們從中獲取快樂……

（《薩德全集》，第 XII 卷，第 213 頁。）

放蕩的政治用途

人們在享用晚餐時談論道德。公爵說他無法設想為什麼，在法國，法律嚴厲懲罰放蕩，既然放蕩，讓公民們忙於應付，令他們無法專心去搞陰謀和革命；主教說法律並未積極地嚴懲放蕩，只是懲

---

139. 這些不同產地的葡萄酒依序為：Meursault, Chablis, l'Hermitage, Côte-rôtie, Lanerte, la Romanée, Tokay, Paphos, Xérès, Montepulciano, Falerne, Brie。

140. 人名依次為：Pamphale, Aurore, Adélaïde, Rosette, Zelmire, Flore, Fatime, Pouponne, Hyacinthe, Angélique, Augustine et Fatmé。

罰它的各種過度。由此我們開始分析它們，這時公爵表示，沒有一種過度行為是危險的，沒有一種是會讓政府有所疑慮的，而且，從這一點來看，想要反對這些細枝末節不僅殘暴，甚至十分荒謬。他們講著講著就付諸行動。公爵，半醉，依偎在瑟菲爾德（Zéphire）的懷裡，花了一個小時吮著這個漂亮孩子的嘴，而與此同時，赫克托耳（Hercule）乘這個機會將他巨大的陰莖插進了公爵的屁眼裡。

（《索多瑪一百二十天》，第 218 頁。）

「富有哲理的新年禮物」

致胡塞小姐

　　無論您置身何處，小姐——無論遠近，不管是同土耳其人或加利利人（Galiléens）一起，還是同僧侶或戲子廝混，或是同獄卒或正派人士同處，再或者是同記帳的（chiffreurs）或哲學家在一起——一如既往的是，值此一元復始之際，友誼絲毫不允許我逃避它加諸於我的神聖職責——依據古老的傳統，完成這些職責之後，如果您很樂意，我將致力於一些斷斷續續的（épisodiques）、卻又根植於深處的思考。如果說我的處境充滿荊棘，然而卻不得不承認，這樣的處境時常開啟了一些思考，它們來自一種十分愜意的哲學。

　　回到我遭遇不幸的那個時期，我彷彿有幾次聽到這七、八個戴著灑了白粉的蹩腳假髮的人，正是這幾個人造成了我的不幸，他們重返，這位睡了一位被他帶壞的正直姑娘，這位睡了他朋友的老婆，這另一位非常羞恥地在一條名聲不好的街道上躲躲閃閃，因為如果有人發現他剛剛幹了什麼，他會十分生氣，這一位則來自一

個通常來說更污穢不堪的貧民窟——我說，似乎看到他們每一個都淫蕩無恥、惡貫滿盈的人，圍坐在我的訴訟案卷邊，就在那裡，當頭的一位滿懷著愛國的激情和對法律的熱愛，喊道：「什麼，混蛋！同事們，這個既不是法庭的庭長又不是審計法院的稽核員（maîtres aux comptes）的小矮子竟然想要像一位高等法院大法庭推事（conseiller de grand chambre）一樣享受？」……關入監獄，該死！關入監獄，先生們！世間只有這麼一個地方：是的，讓這個恬不知恥的傢伙在一個禁閉的房間裡關他個六或七年……只有在那裡，先生們，在那裡人們才能學會尊重社會的法律，而針對那些竟敢違反法律的人來說，所有矯正方式中最好的，便是強迫他們去咒罵法律……*可是臣民的榮譽，……他的妻子，……他的財產，……他的孩子們呢……？*啊，毫無問題！道理在這兒！……那個妨礙我們在有權有勢的偶像面前卑躬屈膝的因素就是在這兒嗎？……榮譽……女人……孩子？我們每天所獻出的祭品不就在這兒嗎？……*關入監獄，先生們！關入監獄，我同您講！*而明天我們的堂兄弟們、我們的兄弟們就會讓自己成為海軍上校（capitaines de vaisseau）。*一監獄，就這麼辦，*剛剛打了個盹的米肖庭長（président Michaut）口齒不清地說道。*一監獄，先生們，監獄！*相貌堂堂的達爾瓦（Darval）尖聲說著，一邊悄悄地在他大衣底下藏著的一封寫給歌劇院女戲子的情書上胡亂勾畫……*一監獄，毫無異議，*教育家達蒙（Damon），他的腦袋還因為剛在小酒館吃了午飯而熱氣騰騰。*一啊！誰會質疑監獄呢？*矮個子瓦萊爾（Valère）以刺耳的嗓音總結道，腳尖著地，一邊看他的手錶，生怕錯過與古爾丹夫人之約。您看就是這樣，在

法國，公民的榮譽、生活、財富和名聲依仗的是什麼。下流、諂媚、野心、貪婪，讓它開始頹圮，而愚蠢則終結了它。

（《薩德全集》，第 XIV 卷，第 33-34 頁。）

專制的嗜好

警察和「高貴浪蕩子」（libertins de quailté）之間這一心照不宣的和睦被薩德侯爵打破了。在想要三緘其口的薩德家族跟想要大肆喧染的公眾輿論之間所發生的一場名副其實的「謠言戰爭」[141]（米歇爾‧德隆）之後，公共輿論佔了上風。正如巴肖蒙在他的《回憶錄》裡講述的這一則可恥的軼事所呈現的，薩德的醜聞激起他同時代人的廣泛注意：「*1772年7月25日*。馬賽傳來的消息說，薩德伯爵，就是那個在1768 年，因為藉口要測試藥效，對一個女孩做出諸多瘋狂的恐怖事情而惹出很多議論的那個人，剛剛在這座城裡上演了一齣起先歡樂、接著又十分可怕的場景。他組織了一場舞會，邀請了很多人去，之後他在甜品上撒了十分可口的巧克力糖片，以至於不少人都吞咽了。糖片的量很多，因此無一人倖免；可是其中混雜了斑蝥（mouches cantharides）。我們知道這種藥劑的特徵：它的效果極其明顯，所有服過的人燃起了一股淫蕩的烈焰，沉溺於極端情慾的狂熱引發的過度行為。舞會因此墮落成那些在羅馬人族群中如此久負盛名的淫穢聚會之一：即使是最乖的女人也無法抵抗子宮的狂暴對她們的

---

141. 「阿爾克伊（Arcueil）事件」，米歇爾‧德隆（Michel Delon）寫道，「跳脫出了這種控制並演變成公開醜聞。它們在資訊的主導方面──也就是說在對於事實詮釋的主導方面──引發了一場謠言戰爭（guerre des rumeurs）。」見〈前言〉，《薩德全集》，第 I 卷，第 XI 頁。關於這一主題，也可參見弗朗索瓦‧慕羅（François Moureau）的文章《薩德之前的薩德》（*Sade avant Sade*），收於 Cahiers de l'UER Froissart 刊物，Université de Valenciennes 出版，第 4 號。

刺激。就這樣，薩德先生玩了他的小姨子，為了逃避等著伺候他的酷刑，他還帶著她一起逃竄。在陰莖駭人的勃起下，很多人死於陷溺其間的過度行為中，而另一些人至今依然深受其害。」[142]

一個不時穿插上一些難以掩人耳目醜聞的私人生活，在其所遭致的惡名上，薩德將要添加上寫作的惡名，在他的作品中，沒有一行字不是用來服務於邪惡辯護書這個唯一意圖：在警探調查報告中一直未敘明的內容，則構成了讓他燃起熱情的一門學問的對象。但令他感興趣的並不是對於妓女們的描繪，而是對於浪蕩子們的。

如果說薩德將他的作品放在一個超出了具體實踐行為之相對性的哲理向度中，但也不可否認其宇宙具有一個精確的現實落腳點。「在談到《朱斯蒂娜或美德的不幸》（*Justine ou les malheurs de la vertu*）小說中的一個人物時，他提到，在這段情節裡唯有人名是虛構的。」[143] 與犯罪中享有一種無限自由的烏托邦相應的，並不是脫離社會現實的一種想像力跳躍。薩德烏托邦的力量在於，這種烏托邦其實是一種現實狀態的極致化（radicalisation d'un état de fait）。在他說出全部的那種不知疲倦的意志下，浪蕩子的言論無異於政治上的至

---

142. 巴肖蒙（Bachaumont）：《秘密回憶錄》（*Mémoires secrets*），第 VI 卷，第 164-165 頁，倫敦，John Adamson 出版，1784 年。
143. 《薩德全集》，第 III 卷，第 259 頁。

高威力和作惡的至高威力。他的人物高聲宣揚那施行在舊制度下隱而未宣的東西，即精英階層的寬容體制（régime de permissivité élitiste）。他們將自己享受的例外式的寬容變成了一項原始權利（droit originel），他們不想將這種權利之認可歸諸於任何權威（人的或是神的）的賜予。薩德作品不斷上場的「浪蕩子的專制」，意味著對一切法律的拒斥。這是一個原則性立場及在政治專制下生效的特權的一個衍生慣例（usage conséquent）。

薩德因此是*完全不可被接受的*：從人民的角度來看，因為他踐踏美德的準則（préceptes du vertu）和它們的宗教基礎，但也是從檯面下邪惡貴族的角度來看，因為他撕開了虛偽的面紗，將隱秘的串通（complicités obscures）大白於天下，而且在他不容打折扣的殘忍邏輯裡，將不平等性的運行推到了極致。

「請您盡可能用第三人稱說話」

對於性放蕩的概述與一幅關於它們行為者的社會情況的描繪系統地聯繫在一起。薩德小說探索慾望的醜惡，與此同時，必然會揭露社會結構中不道德的背景。浪蕩子們不知曉世界的束縛，並非來自於一種理想邊緣性的恩賜，恰恰相反，那是因為他們主導著世界的運作。他們在免於懲罰的情況下所施展的惡，而且為了這個嗜好，他們給自己創造了一

些外人無法接近的庇護所；他們養成了這方面的興趣並取得了權力，藉著在最高的層次上讓自己成為國家無可指摘的效力者。

> 哦，我的愛人，當免於懲罰為它們遮掩，當不法行為給它們支持，當甚至本分都要規定我們去實踐它們，犯罪是多麼地美妙[144]！

對此，每一個浪蕩子都會感到慶幸，因為除非他受到一個與善深深相異、對正義的訴求充耳不聞的世界的支持，否則他們幹壞事的才華無法展現到這種程度。

在《索多瑪一百二十天》中，在詳細描述主要幾個浪蕩子的性格和他們的荒淫如何組織之前，薩德堅持首要指出，在為他們帶來財富增長的同時，歷史（Histoire）是如何跟即將在席林城堡（château de Silling）與世隔絕中上演的種種殘暴（monstruosités）息息相關。他由這個必須瞭然於心的政治一瞥開始，並且為了不要將四個主人公的謀殺傾向視為一種出現在將保存其成員生命當成最高規則的社會中的病態畸變（aberration pathologique），以及為了別忘記戰爭——這個國際級的犯罪行為——總有些獲益者：即對於正當理由（bonnes

---

144. 正如聖 - 封（Saint-Fond）部長向朱麗葉特宣稱的。同上，第 VIII 卷，第 312 頁。

causes）所產生實際功效的準確評估者。

路易十四在他統治期間所支持的為數不少的戰爭，在耗
盡了國庫收入和人民財力的同時，卻得以豢養出一大群
吸血蟲，他們總是伺機把握著他們所促成而非平息的災
難，這樣他們甚至可藉此獲取更多好處。他的統治末
期——此外是如此崇高的一個時期——或許是法蘭西帝
國中存在最多隱秘財富的時期之一，這些財富唯有通
過一種奢華及跟它們一樣在暗地裡進行的荒淫才能顯
露[145]。

《索多瑪一百二十天》中「極端的放蕩生活」的這一部
分，連同它所隱含的物質條件，都是因為戰爭及其滋長的可
觀貿易所得來的財富產生的效果之一。這些想到在其中冒險
的浪蕩子並不是社會的賤民。他們所聚集起來的，恰恰是法
國舊制度的四根支柱：布朗日公爵（duc de Blangis）和他的
兄弟，還有 *** 主教大人，他們恰當地代表了宮廷貴族階層
和高級教士階層，而杜爾塞（Durcet）則屬於金融這方面，
庫爾瓦（Curval）庭長則表現法庭貴族階層的「美德」。他
們敢做的事只有拜他們的威望和財富資源之賜才能進行。

---

145. 《索多瑪一百二十天》，第 15 頁。

依照薩德的觀點，感官享樂從來都不是免費的。完全參照妓院的模式加以思考，感官享樂由財富所限定。如果他認為任何享受都有它的價碼，那麼他也排除了主體與客體間、浪蕩子與他的受害者間一絲一毫的的相互性（réciprocité）。不存在感官享樂的夥伴。這種從一個階級到另一個階級的不可逆轉性顯現在支配席林城堡中狂歡活動的措施中。這個荒淫宮廷制定的禮儀命令受虐者，當他們遇見一個浪蕩子的時候，要在他面前跪下並用第三人稱同他說話，即尊稱他為「閣下」（聖 - 封 [Saint-Fond] 也一樣，命令朱麗葉特：「尤其，您只能稱呼我為閣下；請您盡可能用第三人稱說話」[146]）。

　　感官享樂的至上權（souveraineté de plaisir）跟那種將社會分成兩個階級的劃分方式密不可分，這種劃分方式的殘酷程度也不遑多讓：一個，是富有的階層，它的出身和它的財富注定走向邪惡的富足（prospérité du vice）；而另一個，是貧窮的階層，屬於被限縮的人民，其不幸是遵從美德的教誨。

比較的樂趣

　　做好事、服從宗教指導和國家法律的義務被公開地說成是「平民的成見」（préjugés populaires）[147]。從中抽身是浪蕩

---

146. 《薩德全集》，第 VIII 卷，第 209 頁。
147. 在《朱麗葉特的故事》中，我們可以讀到：「可這些約束，純然是平民的，在哲學的眼裡毫無神聖之處和正當性可言……」（同上，第 60 頁），還有在稍遠處說道：「然而我們尤其要擯棄這些約束，它們只是為蠢貨制定的。如我們這

子的首要行動。儘管被禁止享樂，但在其舞台上，「貧窮的階級」並未缺席。儘管在享樂方面確實沒有他們的份兒，窮人卻以形形色色的身份穿插在薩德所描繪出的這種貴族自由的至高展現中，即對他人不屑一顧的極致。在浪蕩子不遺餘力所捍衛的自然與社會的不平等體系之維繫上，他們是必不可少的。單單說薩德的思想反民主還不夠：它極其熱烈地支持一種無可跨越的差距之存在，即所有好處和所有幸福授予最強者，而苦難及剝奪單單加諸在一個被推向貧困人民的多數人身上。在這一狀態中，浪蕩子所擁有的財富和權力使得他成為支配不幸者命運的絕對主宰，享受著唯一無法在席林城堡中找到的樂趣：比較的樂趣（plaisir de la comparaison）：

> 此外，這位金融家補充說道，在我看來，我們的幸福中還缺少一件至關重要的東西：那就是比較的樂趣，這種樂趣唯有目睹不幸者的遭遇才會產生，而我們在這裡根本看不到 [148]。

正如羅蘭・巴特（Roland Barthes）總結的：「擁有，

般有教養的個性、驕傲的靈魂還有強勁的頭腦，可以輕鬆地打破所有這些平民的阻礙。」（同上，第263頁）薩德在《索多瑪一百二十天》中重提同樣的訓誡：「『蠢貨』，我一邊推開她一邊同她說，『滾，你自己去為你可鄙的平民的成見獻身吧』……」（第240頁）。

148. 《索多瑪一百二十天》，第157頁。

總的來說，最重要的，便是能夠想到那些並未擁有的人。」[149]

對窮人的利用

　　放蕩的精神讓一切為其所用。它會將現實交由它處置的情況朝對它有利的方向發展。人民的悲慘如此成為它享樂的附加佐料。這不僅僅體現在比較的抽象秩序上，而且還因為窮苦人成為縱慾者直接從中汲取利用的人力庫（réserve humaine）。浪蕩子們有「阻街女」（marcheuses）為他們服務，這些女人在城裡四處走動，找尋荒淫勾當的「對象」。「阻街女」屬於那個時代的賣淫世界。就她們的外表及就她們幹這門行業肆無忌憚的方式而言，她們代表了這個世界最卑劣的一面，對老鴇及皮條客而言，她們就是最窮苦者（les miséreux）。

　　老鴇杜克洛（la Duclos）講起一百五十種簡單的或第一級別的性嗜好，她說道，「在宅第中，有一套賣淫界的說法叫做阻街的女人，其任務就是日夜奔走去發掘新的獵物。這個人物，已經四十來歲，無甚女性身體魅力，並且也從未有什麼吸引力，還有腳臭這樣的可憎缺陷。這恰恰是符合 *** 侯爵胃口的女人。」[150]

---

149. 羅蘭・巴特：《薩德、傅立葉、羅猶拉》（*Sade, Fourier, Loyola*），巴黎，Seuil 出版，1971 年，第 29 頁。
150. 《索多瑪一百二十天》，第 130 頁。

《索多瑪一百二十天》小說的推進穿插著「講故事的女人」（historiennes）的敘述（她們都曾是妓女，成功讓她們升級為老鴇），還有《朱麗葉特的故事》，這兩本著作為我們展現了針對賣淫族群的一個廣泛取樣（échantillonnage）。薩德忠實呈現了老鴇們在她們的名字中體現的乏味、謹慎、平庸特質（杜克洛、尚維爾、瑪爾泰娜、德格朗日、杜維爾熱 [151]⋯⋯）。而反觀姑娘們，她們的名字則十分耀目。她們叫賽爾美、塞爾日、賽菲爾、朱莉、法蒂瑪、愛貝、克倫布等等 [152]，而警方的報告中則接連出現的是這樣的名字：維克托爾、法蒂瑪、賽伊爾、布萊斯、埃托爾、朱莉、賽菲爾、德西爾、波娃桑，波琉兒、貝樂好、可倫布、澤莉、老鴇香德莉、老鴇克萊兒等等 [153]。正是從薩德專名學（onomastique sadienne）──受他高度關切──的現實主義式的脈絡中，浮現出他最美麗的創造：「克萊維兒、戴爾貝娜、諾瓦塞耶、布里斯－庫、邦德－奧－希爾 [154]⋯⋯」。

---

151. 這 些 名 字 依 次 為 la Duclos, la Champville, la Martaine, la Desgranges, la Duvergier。──譯者注。
152. 這些名字根據當時的風尚，頗具東方異域風情，依次為 Zelmire, Zaïre, Zéphire, Julie, Fatime, Hébé, Colombe。──譯者注。
153. 依 次 為 Victoire, Fatime, Zaire, Braise, l'Étoile, Julie, Zéphire, Désirée, Beauvoisin, Beaulieu, Bellevue, Colombe, Zélie, la Chanterie, le Clair。這些名字中，布萊斯意譯為「火炭」，埃托爾為「星辰」，德西爾為「被渴望的」，鮑瓦森為「漂亮的鄰居」，巴里爾為「漂亮的地方」，貝勒福為「漂亮的景色」等。──譯者注。
154. 依 次 為 Clairwil, Delbène, Noirceuil, Saint-Fond, Cœur-de-Fer, Rompa-Testa, Brisa-Testa, Brise-Cul, Bande-au-Ciel。

尋芳客的社會屬性也被指明。教職人員的光臨頻率是顯著的（「講故事的女人」列舉一大批神父和僧侶的名號：西島修會 [ordre de Citeaux] 的大人物」、國王的指導神父 [aumônier]、勳位的獲得者 [commandeur]、馬爾特騎士 [chevalier de Malte]、本篤會院長 [prieur des bénédictins]……）；「常來光顧的淫客」（paillards d'habitudes）還聚集了法界人士（法庭參事 [conseiller au Parlement]、法庭書記官 [greffier du Parlement]、高等法院大法庭庭長 [président de Grand-Chambre] 等）。在「老練的浪蕩子」名單裡，薩德並未忘記提及王國行政部門的高階公務員（一位包稅人 [fermier général]、一位地產主管 [directeur des domaines]、一位鹽稅的收稅員 [receveur des Gabelles]、一位郵政收稅官 [fermier des Postes] 等等）。然而，在對妓院的光顧中，一個很要緊的部分，要歸於宮廷貴族階層：波尼福特公爵（duc de Bonnefort）、弗洛威爾公爵（duc de Florville）、勒爾諾斯伯爵（comte de Lernos）、聖 - 日洛侯爵（marquis de Saint-Giraud）（有愛盪鞦韆的怪癖）、梅桑日侯爵（marquis de Mésanges）……有時，他們會要求平民的服務：

　　我給這位仁兄的男人越是卑鄙、越是民眾中的敗類、其

鞋子越是粗糙和骯髒，我給他的快感就越多 [155]。

　　泥瓦匠、馬車伕、搬運工紛紛登場為浪蕩子的胃口服務。當淫亂的對象屬於跟奢侈的和貴族的世界有直接接觸的社會類別時，他們被個別化的（individualisés）程度可以更高：時裝店女孩（filles de mode）、女僕和侍從便是如此，相比於動了真心的情夫情婦，這些領薪酬的人更加被推崇——尤其是在向朱麗葉特或向歐仁妮（Eugénie）的勸導中 [156]。浪蕩子不操心找不到靈魂伴侶（âmes sœurs）。如果專橫到專制主義（despotisme）的程度，那麼在他的伴侶中，他要找的是一些家僕，或者一些奴隸。

地獄

　　淫亂的諸模式（modèles de débauche）顯現在一種由低到高的至高權秩序（ordre croissant de souveraineté）中。在《索多瑪一百二十天》的結尾，我們會發現一場以「地獄」（enfer）命名的龐大酷刑場景。它是由一位在那些受到禁止的尋歡作樂中多次被提及的人所導演的。那些「講故事的女人」用他的頭銜「伯爵」來稱呼他：

---

155. 同上，第 252 頁。
156. 對比：《閨房哲學》（*La philosophie dans le boudoir*）（「我那時富有：我付錢給
　　　年輕人同我做愛，又不必洩漏我是誰。」見《薩德全集》，第 III 卷，第 412 頁。）

這個男人四十來歲，身材魁武，健壯得像頭騾子；他的陽具周長九寸，長為一尺。他是位非常富有、非常了不起的老爺，非常嚴厲且殘暴[157]。

「伯爵」集所有強力（puissance）的屬性於一身。在同等程度上，他也是所有邪惡的一個濃縮體（condensé）。他對時間的運用非常嚴密，包括：

他每天給兩個小女孩破處；一位在早上從陰戶，恰如 12月 2 號老鴇尚維爾說的那樣，一位在晚上從屁眼，這些全部獨立於他其它嗜好之外[158]。

這並不阻礙他享受一些簡單愉悅的興致，它們並不需要他費什麼力去想像，因為這由社會來負責：

比方說，他的樂趣之一，便是叫人細心地從這些陰暗的避難所找到他，在那裡這位飢餓的貧民如其所能地吃著一塊麵包，上面浸濕了他的眼淚，是由他所幹的活兒所

---

157. 《索多瑪一百二十天》，第 376 頁。
158. 同上，第 328 頁。

換來的 [159]。

　　浪蕩子永遠是勝利的那一方。這並非由於他的律法凌
駕於統御世界的律法之上，而是因為他的權勢令他能夠直接
知曉並實驗著道德規範如何只對被壓迫者有效，並且他們在
完全無知的情況下，竭力要通過努力來獲得有權勢者的獎賞
時，這最終害死了他們（某種程度可說是以內在的方式）。

　　「伯爵」為自己創造了一個*地獄*，裝滿他最細枝末節
的奇思怪想，它們誕生於「一種超越所有可言說限度的精神
錯亂（dérèglement d'esprit）」；但是*地獄*僅僅是一種不可見
布局的性高潮點，它使得惡魔（Diable）成為世界真正的主
人……「我愛惡，我為它供養一些手下。」[160]

　　藉由尋求將淫蕩王國（empire de la luxure）的項目逐條清
列編目（cataloguer），並奠定其威望——這並非建立在一時
的人性弱點上，而是出於不可銼磨的決心——薩德發掘了一
個有關慾望的小說世界，它遠非發生在夢境邏輯或是純粹幻
想的非現實空間當中，而是以隱晦的方式為我們奉上了一部
反映他身處時代的社會小說（roman social）——一種特權階
層的洞見（vision de caste），憑借它的極端特徵，是世界的
一部份所帶有的殘忍勝利（cruellement triomphant）及徹底滿

---

159. 同上，第 241 頁。
160. 《薩德全集》，第 VIII 卷，第 202 頁。

足（exclusivement jouisseur）的側面，它根據要麼擁有一切、要麼一無所有的原則。浪蕩子所主張的享樂之絕對性（absolu de jouissance），意味著保留給大眾命運的*虛無*（*néant*）。

提貝里烏斯、埃拉伽巴路斯、安德洛尼卡一世⋯⋯

— 「這是」，我繼續反駁薩梅（Zamé），「存在於某*些*心靈中的一種違常，它全然不可能被矯正；很多人毫無目的地行惡。如今，眾所周知，有些人致力於其中，純粹只因其破壞規矩的吸引力。提貝里烏斯、埃拉伽巴路斯、安德洛尼卡一世[161]搞得自己惡行累累，僅僅因為犯下這些惡行能夠給他們帶來野蠻的快樂。」

— 「這是另一類事」，薩梅說道，「沒有任何一種法律遏制您說的這*些*人，甚至最好避免立法來跟他們作對。您越是阻礙他們，您就越是為他們準備了破壞法律的樂趣；正如您所說，唯有破壞規矩才能令他們愉快；如果他們不認為這是被禁止的話，或許他們就不會沈湎於這類惡中了。」

（《阿麗娜與瓦爾古》，第 670-671 頁）

在布達國王（*roi de Butua*）的宮殿裡

「君主所有的一萬兩千個女人」，薩爾門多（Sarmiento）繼續說道，「被分成四組；由那位負責為他挑選的人接見這些女人的同

---

161. 提貝里烏斯（Tibère, 西元前 42 年 - 西元 37 年）、埃拉伽巴路斯（Héliogabale, 203-222 年）均為羅馬帝國皇帝，安德洛尼卡一世（Andronic, 約 1118 － 1185 年）為拜占庭帝國皇帝，三人均以淫亂著稱。

時，他親自為她們分組：最年長、最強壯、發育最完善的被安排進負責看守他宮殿的小分隊中；所謂的*五百奴隸*則由條件比我剛剛說到的那一類差的人所組成：這些女人通常在二十到三十歲間；她們屬於宮殿內勤、園藝、以及基本上所有的繁重勞務。第三組在十六歲到二十歲間；她們用於祭祀：正是從她們之中挑選出獻給他的神的祭品。最後，第四組包含那些最精緻和最美的女孩，從孩童到十六歲。正是這一組最專門地服務他的感官享樂：如果他有的話，那些白人女子（les Blanches）便是安置在這一組裡……

　　—「那麼他可曾擁有過嗎？」我迫不及待地打斷他。

　　—「還沒有」，葡萄牙人回答道，「但他熱切地渴望著，而且不會忽略任何能夠讓他獲得她們的機會。」

　　而希望，在聽了這些話之後，似乎重新在我心中重新燃起。

（《阿麗娜與瓦爾古》，第 559 頁）

狂歡沙龍：《索多瑪一百二十天或放蕩學校》

他雞姦了一隻天鵝，將一片聖餐餅塞進它的屁眼裡，他一面射精，一面親手掐死了這隻動物。

《索多瑪一百二十天》

走向罪惡的苦修

然而地獄不假外求。徒具大老爺（grand seigneur）的身分跟荒淫的特質是不夠的。這些只是有利條件，僅此而已。對薩德來說，才華總是凌駕於出身和錢財的優勢之上。而才華（精神、勇氣、想像力）對放蕩來說是必不可少的。

1784年，當薩德著手他的小說時，浪蕩子這個詞已經喪失了它作為一種向永恆挑戰（défi à l' Éternité）而具有的令人生畏的光環——它在莫里哀的《唐 · 璜》（Dom Juan）中透過侍從斯加那熱爾（Sganarelle）之口混雜著憤怒與恐懼說出：「……在我的主人唐 · 璜身上，你看到這個世界上前所未有的最大惡棍，一個狂熱者，一條狗，一個惡魔，一個土耳其人，一個異教徒，其不信老天爺（le Ciel），也不信聖人、上帝或狼人（loup-garou）。」

17世紀浪蕩子形而上的反叛精神已經消失，同它一起消失的，還有君王所體現的那種神聖的、道德的及政治的至高無上權力。在攝政時期（la Régence），並且在隨後的年代裡，浪蕩子是一個荒淫的人（débauché），是「受輪刑的人」（roué），以攝政王（le Régent）為榜樣，他沒有限度

地滿足他所有的衝動。薩德本人就將自己說成是「一個被攝政王帶壞的世紀」、「一個擺脫了騎士瘋狂、宗教荒誕、還有對女性愛慕的世紀」之子；然而，這種在他周圍觀察到、在自己的年輕歲月中體驗到的放蕩之平庸化（banalisation du libertinage），他在其作品中卻不接受。透過他的寫作，薩德將一種特權階層的行為方式蛻變成一個獨一無二的挑戰。他**讓騎士長**（le Commandeur）已成雕像的屍體還魂[162]，就是想要好好地凌辱他。

　　在薩德小說中，浪蕩子的頭銜不是隨便給的。想要配上這個頭銜，必須把對於慾望之無規則性的徹底服膺當成一種嚴厲準則。年輕的冒失鬼（étourdi）、簡單的敗德者（pécheur）必須成為一個「修成正果的浪蕩子」（libertin consommé）（「精心思慮的」、「冷酷無情的」），他要有*方法*地達到完美惡棍的心靈情色性（érotisme mental）的轉變。反之亦然，放蕩不能只剩下一種精神觀點，實踐是必不可少的。在《朱麗葉特的故事》中，朱麗葉特與克萊維兒（Clairwil）探訪了一個僧侶的單人小室（cellule）。裡面塞滿了不堪入目的猥褻版畫和書籍，除了《哲學家特蕾絲》這本書[163]，薩德哀嘆其它東西的平庸乏味（médiocrité）：

---

162. 騎士長雕像（statue du Commandeur）是莫里哀劇作《唐‧璜》中的一個角色。──譯者注。

163. 《哲學家特蕾絲》（*Thérèse philosophe*）為流行於 18 世紀下半葉的情色小說，出版於 1748 年。──譯者注。

剩餘的是這些品質不佳的小冊子，它們都是在咖啡館和妓院裡搞出來的，而且同時證明了其平庸作者身上的兩種空洞：一是精神的空洞，一是膽識的空洞。淫蕩如同富足和優越的女兒，只能被一些具有某種資質的人處理……說到底，只能被一些人所處理，他們首先受到大自然眷顧，接著又在相當程度上受到財富眷顧，從而令他們早已親身體驗了用淫蕩的筆墨為我們講述的一切[164]。

對於那位走上這條「鋪滿鮮花」的道路及一面在泥淖中打滾、一面力求罪惡理念之純粹啟迪（pure illumination）的他或她，進步預設了在三項活動上的精進：感受的分析（analyse des sensations）、幻想的練習（répétition du fantasme）、他自身的完善。

詳述

席林城堡「荒淫的獨特部分」以「講故事的女人」每晚六點至十點間進行的敘事（narrations）為基礎展開。她們一共四人；每個人負責一個月及一個性違常等級：一百五十種

---

164. 《薩德全集》，第 VIII 卷，第 443 頁。

簡單的或稱第一級別的性嗜好；一百五十種第二級別的或稱加倍的（doubles）性嗜好；一百五十種第三級別的或稱犯罪性的（criminelles）性嗜好；一百五十種謀殺型的（meurtrières）或稱第四級別的性嗜好。如此，一共六百種性嗜好——如果用「放蕩的言語」（langue de libertinage）來說，就是六百種*性癖好*（*manies sexuelles*）——根據複雜性及逾越規範的程度由低至高地被編目（répertoriées）及加以描述。從十一月初到二月底，老爺們的「四重奏」（quatriumvirat）對於閨房中上演的荒淫情事應該全部都聽聞過了。

　　薩德有意識的透過這部小說建構出一部基於他回憶錄作者（mémorialiste）的奇特意圖而絕然創新的作品，「……並且能夠確定且詳述這些離經叛道的行為（écarts），他或許完成了一部我們可以在風俗方面看到的最佳作品之一，而且或許是最有趣的作品之一。」[165] 這位在其驚人又前所未見的多樣性中研究性之任性的歷史學家，致力於記錄和理解不僅是這個社群囑咐他守口如瓶的內容，而且還包括他自己都無法理解的內容。正如那位寫《懺悔錄》的讓 - 雅克 · 盧梭一樣（薩德對之高度推崇），薩德也從他為自己構建起來的謎題（énigme）出發。他建立自己的作品，以便闡明這一謎題，捍衛他自己可以獨一無二的權利（droit à la singularité），

---

165. 《索多瑪一百二十天》，第 39 頁。

將那種對他的定罪（condamnation）翻轉成創造性的力量。薩德不停地讓標準的概念（notion de norme）失去價值：「一致性（unanimité）證明官能的相符（conformité dans les organes），卻完全沒有顧及嗜好的獨特性。」[166]

鑒於他對完整性（exhaustivité）公然宣稱的注重，並通過「講故事的女人」的敘事排列的目錄式列舉，我們可以視《索多瑪一百二十天》為 19 世紀性學研究的一份先驅文本，如同克拉夫特 - 艾賓（Krafft-Ebing）所做的研究。這位德國精神病專家對薩德的看法應當足以避免他們之間的類比：「在因享樂而成為殺人兇手的類別及與它有許多親緣性的戀屍癖（nécrophile）類別之外，還應該再加上墮落個體（individus dégénérés）這一類別，他們通過讓他們慾望的受虐者受傷、看他們流血而感到魅惑力（charme）和感官樂趣。屬於這類的一個怪物便是知名的薩德侯爵，他貢獻了自己的名字來命名這類結合了享樂和殘暴的習性。只有在能使他的慾望對象被刺流血時，性交對他而言才算有吸引力。他最大的享樂便是刺傷裸體的妓女並隨後為她們的傷口包紮。」[167]

---

166. 《薩德全集》，第 III 卷，第 201 頁。

167. 理查 · 馮 · 克拉夫特─艾賓（Richard von Krafft-Ebing）：《性心理學》（*Psychopathia Sexualis*），E. Laurent 與 S. Csapo 翻譯，巴黎，G. Carré 出版，1875 年，第 97 頁。薩德，理所當然地，被歸類在性虐待主義（sadisme）的案例中。這一名詞第一次出現在博瓦斯特（Boiste）的第 8 次再版的《通用字典》（*Le Dictionnaire universel*）（由 Nodier 修訂並做注，1834 年出版）中，其中是如此定義的：「性虐待主義（Sadisme）：s.m. 荒淫中駭人聽聞的脫離常規（aberration）；違

克拉夫特 - 艾賓的診斷：一種常見的*男子淫狂*（*satyriasis*）*併發性感覺異常*（*paresthesia sexualis*）。薩德被擺在那位逼迫情婦「將水蛭放到*私處*」而使她瘋癲的上尉旁邊被提及，並且離提到柏森（Bozen）那個專刺女孩的刺血客（piqueur）、以及奧格斯堡（Augsbourg）的刀切客（coupeur）的位置不遠。一則人物註記中則引用了巴肖蒙著作散布的關於薩德的不實內容（當時侯爵尚在人世）：「薩德是如此地玩世不恭，以至於認真地想要將他殘暴的性慾理想化，並讓自己成為一套建立在這種違常感覺（sentiment pervers）上的學說的使徒。他的陰謀變得如此不堪入耳（其中一次，他邀請一群女士和先生去他家，藉著讓人給他們奉上混有斑蝥成分的巧克力糖讓他們發情），以至於人們只好將他關進夏倫敦的收容所中。在大革命期間（1790），他重新獲得自由。由此他開始撰寫散發享樂和殘忍的小說……」[168]

在他健康主體（sujet sain）的概念中（即「在正常條件下進行正常性交」），克拉夫特 - 艾賓代表著薩德書寫所要反對的觀點。此外，從這一點來看，在背後支持著精神分析學家——以及整個醫學潮流（克拉夫特 - 艾賓只不過是其中的一個例子）——科學取徑的清教徒信念也是薩德的對立面。如此，關於女性，克拉夫特 - 艾賓宣稱道：「如果她的

逆自然的殘暴及反社會的體系（由薩德而來，專有名詞）（很少被使用）。」
168. 同上，第 97 頁。

精神正常地發展，如果她的教養良好，那麼她的性感知（sens sexuel）便不會特別強烈。如果情況相反，全世界便只能是個巨大的妓院，在其中，婚姻和家庭將不可能了。」[169]

薩德並沒有為任何科學研究開闢什麼道路，無論是從克拉夫特 - 艾賓的角度或是從弗洛伊德的角度來看，情況皆是如此。正如拉康（Lacan）清清楚楚寫下的：「著眼於性違常的目錄，判定薩德作品預告了弗洛伊德，這種觀點是愚蠢的，而這個愚蠢的想法在文學領域中被反覆言說，準此，一如既往地，它的錯誤歸結於專家身上。」[170]

我們知道在表述出一套情感地理（géographie des sentiments）方面，由語言所提供的那些珍貴的細微差別（nuances）。要將各種感覺固定在一幅愛情國地圖（catre du Tendre）上，首先便必須區分它們。在薩德那裡，關於享樂，同樣也有捕捉難以言說的東西、建立差異的心願。「講故事的女人」，雖然被事前告知，但並不總是能夠完成她們的契約。要麼因為能力不足，要麼因為懶惰，有時她們會讓場景的一些元素停留在晦暗不明中，或是讓一些感受到的印象停留在含混不清裡頭。

「杜克洛」，公爵問道，「說真的，你手淫嗎？」[171]

---

169. 同上，第 8 頁。
170. 雅克 · 拉康（Jacques Lacan）：《康德跟薩德一起》（*Kant avec Sade*），見《薩德全集》，第 III 卷，第 551 頁。
171. 《索多瑪一百二十天》，第 203 頁。

「您扒開了她的屁股嗎？」主教說，「您叫人用檢查器（examinateur）看了洞嗎？」[172]

由於被要求「說真的」、也就是說不要有任何遺漏，「講故事的女人」竭力精確地描繪人物（客人、「無賴」或「老主顧」），他們的「習慣性癖好」構成了其段落的主幹。她們精確指出他的年紀、社會功能、性器官。《索多瑪一百二十天》提供給我們一系列人物肖像，視角捕捉的位置比平常再低一些。比如這裡有一位「有著衰老、蒼白且皺巴巴性器官」的「六十歲左右的行政法院審查官（maître des requêtes）」[173]，一個「陰莖夠長、卻不夠粗」的「氣色紅潤的金融家」[174]，一個老鴇，她的屁股就像「一張用來沾濕煙草的羊皮紙」[175]，或是「眼睛無神」、「嘴唇枯槁」的老鴇德格朗日，她玩到興味盎然之際，送上「如塔夫塔綢般的屁股」[176]……（在他對描述的關切中——以及他對數字的愛好中，薩德不會遺漏在數字方面的精確性：「諾瓦塞耶，如您所知，擁有一個周長七寸、長十一寸的陰莖」[177]，朱麗葉特全然客觀地宣稱道。）為了描繪這些討人喜歡的運動員們的

---

172. 同上，第 123 頁。
173. 同上，第 144 頁。
174. 同上，第 128 頁。
175. 同上，第 144 頁。
176. 同上，第 132 頁。
177. 《薩德全集》，第 VIII 卷，第 138 頁。

享樂，薩德隨心所欲地變化形象：

> 最後他的陰莖反抗起來，他豎起他高傲的頭，而公爵很
> 清楚，尊崇最終需要恭維[178]。

> 他一做手勢，那個女孩在他面前雙膝跪下，讓他蒼老的
> 睪丸在她的乳頭上揉搓，她將疲軟的陰莖放進自己嘴
> 裡，而這個洗心革面的罪人立刻為他的過失而痛哭[179]。

> 而他的陰莖，這根我才一碰到便讓我如此想吐到難以忍
> 受的陰莖，這根可能只有經過如此卑劣下流的行徑才
> 會勃起的陰莖，它開始膨脹，兀自挺直，並在我的指
> 間流出了——這穢物給他帶來感受[180]——無可置疑的證
> 據[181]。

對這噁心內容的諸多細節並非無動於衷，老爺們摩拳擦
掌，準備重現（reproduire）被描繪的場景。作為完美主義者，
他們知道為了求進步就必須排練（répéter）。

---

178. 《索多瑪一百二十天》，第 134 頁。
179. 同上，第 223 頁。
180. 指這段敘事主人在對方的前戲過程中被噁心感所催吐出的嘔吐物。——譯者注。
181. 同上，第 137 頁。

排練

　　那些為敘事提供素材的人物致力於唯一的一種性嗜好的排練。此外，這是一種性胃口變成性嗜好的條件。不被排練的項目便不會被納入《索多瑪一百二十天》的目錄中。性嗜好圖表（tableau des passions）是固定的。一個找到自己享受項目的人被套進「他只喜歡……」這一表述方式中，而且藉著他所偏好的性胃口而受到界定。薩德提到「一個屁股和鞭子的狂熱愛好者」、「一個知名的鞭笞者」、「一個了不起的糞便信徒」等等。但在這項主導性的癖好內部，藉著排練，這些愛好者們「修正」或進一步「完善」。從一開始精簡的、只有一兩位演出者的演出，最後達到一場大型表演的規模，結合了機關道具及配角。「日常的心血來潮」、「簡單的性嗜好」，被精心思慮（réfléchie）及組織調度（orchestrée），最後演變成一個「下流之傑作」（chef-d'œuvre d'infamie）。因此，一切皆有可能。

　　藉著馬戲團藝術家的掌控，而得以從仿真（le vraisemblable）的局限中跳脫出來（而且，如同在馬戲團裡一樣，表演有時需要溫馴動物的參與）：

　　他搞著一頭山羊，在其鼻子上，同時，牠用舌頭舔舐他的睪丸；與此同時，以輪流的方式，人們用鐵刷子刷牠，

並舔舐他的屁股 [182]。

　　因規約嚴明而具有僧侶色彩的席林城堡，也一樣籠罩在巴洛克式的創造中。幾個化妝舞會的橋段在荒淫享樂之前舉行。年邁的女僕，既醜陋又凶悍，裝扮成精靈、監管婆子（duègne）或是灰袍修女（sœurs grises）。相反地，孩子們，則身著緞子衣裳，抹上胭脂，表現出對美的生動譬喻。在講述故事時，他們跟每一位浪蕩子用一條假花所製成的鍊子繫在一起。

完善

　　「簡單的性嗜好」藉著允許自身在詩和戲劇上的完全破格（toute licence）──但也藉著變得謀害人命──而*自我完善*。

　　老鴇瑪爾泰娜在 1 月 15 日提到、那個喜歡在玩樂的時候將人吊起來的男人，這次從腳將一個女孩倒掛起來，並且把她丟在一旁，直到腦充血窒息而死 [183]。

　　或者：

---

182. 同上，第 332 頁。
183. 同上，第 351 頁。

他當成第一性嗜好來喜愛的是獸姦（bestialité），其次，是將女孩縫進一件新鮮驢皮裡，只將她的頭露出來；他餵她，並且人們留她在裡頭直到驢皮不斷縮緊令她窒息而亡[184]。

薩德這座恢宏的構建，即這種令人神昏目眩的感官享樂舞台佈景，建立在對於一種獨一無二特徵（trait de singularité）的接受上，其一開始並未被賦予太大的重要性，但基於狂怒（emportement）和原則，浪蕩子最終賦予了它一種極其重要的價值。

他藉之得以滿足的胃口正是他生命的胃口本身。

安德列・馬勒侯（André Malraux）將戈雅（Goya）才華的誕生落定在一個特定時期，即畫家受到耳聾的打擊，遠離了他那個世紀的美妙（joliesses），拒絕「裝飾和享樂」，以便赤裸裸地述說他的悲劇。馬勒侯甚至將這種斷裂作為分隔節慶、表面又社交的（mondain）18 世紀，與陰鬱、浪漫主義的 19 世紀的標誌。薩德，從一個世紀跨越到另一個世紀，絲毫沒有修改他的原則和風格，與上述詮釋背道而

---

184. 同上，第 350-351 頁。

馳。對他來說，技巧的意義（sens de l'artifice）與殘酷之解放（déchaînement de cruauté）並行不悖。席林，前所未聞的酷刑劇場，也是一個社交場域。「冷酷而粗暴的享樂」並沒有侵犯到社交的娛樂活動：「晚餐以後，我們跳舞。」[185]

「戈雅」，馬勒侯寫道，「最終用〈瘋人〉（Fous）令人惶恐不安的筆觸，取代了裝飾的繪畫和〈草原〉（Prairie）的光線……」[186] 薩德從未做出這樣的取代。他一開始就立下了引誘（séduction）與錯亂（égarement）不分的挑戰——即用同樣的筆觸繪製〈鄉間午餐〉和〈聾人院〉[187]。

席林老爺們的語調

薩德尤其喜愛《索多瑪一百二十天》。事實上，有著一種它的敘事所特有的光澤，一種琺瑯藝術（art de l' émail）。就像為了平衡性嗜好這種強制性力量所缺乏的從容灑脫（désinvolture）（以及對嗜糞癖的執著——一種跟某種惡作劇式的心血來潮 [fantaisie malicieuse] 相距甚遠的性胃口），薩德使出渾身解數來細緻、輕巧地講述：他盡其可能地努力將犯下的卑鄙行徑的嚴重性最小化（minimiser）。它們經常

---

185. 同上，第 124 頁。
186. 安德烈・馬勒羅：《農神：論戈雅》，巴黎，NRF 出版社，「七星詩社出版社畫廊」系列，1950 年，第 22 頁。
187. 〈鄉間午餐〉（Déjeuner champêtre）和〈聾人院〉（Maison du Sourd）均為戈雅畫作。——譯者注。

被一個緩和性的形容詞指稱、前置，比如「小小的卑鄙」，
或是「小小的恐怖選擇」。

　　烏托邦的極權想像既不排斥語調的改變，也不排斥細微
變化上的豐富。伴隨這個*性胃口敘事*（*récit des goûts*）——其
鋪展在一個固定不變時間作息的平穩節奏上——不可遏制的
發展，一些很快就被揭露的曲折情節（intrigues）在淫亂的對
象身上相互交織起來，而與此同時，在老爺們那裡，則誕生
了狂烈的憎惡，或是迷戀。《索多瑪一百二十天》是一個第
二層次的敘事（récit au second degré）。主導著席林城堡狂歡
的模仿原理（principe d'imitation）（「哦，可怕的榜樣！」[188]）
跟幽默的距離（distance de l'humour）並駕齊驅。四個惡棍都
帶著一種逗樂的冷淡語氣。而當薩德向讀者說話時總語帶調
侃：

> 她伸出自己美麗的小屁股，庭長將自己的嘴貼上去，而
> 聰慧的讀者可以輕易地想到他從那裡得到了什麼[189]。

　　薩德禁止悲愴（le pathétique）的氾濫。笑，受罪的人沒
份兒，卻經常離浪蕩子們不遠。嘲諷的、殺人的笑。還有那
些長期以來習慣一起尋歡作樂的人們之間默契的笑。對於布

---

188. 《索多瑪一百二十天》，第 145 頁。
189. 同上，第 278 頁。

朗日公爵和主教（他倆是兄弟）而言，還有對公爵和那位皮膚滑嫩、胖乎乎的矮個兒金融家杜爾塞而言，這是從很久以前開始的，甚至從孩童時期便開始：

> 身為公爵在學校的同學，他們還是每天都在一起找樂子，而杜爾塞最大的樂子之一便是讓公爵巨大的器官磨搓自己的屁眼 [190]。

參照著罪惡之樹（arbre du Crime）的命定生長，淫亂的這種宛如紀念碑般的部分根植於學生時期的感官享樂，這些主角們如今依然帶著愉悅投入其中。

這是放蕩心情（humeur dissolue）的笑，或是一種持續酒醉般（ivresse continuelle）的笑。一則規章制度的條款明確規定：

> 如果有哪位老爺在所有這些事務上有所缺失，或是他膽敢保有一丁點理性的閃現，尤其是膽敢沒有醉倒睡著，哪怕只有一天，都將賠付一萬法郎的罰金 [191]。

布朗日、主教、庫爾瓦和杜爾塞從不醒酒。他們都是搖

---

190. 同上，第 32 頁。
191. 同上，第 64 頁。

搖晃晃地去到狂歡沙龍（salon des orgies）裡。

「來吧，小女孩」，他繼續說道，「給我看看您的屁
股，這或許會給我點不同的靈感……見鬼！這個小婊子
的屁股怎麼這麼美啊！庫爾瓦，你建議我拿它做什麼
呢？」——「做點調味的酸醋醬」，庫爾瓦回答道 [192]。

（我們可以聽到演員費南道爾 [Fernandel]，依據喬治・
巴塔耶 [Georges Bataille] 受《索多瑪一百二十天》啟發而創作
的一個劇本草案，用他的南方口音道出了迴響（réplique）：
一個富有的馬賽肥皂製造商，一個慈善機構的主席，受他的
同胞所深深敬重，在他的鄉間小屋裡定期舉辦狂歡活動。他
同妓女們一起，竭力重現席林城堡中呈現的人物……費南道
爾，似乎，並沒有被這樣的角色所吸引。）

老爺們總是心情不錯。

天上的鳥兒

荒謬、不合邏輯（inconséquence）在這座隱匿於瑞士深
山中的城堡裡有其地位。它們甚至被推到淫慾狂暴（fureur
lubrique）和謀殺的性嗜好的程度。只不過，冷漠無情

---

192. 同上，第 263 頁。

（apathie）的原則從未被推翻，這是薩德最堅定地反覆強調的要點之一：「無稽之談，始終是無稽之談」，庫爾瓦說道，「你還不太清楚，幹人從未對我的感覺有任何影響，而我最愛惡的那一刻始終是我剛剛做完惡的那一刻？」[193]

名副其實的浪蕩子，以其方式，是一個斯多葛主義者。當恐怖之事才一完成，高潮達到，他回復冷靜，準備好繼續對談。

做為享樂程度和快感渲染的細膩分析家的同時，薩德還是一位「從大處著眼」——且從極遠處來著眼的——哲學家。他在狂歡劇場的極致細節與一種非人性觀點（point de vue inhumain）不可能的共存之間強加上一種張力。透過鳥兒的飛翔（它們，與魔鬼一起，是唯一可以進出席林的活物），看上去不過是白色的風景。老爺們滿足的喊叫聲消弭受害者的慘叫聲，然而白雪的靜寂覆蓋了一切。

《索多瑪一百二十天》的「大長卷」

手稿在三十七天內完成，從 1785 年的 10 月 22 日開始。每天晚上，從 7 點到 10 點，在巴士底的夜晚，侯爵，伏在搖曳燈火所照亮的頁面前，在紙上寫滿密密麻麻的文字，他將這些紙張黏成「大長卷」（薩德自己的說法），這樣比謄寫

---

193. 同上，第 289 頁。

在本子上的手稿更容易隱藏──而後者是薩德其他文本的方式。

從一座城堡到另一座城堡。對他來說，起初是普羅旺斯，在那裡他自認為是絕對的主人。在針對這樣一種狂妄──同唐‧璜一般，他將自己置於神和人的法律之上──所做的懲罰上，他被關在文森堡監獄，之後在巴士底獄。在拉考斯特這座露天城堡與作為陰暗背面的監獄二者的交錯之間，冒出了席林城堡，在那裡，享樂的自由與禁閉的安全並存。

攻擊太陽

「在這個世界上只有兩到三個惡行要幹」，庫爾瓦說道，「而且，一旦幹完這些，就沒什麼好說的；剩下的都是等而下之的東西，而大家再也感覺不到任何東西。有多少次，該死的，我都曾渴望能夠攻擊太陽，從宇宙手裡奪走它，或是利用它來讓這個世界著火？」

──《索多瑪一百二十天》，第 158-159 頁

孩子的服裝

我們在同一天早上確定了我們剛選出的四個年輕愛人以我要講到的服裝及調整方式作為日常服飾，場合是每當他們不需要穿上

他們的特色服裝的時候，就像四對舞（quadrille）裡一樣。這是一種短的服裝、尤其是像普魯士服裝一樣窄、輕快、沒有遮蓋，但更短得多，不會長過大腿中間；像所有制服一樣，在胸前、在下擺都扣上，這短裝尤其應該要用粉色緞子加白色塔夫綢襯裡來做，翻領和鑲邊則是用白色緞子，在這衣服下面，是一件短上衣，或者說坎肩，也用白色緞子做成，短褲也是；不過短褲後面從腰際開始，開心形口，做到我們的手可以通過這個開口，毫不困難地抓起屁股；僅用布條打一個大結將短褲紮起來，而當我們想要讓孩子這個部位完全赤裸，只需解開這個結即可，它的顏色要由破處（pucelage）的朋友選擇。他們的頭髮，在兩側隨便打幾個捲，任意地垂在腦後，只是用指定顏色的飾帶簡單輓起來。再撒上特別芬芳的、介於灰色和粉紅色的粉為他們的頭髮增添顏色。他們的眉毛經過細緻護理，並統一用黑色塗抹，搭配上他們的臉頰上始終塗有的一抹淡淡的紅色，如此才達到凸顯他們美貌的效果；他們頭上無多長物；一條角落鑲有粉紅色邊的白色絲綢包裹他們的大腿，灰色的鞋，繫了一個大粉紅結寬鬆舒適地包住了腳。奶油色薄紗領帶以性感的方式打了結，配上小襟飾花邊，而且，當我們仔細觀察這四個男孩的時候，我們可以確信，這世界上大概沒有什麼比眼前所看到的更富有誘惑力了。

（《索多瑪一百二十天》，第 125 頁）

金別針

  一個神父，在我遇見他六個月以後，想讓我將滾燙的蠟燭油滴

在他的陰莖和睪丸上；他因這唯一的感覺而射精，無須有人去碰他；可他從不勃起，為了讓他能夠射出，必須整個都抹上蠟燭油，如此人的形體都認不出來了。

他的一個朋友叫人給自己的屁股扎上金別針，而當他的屁股，如此佈滿了針，看起來比較像平底鍋而不像臀部的時候，他便坐下，以便更好地感受刺痛；這時有人在他面前將屁股張大，他自己手淫並射在屁眼上。

—「杜爾塞」，公爵說道，「我還挺想看到你漂亮的肥屁股像這樣覆蓋上金別針：我確信沒有比這更有趣的了。」

—「公爵先生」，這位金融家說道，「您知道我這四十年來都以奉您作榜樣為榮；請您發個好心，為我示範吧，我必將追隨您。」

（《索多瑪一百二十天》，第 246 頁）

鏡廳

他讓六對人在一間鏡廳裡同時手淫。每一對由兩個女孩組成，她們擺著不同的淫蕩姿態，互相手淫。他置身沙龍正中央，透過鏡子觀看這幾組人及她們的反覆操作，一位老嫗為他手淫，他射了。他親吻了這些女孩子們的屁股。

（《索多瑪一百二十天》，第 314 頁）

糞桶

過不了一會兒，歐仁妮所經歷過的東西再來一次。他命人搬來裝滿糞便的桶子，他將赤裸的女孩泡在裡面，他舔遍她身體上所有

地方，一邊吞咽，直到她變得同當初被找來時一樣乾淨。

瀆聖

在祭壇上操這些婊子，就在有人即將開始進行彌撒的時候；她光著屁股就坐在那神聖的石頭上。

*

他讓一個女孩騎坐在一座大十字架上；在這個姿勢下，以基督的頭可以為這婊子的陰蒂手淫的方式，他從後面操她陰戶。

*

他砸爛十字架、聖母像和上帝像，在這些碎裂的東西上拉屎，然後再放一把火全都給燒了。這個人熱衷於在佈道的時候帶個婊子來，在上帝之言被宣講時，讓她給他手淫。

*

他只在彌撒的時候雞姦，在高舉聖體的儀式上射精。

柱子

當那個女孩赤裸著站立在柱基之上的時候，他叫他的侍從來給自己手淫；不許她動，或是失去平衡，而這段時間一直有人給他手淫。

*

他將蜂蜜塗在一個女孩身上，接著將她赤裸裸地綁在一根柱子上，並且放出一群大蒼蠅到她身上。

*

她被綁在一顆水晶球下的支柱上，二十條飢餓的蛇將她活生生地慢慢吞食。

*

一個知名的鞭笞者將一個女人放在一個轉軸上，她不停地轉動直到死。

軀幹

他將一個年輕人的四肢砍掉，雞姦了軀幹，好好給他餵食，讓他這樣活著；因為四肢的切口離軀幹還有段距離，他活很久。如此，他雞姦他超過一年。

欺壓的篇章：
《朱斯蒂娜或美德的不幸》

哦！先生……

《朱斯蒂娜或美德的不幸》

兩姐妹

從《美德的厄運》（*Infortunes de la vertu*）這一被快速勾勒的計畫開始：

兩姐妹中，非常浪蕩的一位生活在幸福、富足及飛黃騰達中；另一個極其貞潔，無數次受騙上當並以她的死亡為結局。

薩德撰寫了「三個朱斯蒂娜」[194]。這三個版本將朝一種越來越高的淫穢程度及一種徹底的不道德性的方向前進。從哲理小說《美德的厄運》（在 1787 年的初夏，15 天內一鼓作氣寫就）到 1791 年大革命期間在巴黎匿名出版的《朱斯蒂娜或美德的不幸》[195]，再到依然匿名出版的《新「朱斯蒂娜或美德的不幸」，接著「她的姐妹朱莉葉特的故事或邪惡的富足」》（1797），作者沒有減輕加諸在這個不幸孤女身上的折磨。在《美德的厄運》中，如同在《朱斯蒂娜或美德

---

194. 「三個朱斯蒂娜」（Les trois Justine）是莫里斯 · 海涅（Maurice Heine）一篇文章的標題，他在 1930 年，首次出版了《美德的厄運》。

195. 本章正是以此一最早的出版——其造成醜聞，也使得儘管已經謹慎匿名的薩德仍然成為「*朱斯蒂娜*的作者」——作為其重點。

的不幸》中，朱斯蒂娜的命運激發了朱莉葉特的轉變。在最後一個版本中，薩德完成了他最初擬定的對稱結構計畫。朱莉葉特用挖苦回應交織成姐妹朱斯蒂娜一生的苦難。朱斯蒂娜遭受雷擊為朱麗葉特飛黃騰達的罪惡敘事帶來了結語，肯定了後者所抱持的信念：世界見證著罪惡，「大自然的平衡只靠邪惡之任性（caprice des pervers）而維持」（飛利浦 · 羅傑）[196]。因而貞潔的朱斯蒂娜是被她所代表的宇宙威脅（menace cosmique）消滅的[197]。

作為惡意的大自然所使喚的確鑿工具，雷電本身也變得更加邪惡：

在《美德的厄運》中，它的路線是：

> 雷電自她的右胸而入，燒壞了胸脯，再從她的口中穿出，如此嚴重地毀掉了她的臉，以致於她讓人看了覺得恐怖[198]。

在《朱斯蒂娜或美德的不幸》中，它下降：

---

196. 飛利浦 · 羅傑（Philippe Roger）：《薩德：壓榨機裡的哲學家》（*Sade. La Philosophie dans le pressoir*），巴黎，Grasset 出版，1976 年，第 45 頁。
197. 「她」指朱麗葉特。——譯者注。
198. 《薩德全集》，第 XIV 卷，第 459 頁。不僅沒有最後的正義，而是最極致的凌辱，大自然樂於顛覆預兆（inverser les signes）。

雷電自她的右胸而入；在吞噬了她的胸膛和面容之後，
從肚子正中穿出 [199]。

而薩德將最驚世駭俗的死亡方式賜予《新「朱斯蒂娜」》
的女主公：

雷電，自口入，從陰道出：這是拿天降之火所途經的兩
條孔道來開的駭人玩笑 [200]。

然而，不管在哪一個版本中，朱斯蒂娜的決心並未有所
減損。

《美德的厄運》（1787）快速的書寫與它讓兩個截然
相反的女主人公經歷相同冒險的一種雙聯畫式發展的原初構
想，可以跟《阿麗娜和瓦爾古或哲理小說》的宏偉計畫作比
較，自 1785 年以來（直到 1788 年），薩德為它貢獻了大部
分時間。

曾是戲劇《雙胞胎姐妹或艱難的選擇》（*Les jumelles ou le
choix difficile*）（薩德於 1780 創作）的主要情節，「兩姐妹」
的主題也是《阿麗娜和瓦爾古》故事建構的核心。在這部小
說中，薩德使阿麗娜與雷奧諾兒兩姐妹的冒險交織纏繞：她

---

199. 同上，第 III 卷，第 343 頁。
200. 同上，第 IX 卷，第 584 頁。

們同樣面臨無法與相愛的男子成婚的禁令，但她們的反應卻不相同。「互為姐妹而又不大相像，這確實不可能」[201]：阿麗娜的反應方式如同一個虔誠且順從的女孩，雷奧諾兒則如同哲學家。前者，沒有能力反抗，最終自殺；後者，由於付出了不肯就範的代價，獲得了幸福和財富。從阿麗娜與雷奧諾兒到朱斯蒂娜與朱麗葉特，薩德加重了姐妹間的不相同並使罪惡的畫面更加鮮活。在哲理小說中小心翼翼加以遮掩的東西在朱斯蒂娜與朱麗葉特的雙姝傳奇中被毫不留情地揭露。

甚至在薩德的生活中，也有一對姐妹 —— 熱內-佩拉日與安娜-普羅佩 —— 扮演了決定性、或者說是宿命性的角色，因為侯爵竟敢 —— 儘管她的妻子是他最親密的知己 —— 愛上自己的妻妹並將這一亂倫私情昭告天下：終極的醜聞令蒙特勒伊庭長夫人的怒氣達到頂點並賞了薩德密函，讓他長期與世隔絕……

黑色小說的畫布

朱斯蒂娜陰鬱的靈魂、她的溫柔、她的金髮，讓她接近於薩德同時代人十分迷戀的黑色小說（roman noir）女主人公。出於對死亡的喜好（當他在意大利旅行時，在他對於葬

---

201. 《阿麗娜和瓦爾古》，第 963 頁。

禮的著迷中，便已有所顯露），薩德自己也對此情有獨鍾。在說道在他花園裡挖出的死人遺骸時，他向妻子表示：「我們把它們拿來開玩笑，不管有趣還是無聊（我將之獻給你），用它們來裝飾一間陳列室。」[202] 這不僅是薩德跟死亡有關的裝飾品味，也是在陰暗文類（genre sombre）中一種吸引他並且他很有意識要親近的敘事類型。在評論《歐仁妮 · 德 · 弗朗瓦爾》（Eugénie de Franval）時，他寫道：「在整個歐洲文學長河中，沒有任何一篇短篇小說或長篇小說……其陰暗文類能夠達到比之更恐怖及更悲愴的程度」[203]。始終留心文類的問題，薩德用字母 S 來標示出自己的寫作可以被歸在陰暗文類中。

　　從這個角度來看，他可被歸入一種法國和意大利所共有的恐怖敘事（récit d'horreur）傳統中，其被大眾文學廣泛傳播，並通過貝利主教讓 - 皮埃爾 · 加繆（Jean-Pierre Camus, 1582-1652）的作品大為出名。帶著藉由描繪出最黑暗的邪惡畫面從而讓人改過遷善的道德目的，這位高級教士所擬定的作品標題十分清晰明瞭：1620 年的《愛麗絲，或有罪的無辜，我們時代的悲劇事件》（Elise, ou l'innocence coupable, événement tragique de notre temps）；1629 年的《瑪麗安娜，或

---

202. 《薩德全集》，第 XII 卷，第 272 頁。1781 年 2 月 20 日信件。
203. 出自薩德的「作品全集」（Catalogue raisonné），見吉爾伯特 · 勒雷：《薩德侯爵生平》（Vie du Marquis de Sade），第 II 卷，巴黎，Gallimard 出版，1957 年，第 267 頁。

受害者的無辜，發生在巴黎聖日耳曼區的悲劇事件》（*Marienne, ou l'innocence victime, événement tragique arrivé à Paris au faubourg Saint-Germain*）；1630 年的《恐怖劇》（Les Spectacles d'horreur）；1630 年的《血腥的圓形劇場》（L'Amphithéâtre sanglant）。在這一陰暗名冊中，我們還可以提到薩德父親的朋友和受庇蔭者弗朗索瓦・巴庫拉爾・德・阿爾諾（François Baculard d'Arnaud, 1718-1805），他 1764 年的劇本《不幸的戀人，或科明日伯爵》（*Les Amants malheureux, ou le Comte de Comminge*）獲得了巨大成功，是騰森夫人（Mme de Tencin）1735 年小說《科明日伯爵回憶錄》（*Mémoires du Comte de Comminge*）的戲劇改編，該小說頗受薩德本人喜愛。

朱斯蒂娜受害者的無辜、她那在苦難中被雕琢的美貌，跟她冒險的脈絡結合在一起，終能賦予《朱斯蒂娜或美德的不幸》一種噩夢般的暗夜色調。大片的樹林、被難以逾越的高牆環繞及挖有隧道的城堡、佈有陷阱、其菜園新土未掩埋好成堆屍體的修道院……這些便是小說中充斥的場景。頭髮披散、衣衫撕破的朱斯蒂娜，被綁架、被強暴、被脅迫的朱斯蒂娜，沈浸在「幽暗的恐怖」之中。黑色小說的所有元素都有了，然而它們並未在讀者身上產生絲毫的恐懼；如果他被吸引，那並非因為懸疑（這在薩德世界中完全不存在），更不是因為對女主人公產生同情（朱斯蒂娜被看成「無辜的年輕女孩」，可她同時也是個「愚蠢的人」）。薩德，

正如他為其它文學類別所做的，運用了哥特小說（roman gothique）的一些面向（aspects）：尤其是它的布景、還有其人物形象的某種類型學，然而都是為了將它們融入自己的語言中，並讓它們服務於自己的動力（dynamique）：

> 我同意安伯萊的建議，請您為我之前提及的第二回閱讀（指他的晚間閱讀），找來一些有趣或有哲理的小說，但尤其不要拿來那些太過黑暗、或過於感傷的小說，我十分討厭這兩種極端的作品 [204]。

　　薩德對於*過度黑暗*的反感並未多說；然而在他發表的《愛之罪》（*Crimes de l'amour*）的導論〈關於小說的想法〉（Idée sur les romans）中，他更詳細地描述出自己與黑色小說大師們的區別：

> 或許我們應該在此分析這些新小說，妖術（sortilège）和鬼怪世界（fantasmagorie）這兩點幾乎囊括了其所有的價值，它們尤以《僧侶》為首，從任何方面來說，它都優於拉德克利夫出色想像的怪誕衝動；不過這方面的申論將會相當冗長。我們暫且這麼說，這一文類，不論我

---

204. 《薩德全集》，第 XII 卷，第 251 頁。1780 年 7 月 27 日信件。

們如何評價它，絕非毫無價值……然而這樣的寫作方式可會帶著一些麻煩啊！不管是《僧侶》的作者還是拉德克利夫，都無法避免；在此必定只能二擇其一：要麼發展妖術，而因此您不再感興趣，要麼絕不掀開布幕，而您便置身於最令人不快的缺乏真實性（invraisemblance）中 [205]。

讓 · 法布爾指出，薩德「從未或者說幾乎沒有……向英格蘭的風潮借鑒。」[206] 充其量，他在當中找到了一種「較勁和差異化的原則」（principe d'émulation et de différenciation）。黑色小說的夢幻感（onirisme）、氛圍的渲染皆令薩德不快。他認為，它們的不理性導向將走入死胡同：幻想可以成為故事的元素，但絕不能成為敘事的唯一原動力（ressort）。薩德對「哥特」小說家想像世界的責難，恰如他對 造出上帝的責難：想要通過一個更隱晦不明的奧秘去解釋一個對我們來說已經相當難解的概念。相對於具體可觸的大

205. 同上，第 X 卷，第 14-15 頁。安 · 拉德克利夫（Anne Radcliffe）在 1791 年出版了《森林裡的離奇遭遇》（*Le Roman de la forêt*），在 1794 年出版了《由多羅夫之謎》（*Les Mystères d' Udolphe*），在 1797 年出版了《意大利人》（*L'Italien*）。馬修 · 劉易斯（Matthew Lewis）的《僧侶》（*Le Moine*）出版於 1796 年。
206. 讓 · 法布爾（Jean Fabre）：〈薩德與黑色小說〉（Sade et le roman noir），見《薩德侯爵》（*Le Marquis de Sade*），第 225 頁。另見：莫里斯 · 海涅的文章〈薩德侯爵與黑色小說〉（Le Marquis de Sade et le roman noir）以及安妮 · 勒布朗（Annie Le Brun）所著《顛覆之城堡》（*Les Châteaux de la subversion*）一書。

自然之謎，神的奧義不值一提。同樣，劉易斯或拉德克利夫想像的鬼怪世界也不值一提，當我們想到歷史（Histoire）之所能，或者僅限於個體，性嗜好的歷史之所能的時候。最容易讓人迷路的迷宮便是慾望的迷宮。

「可是，由誰來定義浪蕩子的靈魂呢？」[207] 驚慌失措的朱斯蒂娜問道。

薩德認可的真正大師是馬里沃（Marivaux）、理查德森（Richardson）、菲爾丁（Fielding），尤其是普雷沃特教士（abbé Prévost）（《瑪儂·萊斯克》[*Manon Lescaut*] 對他來說是毋庸置疑的傑作），他們都致力於「人類心靈——名副其實的大自然迷宮——的深入研究」，並且專注於現實細節的精確描繪。這就是為什麼薩德在寫《阿麗娜和瓦爾古》的時候，需要考察他的人物旅行所至的地方的資料。針對里斯本、托雷多以及馬德里，他需要街道、旅館和旅館老闆的名字：

> 正是因為這些準則深深震撼了我，我才要追隨，而且只要我以這些大師為榜樣，不論您能夠給我寄來多少街道的信息，我都不會迷路，這是肯定的 [208]。

---

207. 《薩德全集》，第 III 卷，第 220 頁。
208. 《書信及文學雜集……》，第 I 卷，第 104 頁，1786 年 12 月 2 日信件。

組織癖

在《索多瑪一百二十天》中，薩德痴迷於他對規則制定和時間安排的喜好。同樣地，在《朱斯蒂娜或美德的不幸》中，他也依從這樣的喜好，不過占據席林城堡舞台設計核心的內容匯聚在一個情節上，那就是朱斯蒂娜成為森林聖瑪麗修道院（Sainte-Marie-des-Bois）僧侶的受害者的這段情節。這一高度褻瀆神明的章節讓薩德有機會充分發揮他關於寄宿生活的荒誕想像。

循著彰顯出薩德特色的變奏藝術，他在這一章節中重拾了席林城堡的許多組織特點。他的四個浪蕩子化身為四個隱遁者再次登場——唐·塞韋里諾（Dom Séverino）、克雷蒙（Clément）、安東萬（Antoine）還有紀堯姆（Jérôme），而且管理規則也一樣精細。首先，朱斯蒂娜被教導關於「女孩服裝、教士享樂以及修道院的改革和變遷史」的條款。她瞭解到女孩們被分成四個等級，每個等級分散在兩個房間。這些寄宿者根據年齡被分成了*兒童級*（直到 16 歲）、*青少年級*（16 到 20 歲）、*理性年齡級*（20-30 歲）以及*成熟年齡級*（30 歲以上）。一名年紀最大者被指派來看管這些房間，每天早上由*值日班長*巡視。女孩子們，不管按級別還是跨級別出現，都「一直穿著自己等級的服裝」。第一等級的服裝是白色，第二等級是綠色，第三等級為藍色，第四等級則為青銅色。還包括許多制服，從晨起的便服再到她們為狂歡所穿的「長

禮服」。

如果在午餐前，令人尊敬的神父們（Révérends Pères）中某一位差人來要一名女孩，那將會是守衛神父「拿著寫上該女孩名字的卡片」前來。朱斯蒂娜，相當凝重的，聽著她將遭逢到的計畫。聽聞到一個未知的詞彙，朱斯蒂娜驚恐了起來：

　　—「負責看守的女孩」，我打斷她問道，「那麼這個新
　　工作是什麼？」
　　—「是這樣」，我的講故事女人（historienne）回答我道，
　　「每個月的頭幾天裡，每個僧侶都會收養一個女孩在這
　　段時間充當他的女僕及他發洩下流慾望的對象……；沒
　　什麼殘忍的，沒什麼像勞役一樣辛苦的，我不知道你如
　　何適應。」[209]

她將無法適應，因為她的天性憎恨這些「下流慾望」，並且她矢志高聲疾呼這種譴責的理據。

撰寫《索多瑪一百二十天》時，在給自己的一條修正意見中，薩德提到：「而在整體中，尤其要將道德訓誡（morale）跟晚餐混在一起。」[210] 事實上，這個道德訓誡的部分在作品

---

209. 《薩德全集》，第 III 卷，第 184-185 頁。
210. 《索多瑪一百二十天》，第 382 頁。

的「整體」中很有限，有可能是因為它並未如願完成。不過透過朱斯蒂娜這個人物，道德訓誡倒是在《朱斯蒂娜或美德的不幸》中佔據非常重要的位置。借助這部小說，開創了薩德敘事上典型的雙時段節奏（scansion en deux temps）：申論的時段和情色場景的時段。

苦苦哀求的女孩

朱斯蒂娜的思想如同她的美貌一樣出色。她的智慧還有教養吸引她在宿命之路上遭遇的所有「怪物們」的注意。他們不僅要玩弄她的身體，而且還要拼命引誘她。儘管她年紀輕輕而且羞澀，朱斯蒂娜則回以一種不被馴服的抵抗。浪蕩子們自誇的對惡的執著並不亞於朱斯蒂娜以身相許的德性熱忱。

不論她被名為「鐵石心腸」的盜匪威脅（「哦，先生，我激動地回答道，這是有道理的……」[211]），還是她目睹了布理薩克伯爵（comte de Bressac）與他的僕人加斯明（Jasmin）一起幹的卑鄙勾當（[「哦，先生們！」我喊道，一面朝向他們張開雙臂[212]），不論是聖-弗洛倫（Saint-Florent）的罪惡提議（「哦，先生」，我向這位無恥的男人

---

211. 《薩德全集》，第 III 卷，第 94 頁。
212. 同上，第 105 頁。

說道，同時因為他說的話而全身發抖[213]……），還是被老鴇杜博瓦（la Dubois）鄙視（「怎麼樣，特蕾絲 [Thérèse]，現在你如何看待美德？──哦，夫人！它通常都是罪惡的獵物啊……」[214]），朱斯蒂娜討論、反駁，並且憑借一種愛說教的本事（而折磨她的人幻想將之轉為對他們有利），她堅定不移，重複說著她堅守的原則之理由。

可是朱斯蒂娜說服不了任何人。更糟的是，她的言論經常導致她落入悲慘的境地。首先，她哀求者（suppliante）的姿態──哭泣著，下跪，雙臂張開伸向她祈求的男人（或女人）──會燃起卑劣的慾望之火。其次，朱斯蒂娜講述她過去的挫折只能招致新一輪的不幸：「我絲毫沒有意識到這些講述加倍地激起他的慾火，我實在太天真，幼稚地向他傾吐一切。」[215] 苦苦哀求的女孩加速了酷刑（supplice）的到來。這個敘事過程──總是在已經遭受的不幸之上添加新的創傷──依循著一個清單而展開。

在為第一個「朱斯蒂娜」版本（1787）所撰寫的手稿中（以「她的厄運故事：被欺壓的美德」[Histoire de ses infortunes. Vertus vexées] 為題），薩德寫道：

---

213. 同上，第 261 頁。
214. 同上，第 315 頁。
215. 同上，第 232 頁。

1. 羞恥。她因欠債被逮捕並被關進監獄。有人向她提議以貞操換取自由，她拒絕，然而她獲得自由並且成為僕人。

2. 羞恥。這次她的主人對她有所求，她予以拒絕；而這個人，陰暗且惡毒，將贓物藏在她的箱子裡並栽贓她，導致她回到夏特萊監獄（le Châtelet）；她聲稱清白並被釋放。

3. 惡之恐怖。她再次成為僕人。一個兒子向她提議毒殺其母，她對此罪行非常害怕，她警告那位母親，後者認為這是假的，認為她的兒子不可能如此；她讓外表善良的兒子用牛筋鞭鞭打朱斯蒂娜一百下，並將她趕出家門……

這些情節中的某一些出現在某個「朱斯蒂娜」的版本中，並多多少少修改了一些。而其他的情節則沒有。比方說這一情節：「她離開醫生家，進入一個教堂，當她做復活節祈禱時，天花板掉下來砸在她頭上。」

「哦！先生……」這個交不到好運的女孩顫抖著。她信仰堅定，然而因為她感到反抗已到盡頭、信仰在崩潰的邊緣，她有時也膽敢大聲呼喊那個羞怯的傢伙：「哦！上帝……」，可沒什麼用。可怕的羅蘭（Roland）因此嘲笑她：「看吧！祈求你的上帝吧，娼婦，哀求他過來為你報仇啊，如果他真

有那能耐……」[216]

　　浪蕩子的黑暗靈魂通過一種語調的驟變而顯露。這並不涉及心理方面的發現，而是一個戲劇的舉動。朱斯蒂娜，再一次發現自己落入陷阱：她以為自由了，可她卻在不知情的情況下，進入另一個人的劇本中。她試圖反抗的任何舉動都促進了浪蕩子的享樂。

　　朱斯蒂娜在兩種態度間搖擺不定，而它們都是災難性的。時而，她竭盡全力想要勸說最鐵石心腸的惡人向善。因而，我們會見證意識形態上的論辯，在這一過程中，朱斯蒂娜，作為堅定的信仰宣揚者，不放棄任何播撒美德種子的機會，然而她勸導的意志，卻被她的對話者同樣強烈的意志抵制：「他（羅丹 [Rodin]）很難對付；我的任何體系都無法同他對抗；不過即使我無法成功說服他，至少他也無法動搖我。」[217]

　　時而，心如死灰，她退而使點計謀。她接受藉由完成一件在她看來小一點的罪以避免犯下一個更嚴重的罪。「小惡與大罪一樣，都是十惡不赦……」《朱麗葉特的故事》中如是宣稱。朱斯蒂娜不相信這則箴言。她認為，可以通過犯下小惡而避免犯下大罪，然而她所做的，只不過是為對手服務。她沒有能力靠她的道理爭取到任何一個浪蕩子站到她這邊，

216. 同上，第 277 頁。
217. 同上，第 148 頁。

更沒能力保護他們的受害者。由淫蕩所下的判決盡皆實現。「……而正如您所看見的，夫人，我出於善心而變為娼婦，出於美德而變為浪蕩女。」[218]

她改變，卻毫無所獲。她沒有貢獻出任何好事。而且，因為她想同惡打交道，她斷絕了自己成為聖人的前途。

對她來說，一切都是不幸。當朱斯蒂娜極其罕有地 —— 當然是在不情願的情況下 —— 感受到性高潮時，她只能矢口否認：

驚愕的片刻接踵而來，我不知道自己怎麼了，可不久後我的眼睛再度張開，我感到自由、無拘無束，而且我的器官彷彿重生了。

—「怎麼樣！特蕾絲」，我的施虐者（mon bourreau）對我說道，「我打賭，假使你說實話，你現在只感受到感官享樂不是嗎？」

—「只有可怕，先生，只有噁心，只有擔憂及絕望！」[219]

什麼都沒能減輕她的苦難，甚至享樂。

朱斯蒂娜是關於一種妄念的譬喻（allégorie d'une chimère）。她無法以她的道理爭取到任何人的支持，也無法

---

218. 同上，第 244 頁。
219. 同上，第 277-278 頁。

擺脫別人為她設置的陷阱。跟朱麗葉特一樣，她也屬於罪惡劇場（théâtre du Crime），然而，正如朱麗葉特總是獲勝，而她的受害者的角色注定不斷失敗。恰如吉爾・德勒茲（Gilles Deleuze）在為薩哈 - 馬索（Sacher-Masoch）作品所寫的前言裡，用更加心理分析的術語所表達的那樣：「如果在受虐癖（masochisme）中的女性 - 施虐者（femme-bourreau）不能是虐待狂的（sadique），那恰恰是因為她就在受虐癖中，因為她是受虐情境的組成部分、是在受虐癖幻想中被實現出來的成分：她屬於受虐癖。這並非意味著她與她的受害者有一樣的性胃口，而是因為她有這種我們永遠無法在虐待狂者（le sadique）身上找到的『虐待狂』，而且她身上的這種虐待狂就如同受虐癖的複製品（le double）或反射。而關於虐待狂我們也可以說同樣的話：受害者無法成為受虐癖的（masochiste），這並不單單因為浪蕩子可能會對受害者能夠感受到感官享樂而惱怒，而是因為虐待狂者的受害者完全屬於虐待狂，是這個情境的組成部分，而且奇怪地顯得如同虐待狂的施虐者（bourreau sadique）的複製品（薩德那裡有佐證，兩部偉大的作品互相映襯，而且在其中罪惡的一方和美德的一方，即朱麗葉特和朱斯蒂娜，是姐妹）……一種性違常的一方只需要同一種性違常的『成分』（élément），而並

不需要一位來自另一種性違常的人。」[220]

　　朱斯蒂娜的眼淚無法模糊浪蕩子的視線。跟恰到好處地描繪在黑色絲絨幕布上的銀色眼淚一樣，皆是裝飾的一部分，增添他的享樂。

黑絲綢細繩

在《索多瑪一百二十天》中⋯⋯

　　那個喜歡在雞姦的時候勒緊對方脖子的人，也就是 1 月 6 日老鴇瑪爾泰娜談論的那個人，他雞姦那個女孩，用黑絲綢細繩環繞她的脖子，並在勒死她的時候射精。（她說這是一個浪蕩子能夠獲取的最細緻的享樂之一。）

（《索多瑪一百二十天》，第 352 頁）

⋯⋯在《朱斯蒂娜》中

　　他抓住我的雙臂，將之綁在我的腰際，然後他往我的脖子上套了一根黑絲綢細繩，細繩的兩端始終被他抓著，按他的心意拉緊，可以壓縮我的呼吸，並將我送往另一個世界，時間也由他隨意控制。

---

220. 吉爾 · 德勒茲：《介紹薩哈 · 馬索》（*Présentation de Sacher-Masoch*），含馬索原著《穿裘皮的維納斯》（*La Venus à la fourrure*）完整版，奧德 · 維林（Aude Willm）譯自德語，巴黎，Minuit 出版，1967 年，第 37-38 頁。[譯按：施虐與受虐主義（sado-masochisme），簡稱「S.M.」，由克拉夫特 - 艾賓提出，以薩德和馬索兩位小說家的名字作為詞根。在二十世紀，「施虐主義與受虐主義」在淫穢錄像及刊物中廣泛傳播，逐漸失去其嚴肅的性心理學臨床分析涵義。]

—「這樣的折磨比你想像的更柔和，特雷絲」，羅蘭同我說道，「你將只會通過難以言表的感官快樂體驗死亡；這條細繩在你大部分的神經上產生壓縮作用，將燃起你的享樂器官；這是一種明確的作用。如果所有被判處這一酷刑的人都知道自己會在怎樣的沉醉狀態中被處死，他們便不會被自己犯的罪所招致的懲罰感到害怕，反而會更加頻繁、更加安心地觸犯它們；特蕾絲，這一美妙的操作同時也壓縮我即將探訪的地方，將使我的感官享樂加倍。」他一面補充道，一面插入一條跟這樣一個惡棍如此相稱的罪惡通道。

（《朱斯蒂娜或美德的不幸》，《薩德全集》，

第 276-277 頁）

血祭

這涉及靠膝蓋輕輕撐住，在一張擺設在房間正中的矮凳邊緣，兩隻胳膊被兩條吊在天花板上的黑色緞帶繫住。

我剛剛就位，伯爵靠近我，手中拿著一把刺血刀；他屏住呼吸，眼睛閃閃發亮，面孔讓人害怕；他拉緊我的兩個胳膊，一轉眼的工夫他便刺了它們。一見血，他便驚呼起來，還伴隨兩三聲咒罵；他在距離我六尺的地方坐下來，同我面對面。覆蓋他軀體的輕薄衣裳隨即打開；賽菲爾（Zéphyre）跪在他兩腿間，吸吮著他；納爾西斯（Narcisse），兩腳站在他主人的沙發上，給了他吸那個也給別人吸的玩意兒。熱爾南德（Gernande）勾住賽菲爾的腰，緊抱他，他緊緊貼著他，但雖然如此，還是將他灼熱的目光從他身上移開而停留在我這兒。與此同時，我的鮮血如注地湧出，流進了置放在我胳膊

下的兩個白色大碗裡。我很快便感到虛弱。

——「先生！先生！」我驚呼道，「發發慈悲吧，我快暈了……」

而我搖搖欲墜；可因為被緞帶綁著，沒法倒下來；我的胳膊晃蕩著，頭在肩膀上左搖右擺，我的臉上覆滿了血。伯爵醉了……我無法知曉他這項操作的最後一幕，在他達到目的之前我便暈過去了；或許他只有見到我這般狀態，方能達到他的目的吧，又或許他那極致的心醉神迷只有憑借這死亡的景象才能獲得？

（《朱斯蒂娜或美德的不幸》，《薩德全集》，

第 III 卷，第 233-234 頁）

乞討者們

朱斯蒂娜不久便出了城。然而我們說了，不幸和冒險將會阻礙她所有行進的步伐，而惱怒的命運，違逆著她，會讓她那美麗的靈魂能夠想出的所有美德計劃都遇到阻礙。

如往常一般，袋子裡放了兩件襯衣、幾條手絹，她徒步行走了不到二古里路，便遇見了一個老婦帶著痛苦的神色與她交談，並哀求她施捨。把自己剛從那麼殘忍的教訓裡遭受到的冷酷拋到九霄雲外，只曉得這人世間唯一的幸福便是給予恩惠，她立刻掏出錢袋，想要從中拿出一埃居送給老婦。可是那位只不過為了欺騙朱斯蒂娜而喬裝成老婦的狡黠女人，輕巧地撲向錢袋，攫住了它，並在抓著袋子不放的朱斯蒂娜肚子上施了一記重拳，讓她跌倒在地，並消失在一片矮林中。朱斯蒂娜，很快站起來，衝向那個偷她東西的女人，抓住她，同她一起被一個外觀上完全看不出來、由樹叢偽裝的陷阱

所絆倒。

跌落的動作可不小；然而摔得不重，至於她馬上就意會到是怎麼回事。她發現自己和那個偷錢袋的女人置身於一個巨大的地下空間裡，往地裡挖了有一百多突爾斯（toises），但漂亮而且傢具一應俱全。

—「這是誰，賽拉菲那（Séraphine）？」一個粗壯高大的男人坐在一個旺火堆前問道，「這個跟著你來到我們山寨的是什麼人？」

—「這是個小傻蛋」，女竊賊回答道，「我騙她可憐我，她施捨我；我搶了她的錢，她在後面追，結果，我們兩個一起，同時跌進了陷阱裡，我們一起來到了這裡。頭目，這個女孩對我們有用，遇到她，我並不惱火。」

—「確實對我們很合適」，首領回答道，一邊將朱斯蒂娜拉到身旁，「她很不錯；就讓她專門供幫裡消遣用吧，這個位置總是需要補上……」

朱斯蒂娜轉瞬間被老老少少、形形色色的男人、女人還有孩子團團圍住，她見他們一個個糟糕的相貌，便知道自己並沒有身處高尚的人群中；每個人都圍著她……欣賞她，每個人都對她評頭論足；朱斯蒂娜繼續看著和聽著，這一切最終讓她明白，自己落進了一幫最險惡的人手裡。

（《新朱斯蒂娜或美德的不幸》，《薩德全集》，

第 VII 卷，第 257-259 頁）

同性戀女子：《朱麗葉特的故事或邪惡之富足》

讓我們奔向這違常的世界吧……

《朱莉葉特的故事》

在席林，人們什麼都不學。老爺們除了自娛之外沒其他計劃。淫亂之對象是*先驗上*被定罪的（*a priori* condamnés）。放蕩所上演的內容，不是它的傳染威力（「我的放蕩是一種傳染病，它必須腐化我身邊的一切！」，一位女浪蕩者聲稱道），而是它幻想的精確性、它組織的嚴謹性。從一開始，遊戲便已確定，帳也清算了。不過有一個例外：朱莉，布朗日公爵的大女兒，也是庭長的妻子。儘管身陷這樣惱人的關係，她仍然逃過了自己的宿命。帶著一種好天性（「她已然宣告了想像力、荒淫和放蕩」[221]），而且善於自我保護，她成功跨越了這場罪惡歷險，全身而退。在《索多瑪一百二十天》封閉的時間和空間當中，以及在它儀式的嚴厲當中，朱莉的冒險算不上什麼。並不怎麼引人注意，這只不過是一個次要項目。

從《索多瑪一百二十天》到《朱麗葉特的故事》，一則小故事轉而成為核心內容，是關於一位年輕女孩，她本來注定作為受虐者要被除掉，卻發現了存活的藝術。正是她迅速又刺激的發展軌跡在背後支撐著以第一人稱方式陳述的朱麗

---

221. 《索多瑪一百二十天》，第 208 頁。

葉特的敘事。

「絕妙的著火」

《朱麗葉特的故事》以動感（mouvement）為要，例如它的女主人公在剛剛享樂之後的美貌：

> 效仿著我的主人們並被男寵（gitons）當中的兩位痛快地操了之後，我坦承我同樣令人吃驚地高潮了；泛紅、頭髮散亂，有如一個蕩婦，走出其中，我在他們眼裡顯得秀色可餐；尤其是聖-封，不停地對我大加撫摸。「她是多麼出色啊！」，他說道，「有如罪惡讓她更美了」[222]。

罪惡的美是無法通過版畫展現的（「對於一門沒有絲毫動感的藝術而言，要它具體呈現一種將動作當成其整個靈魂的活動並不容易」[223]）。小說，相反，則是它完美的媒介；尤其對於選擇了具有自由度的流浪漢小說的人來說。

朱麗葉特的靈活（mobilité）首先跟她年紀輕輕有關，跟她那柔軟、儘管帶有神經質的靈魂有關，為她備妥了投身於放蕩生涯的素質。敘事特別著墨於朱麗葉特在罪惡尺度方面

---

222. 《薩德全集》，第 VIII 卷，第 215 頁。
223. 同上，第 213 頁。

更上一層樓的時刻。乃至於精心安排的狂歡、活生生的場面都在一種發現所產生的興奮中被接受。在《索多瑪一百二十天》故事中徹底缺席的驚訝（étonnement），卻在朱莉葉特在放蕩世界的推進中寫下註腳。「『您要對她做什麼？』我十分吃驚地說道。—『我們淫樂的受虐者。啊！朱麗葉特，你還真是個新手啊！』」[224]

又或者：「—笞鞭！你鞭打嗎，我親愛的？—啊！都爽到出血了，寶貝……我也被鞭呢。」[225]

這驚訝的片刻，在《朱斯蒂娜或美德的不幸》中轉為被嚇壞了的驚愕並引發了又一次的告誡，而對朱麗葉特來說不過是體驗新的感官享樂之前的停頓。朱麗葉特學得很好。

那些「教導者」一個接著一個地展開對她的教育，十分滿意於她的天分。彭泰蒙修道院（couvent de Panthémont）的女院長戴爾貝娜，是她的第一位教導者。關切於要將這位少女的放蕩建立在優秀的原則上，她指引其閱讀（斯賓諾莎、瓦尼尼 [Vanini]、拉美特利 [La Mettrie]、愛爾維修 [Helvétius]、孟德斯鳩……），並以一場關於無神論和唯物主義的申論作為開端。理論導向了褻瀆的儀式，過程中，在修道院的小禮拜堂裡，朱麗葉特戴上一個巨大的陽具，讓蘿萊特失去了童貞——因為她先向自己的姐妹朱斯蒂娜提出要求，讓她當受

---

224. 同上，第 100 頁。
225. 同上，第 275 頁。

虐者，但未獲同意。

在她的父母破產並去世之後，朱麗葉特，同朱斯蒂娜一樣，必須離開修道院。孤身一人，身無分文，她懇求修道院高層施以慷慨。戴爾貝娜在會客室接待了她。為了好好安慰她，她直接了當地向後者概述了為她準備好的下堂課之要點：*兄弟姐妹關係的無意義性*。學生接受了教誨。戴爾貝娜，愛戀朱麗葉特時，不遺餘力地照顧她；而戴爾貝娜，對朱麗葉特不屑一顧的時候，對她的教導也沒少過：「已經墮落到讓人驚訝的程度，這個不公正的極壞榜樣，儘管讓我受苦，非但沒有讓我改過自新，反而令我快樂。」[226] 正是通過這種拒絕受害者的厄運並跳脫預期反應的方式，朱麗葉特給出了自己隸屬於放蕩族群的首要真實證明。她信服，正如有人曾經教過她的，公正與不公正不過是一個位置的問題[227]，她決定永遠都要成為從不公正中受益的那類人，或者，即使不能如

---

226. 同上，第 107 頁。
227. 本著同樣的精神，布朗日公爵在《索多瑪一百二十天》裡也確認過：「這些想法從來都是相對的，最強者總覺得被弱者看作不公正的事就是十分公正的，並且如果將他們的位置互換，他們兩方都會同時改變思考方式；他由此總結說，並沒有什麼真正公正的，有的只是讓人享樂的東西，沒有什麼不公正的，有的只是讓人難受的東西。」（同上，第 22 頁）而諾瓦塞耶宣稱：「朱麗葉特，所有的性嗜好都有兩個意義：一個十分不公正，相對於受害一方來說；另一個獨一無二地公正（singulièrement juste），相對於行使它的那一方來說。」（《薩德全集》，第 VIII 卷，第 140 頁）《新朱斯蒂娜或美德的不幸，接著她的姐妹朱莉葉特的故事或邪惡的富足》所包含的兩部既對稱又相對的（symétriques et opposés）小說，完美地闡明了這種關於善與惡的結構性看法（vision structurale du bien et du mal）。

此，也依然要堅持他們的觀點。

朱麗葉特離開彭泰蒙的寄宿學校去到老鴇杜維爾熱的門下。經過一番艱辛的學習過程，她被杜維爾熱門下的一位富有恩客贖出。偶然間，藉著讓她跟諾瓦塞耶相遇，將她帶到了她家庭的毀滅者面前。這一回再次地，依循著一種更激烈並因此也更叫人愉悅的心理扭曲（torsion psychologique），朱莉葉特擺脫了所有怨恨，並且超越她的個人遭遇，重申自己站在惡（le Mal）的這一方：

> 可憎的男人，我向自己喊道，在某種程度上，我是你的邪惡的受害者，我愛它們⋯⋯是的，我崇敬你的原則⋯⋯

而因為諾瓦塞耶不敢置信，她強調：

> 是（Oui），操我吧，諾瓦塞耶！成為我爹娘人劊子手的婊子，我喜歡這個主意；讓我的陰道流水吧，而不是讓我流淚水 [228]。

無條件的同意令朱麗葉特心蕩神馳。一個是變得更為灼

---

228. 《薩德全集》，第 VIII 卷，第 148-149 頁。

熱，因為它並非在一個有權這麼做的位置上說出來的，而是在一個冒著風險的空間中。透過以一個女性主人公，取代《索多瑪一百二十天》裡的四個男性主人公（他們的同意跟他們的放蕩行為一樣皆是確定的），薩德將我們拉向一些更加動盪的地區，在那裡加入了不確定、背叛和挫折——他帶領我們進入一個征服之歷史中。席林老爺們是浪蕩子：朱麗葉特，至於她，則是*自我放蕩著*（*se libertiner*）。

在薩德的敘事裡，如同在神秘的靈魂飛躍經驗（envolées mystiques）中，利害關係（enjeux）是顛倒的。失敗，意味著重返公認價值的陳詞濫調（lieu commun des valeurs reconnues）。而且，為了將浪蕩子導向這些遙不可及的巔峰或是被渴望的深淵，如同神秘論者，他也有一些榜樣。戴爾貝娜、諾瓦塞耶、聖-封、克萊維兒、老鴇杜朗（la Durand），擔負起教導朱麗葉特的美妙任務。他們同她講述這些掌控了他們的「發燙」、「觸電般的狀態」、「絕妙的著火」（embrasement divin）。在他們的話語下，在他們的撫摸下，朱麗葉特「煥發著」（pétiller）、「燃燒著」一種無法饜足的享樂慾望。他們闡述他們的原理；她顫慄著，將自己獻身出去。

在示範最強烈的狀態下，一個相同的心醉神迷（extase）消弭了教導者和學徒。他們恢復清醒（se reprendre）——這是再多點一些香檳、其他受虐者、並變換場地的時候。一個

新的討論被提出：「那麼您關於靈魂的體系，是什麼呢，女士？」

相似的惡魔

放蕩精神的「不可思議之火」（flamme inconcevable）──這種不僅在實踐上、而且在原理上形成的相契合驚奇（émerveillement de s'entendre）──既可以通過異性戀的情節、也可以通過同性戀的情節展開。然而，在連結的多樣性（diversité des alliances）和論述的流動性（fluidité des discours）之餘，薩德也不忘在兩性間畫出一條分隔線。

當諾瓦塞耶將朱麗葉特介紹給克萊維兒的時候，在某種意義上，他將她介紹給了他最近的敵人──但正因如此，她對他來說才珍貴並且他才欣賞她。一個男人和一個女人之間的放蕩約定，從來不是親密無間的，而是極度不可調和的，只有通過一種例外的（和有限的）信任舉動（geste de confiance）才行得通。它無法消除一種潛在戰爭狀態的意識。

被諾瓦塞耶包養之後，朱麗葉特用這些話來說明她對於她的幸運（fortune）的看法（取其幸福與財富的雙重含義，根據薩德的看法，二者是不可分割的）：

> 儘管我們生活在冷漠中，諾瓦塞耶雖不愛我，卻最器重我，繼續付給我大量的銀錢；我的一切都被包了，另外

每年還有兩萬四千法郎隨意開銷；除了這些，我還為自己弄了一筆一萬兩千法郎的年俸（rente），您可以想像我的富足了吧。我對男人不怎麼感興趣，倒是跟兩個很有魅力的女人一起滿足了我的慾望[229]。

自從她第一次與克萊維兒見面，朱麗葉特便明白，後者在面對男人時不會無動於衷，而她所宣稱的「我看不出，作為法則，這種為了得到一種純粹享樂而任何性別都可搭配的做法有何不對之處」[230]，正是她真實感覺的委婉表達。

——什麼，克萊維兒，你不愛男人嗎？
——我利用他們，因為我開心。可是我鄙視他們並且討厭他們；我要看著所有認為我自甘墮落的男人們死掉。
——多麼驕傲呀！
——這便是我的個性，朱麗葉特；我再給這樣的驕傲加上坦率，這便是接下來我為你所認識的方式[231]。

---

229. 同上，第194頁。警探對於浪蕩子包養妓女的費用條件均非常仔細地記載。例如，長得非常可愛的葛都（Godeau）小姐便如此被母親給賣了：「她們（小女孩和她的母親）在指定的日子和時間到了，當女孩母親向他保證女兒還是處女的時候，侯爵覺得這個女孩很對他的口味，這讓夏耶先生（M. de Chailleux）在當事人不在場的情況下，向她的母親提議每月12金路易……有理由認為，經過了這個深諳此道的女人的照料，這位年輕的小姐會在這第一次冒險之後飛上枝頭。」《路易十五治下的巴黎。國王警探的報告》，第126頁。
230. 《薩德全集》，第 VIII 卷，第 265 頁。
231. 同上。

薩德關於放蕩的概念，甚至當它超出《索多瑪一百二十天》的舞台並更加不受限地放在世界中的時候，都沒有為他性（altérité）保留任何位置。受虐者在浪蕩子享樂中是次要角色。他的哀求，在被允許表達的時候，都沒有絲毫動搖施虐者的決心。可是，在浪蕩子之間，也同樣聽不到任何不一樣的聲音。令他們欣喜的相遇為他們提供了一些相似的（analogues）特性。正是在這相似性的眩暈（vertige de similarité）和這漸強的單調旋律（rythme ascendant de mélopée）中，朱麗葉特女性關係的續篇展開了。

　　朱麗葉特在克萊維兒身上發現了一個比她自己更有自信、更強大的形象，一個女人，得益於她，自己才能夠在更大限度上發揮才能。克萊維兒提出將她引介給「罪惡之友會」（Société des Amis du Crime）。朱麗葉特徵詢諾瓦塞耶的意見：

　　我問諾瓦塞耶他是否加入了我朋友的會社。

　　—「只要男人」，他回答我道，「在那兒占據優勢地位，我必然嚴格守時出席；自從一切都掌控在一個我不認可其權威的性別手中，我就已經退出這個會社了。聖-封比照我辦理。不論如何」，諾瓦塞耶補充道，「如果這些狂歡讓你快樂，你可以同克萊維兒一起去體驗：必須嘗試所有邪惡的東西。」[232]

---

232. 同上，第 287 頁。

從這一重申的指令中，朱麗葉特多次冒出了背叛的念頭。「生來便要報復我的性別（sexe）並主宰您的性別」，梅爾特耶侯爵夫人（marquise de Merteuil）在給瓦爾蒙子爵的信中如此寫道（《危險關係》）。這並不妨礙她，一有機會，就在她越軌行為的軌跡上不加區別地留下男人及女人的屍體。報復自己的性別並不會令她加入美德的陣營。正如梅爾特耶侯爵夫人，薩德的女主人公們具有一種危險的密切往來。跟互相分享淫亂經驗的男人這一方發生的情況相反，女人之間形成熾烈的關係：「我們聯手，我們會走得更遠……」，克萊維兒向朱麗葉特鼓吹道。

　　事實上，任何事都擋不了她們。在這趟讓她們穿越意大利王國、交織著愛情和毀滅的長途旅行中，就算老天為懲罰冷漠之徒們而降下災禍，也完全不是享樂暫停的時刻（temps mort）。可是同性戀女子（tribades）間的結合是脆弱的 233，受到任性和厭煩擺布。因為假如沒有任何東西從外部束縛薩德故事主人公的放蕩，那麼令他們擔心的威脅在內部：並非在回應頭腦中慾望上的一種身體無能，而是因過度

---

233. 我們可以在一份跟杜美尼爾（Dumesnil）小姐有關的警方報告中看到這個詞，並且它被出色地錯寫了：「儘管所有這些奉獻儀式不時舉辦，她經常去拜訪外號僧侶（Le Moine）的女人……後者是個 tribanne（原文照抄），她經常與之睡覺，她狂烈地愛著她。（她稱她為）她的奴才（bonne），因為這是在這類神秘關係裡對百依百順女人的稱呼。僧侶的女僕確信，如果人們不管一下，杜美尼爾將會弄死她的情人，而自從她們頻繁見面，她已經瘦得只剩皮包骨了。」《路易十五治下的巴黎。國王警探的報告》，第 200-201 頁。

滿足（satiété）而導致的慾望欠缺。明斯基（Minski）——退隱在皮埃特拉‐馬拉（Pietra-Mala）火山平原角落的一座山上洞穴中的巨人——的招認，「我的心變得麻木不仁，我再也無法享樂了」[234]，揭示了他們畏懼的唯一限度，令他們絕望的唯一極限——這一時刻，當所有一切都向他們臣服的時候，有某樣東西在享樂中退縮了。突然間，這種曾經令他們邊跳躍邊遊遍所有下流之巔峰（sommets de l'infamie）的衝動（élan），卻不再鮮活了。透過這些他們為了縱慾而創造出的令人驚嘆的精緻玩意兒，一部享樂機械（machine à jouir）的意象隱約顯現出來。它閃耀著它鋼鐵般的光芒，在寒冷的拂曉中，在心變得麻木不仁的時刻……

這一焦慮很快散去。接下來的一天又帶來了它那由一堆卑鄙齷齪言行所釀成的新鮮。人們可以做任何事，而且將會比前一天更刺激……例如，趁著一場在火山邊緣處所舉辦的野餐，將其朋友推下。在那不勒斯，從佛羅倫斯開始身邊有奧林普‧博爾蓋斯公主（princesse Olympe Borghèse）陪伴旅行的朱麗葉特和克萊維兒二人，正謀劃盜竊國王的財寶：

—你將我們的計劃告訴了博爾蓋斯？

—沒有，我不愛她了，這女人。

—唉！去死，我討厭她。

---

234. 《薩德全集》，第 VIII 卷，第 576 頁。

——必須盡早擺脫她。

——我們明天不是要去維蘇威火山嗎？[235]

計劃開始執行。奧林普反抗道：

——哦，我的朋友們，我做了什麼？

——沒有。你很煩，難道還不夠嗎？……[236]

薩德在公主消失之後，立即附上一篇簡短的弔唁文，這是他擅長的體裁。

女同性戀們，我們可以料到，以不太尋常的方式相愛。以一種快速移動及一種慾望的不斷復燃（constante relance du désir）為特徵，情色的冒險不該縮小各種可能的範圍（champ des possibles）。它只是走得更遠的手段。正因如此，對於喜愛的渴望，總被懷疑是佔有欲的一部分，很難被認可：「我只原諒你，我的天使，在這個世上我只原諒你愛上了我。」朱麗葉特向克萊維兒表明。幾天以後，在安科納（Ancône），當這對夥伴在海邊散步的時候，她們遇見了老鴇杜朗，一個她們在巴黎就認識、後來不知所蹤的獵豔高手。老鴇杜朗，瘋狂地愛上朱麗葉特，決定除掉她的情敵。為此，她讓朱麗

---

235. 同上，第 IX 卷，第 413 頁。
236. 同上，第 416 頁。

葉特相信，克萊維兒要搞垮她。朱麗葉特掉進了陷阱並給她的愛人下了毒：「我在給克萊維兒上的第一道菜裡下了藏在手中的毒藥。」[237]

可當朱麗葉特意識到她的錯誤時，她沒有任何悔恨之意。她沈醉於老鴇杜朗的激情，還有這個女人帶給她的「無法抵抗的感覺」。因為她確信她的新愛人能夠以放蕩無拘的方式熱戀著她，也就是說，將一種專一的愛戀（attahement exclusif）跟數量法則（loi du nombre）結合起來：「必須」老鴇杜朗向她耳提面命，「只有一個女朋友，只真心愛她一人，而跟所有人搞……」[238]

過去，克萊維兒是哲學家，現在，老鴇杜朗是哲學家和女巫（sorcière）。

榜樣的力量

朱斯蒂娜能言善辯的美德在「偏離正道的畫面」中導入了道德的部分。朱麗葉特的好奇則加上旅行的部分。朱斯蒂娜，確實，也移動：但我們不能說她旅行。在里昂和格勒諾布爾之間，她徒步遊蕩著，從來沒有抵達任何地方。

朱麗葉特在意大利的旅行，相反地，既不是遊蕩，也不是原地打轉。它完全相應於她感官享樂的才智，也闡明了在

---

237. 同上，第 429 頁。
238. 同上，第 435 頁。

鼓動放蕩上的一個重要方面：通過一些榜樣證明邪惡的普遍性（universalité du vice）。地理和遊記文學因而發揮了功效。浪蕩子把握住那些能夠支持他論證的要點：「快看看這世界一眼吧……」[239]

浪蕩子的話是一個旅行邀請；但它只鼓勵我們去看事先已經設想好了的。當朱麗葉特一人投身於這個領域的時候，她所發現的世界恰是她情色狂熱的被實現形式。在她到達杜林的時候，她狂喜：「哦！上帝！」我對自己說，「我呼吸著更純淨和更自由的空氣……」[240]

當他描寫朱麗葉特在意大利的旅行時，薩德回憶起自己的旅行。但他並沒有拿它來作為既定的視覺基礎。他完全重新創造它，將它提升到自己作品主導思想的高度。那些遍布於他本子裡的項目列舉（énumérations）混雜成慾望的閃光：「靠近如醉如痴的特蕾絲，我們看見被雞姦的麥瑟琳娜（Messaline），而在基督像之下，是一位叫麗達（Léda）的人……」[241]

薩德不再跟他的旅遊嚮導唱反調，他知道藝術家是用精神之眼觀看之人。

意大利令朱麗葉特陶醉，但薩德同樣還能將她送上月球，她也不會失望的：

---

239. 同上，第 VIII 卷，第 177 頁。
240. 同上，第 541 頁。
241. 同上，第 IX 卷，第 152 頁。

我們將發現一個半球，我們在那裡找到雞姦。在一個新的世界裡，庫克（Cook）感到害怕：它在那兒主宰著。如果我們的熱氣球曾經在月亮上著陸，它同樣也會在那裡存在 [242]。

《意大利遊記》中，抵達杜林……

杜林的風俗仍然停留在這種最樸實無華的狀態下。當我途經這裡的時候，這座城市的人們正在準備克羅蒂爾德夫人（Mme Clotilde）的婚禮，她是法蘭西最後的王太子與路易的姐姐所生的女兒，要與皮埃蒙王子結婚，他是在位國王的長子。這些準備在我眼裡顯得很出色。

杜林最好的客棧便是「英格蘭旅店」。它同所有大的客棧一樣喧鬧，可我們在那裡住得很好，服務也很好。

（《意大利遊記》，《薩德全集》，
第 XVI 卷，第 125 頁。）

……在《朱麗葉特的故事》中

「哦！上帝！」我對自己說，「我呼吸著更純淨和更自由的空氣，我終於置身於這片如此吸引人有趣、被好奇之士如此費力追尋的歐洲大地。我終於置身於尼祿家族和麥瑟琳娜家族（Messalines）的國度：跟這些罪惡和荒淫的榜樣一樣，行走在相同的土地上，我

---

242. 《閨房哲學》，《薩德全集》，第 III 卷，第 460 頁。[譯按：約翰 · 庫克（John Cook, 1728-1779）是英國著名航海家。]

或許可以同時效仿阿格里庇娜（Agrippine）私生子的重罪及克勞德（Claude）通姦老婆的淫亂之行！這個念頭讓我不能呼呼大睡荒廢了夜，而我只好在下榻的英格蘭旅店中的一個年輕漂亮女孩的懷抱裡度過了它……這個秀色可餐的尤物，我一到這裡就想方設法引誘，我在她的懷裡嚐到了絕妙的快樂。」

（《朱麗葉特的故事》，《薩德全集》，

第 VIII 卷，第 541 頁。）

列舉的胃口

君士坦提皇帝（empereur Constance）的一條法律將通姦判處跟弒父一樣的刑罰，即活活燒死，或是封在袋中扔進海裡：當被確認有罪時，他甚至不給這些不幸的女人申訴的機會。

一位行省總督曾將一個通姦的女人流放：馬約里安皇帝（empereur Majorien）覺得處罰太輕，將這個女人驅離意大利，並允許誰碰到她都可將她殺死。

古丹麥人將通姦處以死刑，而殺人不過償付一筆簡單的罰金：由此看來他們將通姦看成是更大的罪。

蒙古人用他們的馬刀將通姦的女人劈成兩半。

在東京王國（royaume de Tonkin）[243]，她會被一頭大象踩死……

哦，淫樂和放蕩的女人呀！我是這麼想的，這些例子是否只會更加鼓舞了你們，因為對於罪行是確定的這一點的渴望，對於像你們這樣組織起來的頭腦而言，總是多增添的一種樂趣，聽聽我的課

---

243. 越南城市河內的舊名。——譯者註。

吧，並且好好從中受益；我將在你們淫蕩的眼前揭開整套通姦理論。

（《朱麗葉特的故事》，《薩德全集》，

第 VIII 卷，第 84-85 頁。）

朱麗葉特，哦朱麗葉特！

哦朱麗葉特！你會覺得我相當銳利，是所有枷鎖的敵人；但在這一點上，我會達到連下述那種既天真又荒謬的義務都予以嚴厲拒絕的地步，它囑咐我們*己所不欲勿施於*人。這恰恰跟大自然建議我們的相反，畢竟它唯一的箴言便是*只要我們自己高興，無論犧牲誰都行*。或許，根據這些格言，我們的享樂可能會傷害了他人的幸福：因而它們會為此較不鮮活嗎？因此，那些蠢貨想要強迫我們遵守的所謂自然法則，不過同人類的法律一樣虛幻，而且藉著同時把這兩類法則踩在腳下，我們懂得由衷地相信，它不出於對任何東西的惡（il n'est de mal à rien）。但是我們將會再回到所有這些對象上，我自認為可以在道德方面說服你，正如我認為已經在宗教方面說服了你。現在讓我們將自己的原則付諸實踐吧，並且在向你證明了你什麼都可做而無罪之後，那麼且讓我們犯點罪吧，好讓我們相信，我們可以為所欲為。

被這番話鼓動，我投進女朋友的懷抱；我給予她特別想從對我的教誨中獲得的千千萬萬關照的恩寵。

（《朱麗葉特的故事》，《薩德全集》，

第 VIII 卷，第 60 頁。）

大革命插曲

一個非常強烈、幾乎是傳奇性的形象，將薩德的個人造反與巴黎人民的造反聯繫在一起。1789 年 7 月 2 日，覺察出堡壘內不尋常的緊張氣氛並且剛剛又再一次地被禁止出牢房散步，這個犯人拔下一根管子，將它作為傳聲器，煽動經過的人。他吼叫著，透過牢房鐵窗，聲稱有人割喉殺死犯人……大家費了好一番功夫，才讓他閉上嘴。德 · 勞奈（de Launay）監獄長想利用此次事件將薩德這個麻煩處理掉：「或許現在是時候」，他寫信給部長，「解決這號人物了，任何手段都沒法讓他屈服，任何一位參謀官都沒法佔他一點上風。」在 7 月 3 日的晚上，巴士底獄終於「解決」了薩德。頑固不化的人被送到夏倫敦，在那裡，他的叫聲消弭在瘋人的叫聲中，不大會惹出麻煩。

巴士底獄的攻佔並沒有釋放薩德（7 月 14 日的慶祝不能同薩德的紀念混淆）。薩德直到 1790 年 4 月 2 日才被釋放，那是一個神聖的週五 [244]：「好日子，施善行」，他對此洋洋得意。他五十歲了。他開啟了新的人生。正如莫里斯 · 布朗肖（Maurice Blanchot）所寫：「如此，在這一瞬間，即革命與鐵窗內的哲學（philosophie dans les fers）相遇的時刻，同時進行著這兩個歷史的斷裂，當然它們相當不同，一個開創時代並打開新的歷史，而另一個，歷史總想要在它上頭重新閉

---

244. 神聖的週五（Vendredi saint）指復活節前的週五，耶穌受難日。——譯者注。

合。」[245]

自由的衝擊

如果，對所有從監獄出來的人來說，回歸社會是一種衝擊，那我們便來看看這對薩德意味著什麼吧。他，已經脫離現實十多年，重新發現一個處於劇烈動盪中的世界，並且，恰巧，它的口令是：*自由！*

他的欣喜中混雜著兩種強烈的失落：失去了妻子，又丟了《索多瑪一百二十天》手稿。前者丟下他一人驚慌失措，不過他隱約為這此作了準備，而且是在 1790 年的 8 月，侯爵與瑪麗 - 康斯坦絲 · 凱斯奈（Marie-Constance Quesnet）——一位做過演員並獨自撫養一個小男孩的年輕女人——在一起，同她建立了當年和妻子維持的相同關係，柔情與友情並行、同謀與專橫共存。瑪麗 - 康斯坦絲，這個他喚作「感性」（Sensible）的人，如同熱內 - 佩拉日一樣，將成為他的跑腿和讀者，他在困境中的忠誠伴侶，以及任何時刻的助手……然而，相對來說，薩德無法釋懷於他作品的遺失（「那份我為其遺失泣血的手稿啊！」[246]）。他跑遍巴黎幾個不同的轄

---

245 布朗肖，〈嚴重的舉止不當〉（L'inconvenance majeure），薩德：《法國人……再加把勁》（*Français, encore un effort*）出版前言，巴黎，J.-J. Pauvert 出版，「自由」系列，n°28，1965 年，第 22-23 頁。

246. 在侯爵牢房裡找到並落到維爾諾夫 - 特朗斯（Villeneuve-Trans）家族手中的《索多瑪一百二十天》手稿，在 1900 年左右賣給了一名德國收藏家。1904 年，由柏

區，在巴士底牢房裡尋獲的紙稿和用品散落在這些地方，但徒勞無功。

富有、美麗又受寵愛，朱麗葉特享受聖 - 封部長充分的信任，並且作為寵兒，她可以隨心所欲地處置他人的命運，然而她卻驟然從權力頂端被拋進貧困的泥淖。被威脅要被投入巴士底獄（由於對毒害三分之二的法國人這個想法顯露出一絲輕微的遲疑），她放棄了一切。在某一天破曉時分，她從自己位於聖奧諾雷市郊（Faubourg Saint-Honoré）的公館逃跑了。她獨自一人出發，徒步，同她起步時一樣，身無分文。她僅僅自言自語道：「這是一個要重頭再來的生涯」[247]。讀到這一節，我們不可能不想到薩德自己，不過並非面臨牢獄之災而是離開它，而且出獄之後，既沒錢，甚至連住的地方也沒有。薩德，在舊制度時期被囚，在新的體制下破敗。薩德，竭盡全力投身於作家的生涯中，帶著與所有同時代人一樣的憂慮：載浮載沉，倖存下來。

大革命釋放了薩德；三年以後，它宣判他死刑。在二者間，「前」侯爵（ci-devant Marquis）的存在確實跟一些這期間發生的事件有所關聯，但卻帶著若干落差、相當諷刺的顛倒、真實的眼淚和一種確實的醒悟。

林的精神病專家伊萬・布洛施（Iwan Bloch）首度出版，當時採用歐仁・杜航（Eugène Duehren）的化名。

247. 《薩德全集》，第 VIII 卷，第 528 頁。

我是什麼?

1791 年 12 月,他同時頻繁出入一個保皇黨俱樂部和一個革命派俱樂部。擔任律師的生意人及他的老友高福迪(Gaufridy)問到他的立場,薩德坦誠道:

首先,身為作家,我一時為一個陣營工作,一時又幫另一陣營工作的這種日常必要性,確立了我見解中的變動性(mobilité),使得我的內在思維方式受到影響。要我實實在在地探究它嗎?它確實不支持任何陣營,而是由所有東西組成的複合物。我是反雅各賓派,我恨他們恨得要死;我熱愛國王,但我厭惡舊的弊端;我喜歡憲法中許許多多的條款,而另一些卻讓我憤慨;我希望人們還給貴族階級它的光彩,因為奪走它並沒有成就任何事;我想要國王成為國家的領袖;我絲毫不希望國民議會(assemblée nationale)的存在,可希望有像英格蘭那樣的上下議院(deux chambres)的存在,這樣會賦予國王一種權威,其被一個必然被劃分為兩個社會等級(ordres)的人民所提供的協助(concours)所減輕、所平衡;第三種等級 [教士] 毫無用處,我一點也不希望。這些就是我真誠的聲明。目前,我是什麼?貴族還是民主派?請您告訴我吧,律師,因為在我看來,我完全搞

不清楚 [248]。

　　這項聲明坦誠到何種程度呢？我們可以從中讀出薩德的真實感受，但我們也可以借用喬治·巴塔耶的看法來得出結論：「當然沒什麼可以從中得出（他給一個中產階級寫信，因為他需要通過後者獲得自己的年俸），要不然這類『見解中的變動性』、『我是什麼』……應該已經被『神聖侯爵』（divin Marquis）拿來當作座右銘了。」[249] 這個薩德對自己提出的問題，他在大革命時期所做的公共參與無法給出答案。因為他是作為作家投身於凡登廣場分區（section de la Place Vendôme）的工作中（後於 1792 年 9 月，成為匹克分區 [La section des Piques]，羅伯斯庇爾 [Robespierre] 同屬這一分區）。人們交給他的任務並不包含嚴肅的政治要務：撰寫演說辭和請願書，建立一份關於醫院的報告，為他所在那一區（arrondissement）「具有被禁止、不雅、或無意義名稱」的街道重新命名……薩德，終於找到機會表達自己對古希臘和古羅馬的熱愛，分別為這些街道取名：嘉布遣會修女街（rue

---

248. 1791 年 12 月 5 日信件，見保羅·布爾丹（Paul Bourdin）編：《薩德侯爵未出版書信集》（Correspondance inédite du Marquis de Sade），日內瓦，Slatkine Reprints 出版，1971 年，第 301-302 頁。

249. 喬治·巴塔耶（Georges Bataille）：《文學與惡》（*La Littérature et le mal*），《巴塔耶全集》（*Œuvres complètes*），第 IX 卷，巴黎，Gallimard 出版，1979 年，第 247 頁。

des Capucines）、拱廊街（rue de l'Arcade）、聖 - 拉塞爾街
（rue Saint-Lazare）、特拉東街（rue Tradon）……法國女性公
民街（rue des Citoyennes Françaises），斯巴達克斯街（rue des
Spartacus）、梭倫街（rue de Solon）（闡述用意的註記寫道：「每
一位抬眼並看見這個名字以調整其步伐的公民，會想起這些
名人所抱持的原則同樣也規範著他的行為」）、西塞羅街（rue
de Cicéron）（「偉大的演說家必須在自由的人民那兒受到崇
敬，在他們那裡，雄辯成為公民首要才能之一」）；細節確
實有其價值，因為從一個修訂中，我們得知，「公社曾希望
用蘇格拉底的名字代替西塞羅，國民議會同意了這項變動。」

　　然而，懷有明顯的機會主義意識（相同的意識讓他使用
馬桑伯爵 [comte de Mazan] 的名字，來隱瞞自己的身份！），
侯爵選擇了皇家御用的名字路易（他的父母曾想給他取這個
名字），而與此同時，共和派人士則紛紛重新為自己取名或
叫他們的孩子布魯圖斯（Brutus）、格拉克斯（Gracchus）、
阿格里庫爾（Agricole）、帕布里考拉（Publicola）、珀爾奇
亞（Porcia）、自由、平等……這位「路易・薩德公民」
（citoyen Louis Sade）的寫作——他的「公民產物」（productions
civiques），如他所稱呼的——很受歡迎。大部分都出版了；
包括他寫給路易十六的信：他的〈一位巴黎公民向法蘭西
人國王的請願書〉（Adresse d'un citoyen de Paris au roi des
Français），他後來聲稱，在瓦雷訥（Varennes）逮捕事件之後，

他將之直接扔進載著皇家的四輪馬車裡[250]。1792 年 10 月被任命為控訴陪審員（juré d'accusation）（「我猜你們絕對想不到！……我成為*法官*了，沒錯，*法官*！」[251]）薩德在隔年 9 月成為分區的書記。儒勒・米什萊（Jules Michelet）——他對薩德的仇恨程度唯有同他對大革命的熱情方可媲美——就此事添油加醋地寫道：1793 年 9 月 2 日的一個晚上，薩德悄悄來到他分區的聚會場所，「羅伯斯庇爾的朋友們都離去了，他們成了雅各賓派（Jacobins）。這裡人不多，沒有人會寫字。人們只知道薩德是個曾在舊制度時期蹲過牢的人。他看上去溫和又敏銳，金髮，有點禿頭，頭髮開始花白了。『您願意擔任書記嗎？』—『我願意。』他拿起筆開始記。」[252]

這項「文字書寫的」活動伴隨著公共朗讀（這是薩德一直喜愛的節目）。他給分區的人朗讀自己的〈關於法律制裁方式的想法〉（Idée sur le mode de la sanction des lois）（1792 年 11 月）。最終，在他宣讀〈向馬拉與勒・佩勒梯耶的亡靈說話〉（Discours aux mânes de Marat et de Le Pelletier）的時

---

250. 「瓦雷訥事件」：1791 年 6 月 20-21 日，路易十六協同王后瑪麗・安托奈特從凡爾賽出逃。在到達瓦雷訥時，遭當地市議會逮捕，於 23 日被押解回巴黎。它是波旁王室被送上斷頭台的直接導火線。——譯者註。
251. 寫給高福迪的信，1792 年 10 月 30 日，見保羅・布爾丹編《薩德侯爵未出版書信集》，第 340 頁。
252. 儒勒・米什萊（Jules Michelet）：《法國大革命史》（Histoire de la Révolution française），巴黎，Gallimard 出版，「七星叢書」系列，傑拉爾・瓦爾特（Gérard Walter）編訂、加註，1952 年，第 I 卷，第 847 頁。

候，他迎來了自己演說家事業的最輝煌時刻。這是一段美妙的演說，儘管因為「性別」（sexe）這個詞的出現，尋求意見一致的嘗試差點就陷入啟人疑竇的胡言亂語中。

「羞澀和溫柔的性別啊」，薩德這樣喊道（手肘倚在匹克廣場的雕像基座上）[253]，「究竟妳們細嫩的雙手是如何握住被誘惑磨得鋒利的匕首的？……啊！妳們前來向人民真正的朋友獻花的殷勤，讓我們忘記了罪惡能夠在妳們當中找到幫兇。謀殺馬拉的野蠻刺客——猶如這些人們無法確定其性別的混雜生命（êtres mixtes），因為兩性的絕望而被冥府吐出——根本不屬於任何一方……」

掌聲四起。演講者微笑著。他可以在很多天裡都以這樣的模式繼續著。

薩德，當然，因為被他的「同道們」（frères）認可而洋洋得意；他尤其希望自己愛國主義的迴響得以傳至拉考斯特，並安撫那些威脅要點燃一把火燒掉他城堡的鄉民們。

改變並沒有使薩德害怕。甚至在他那兒，有一種說著新言語、轉入新形式的獨特狂喜。他寫信給拉考斯特憲法俱樂

253. 大革命之後，皮克廣場中央樹立著佩勒梯耶的紀念雕像。——譯者注。

部（club de la Constitution de la Coste）的主席：

> 但是我城堡的雉堞（créneaux）讓您們不愉快！那麼好
> 吧！先生們，您們放心！我在此昭告全社會；我只要求
> 您們，在我首次旅行至您們的省份時，給予我親自為您
> 們獻出它們的榮耀；一隻手拿著憲法，另一隻手拿著槌
> 頭，我希望我們為這次摧毀舉行一場公民慶祝活動。讓
> 我們靜候吧，先生們，並且讓我們尊重私有財產吧[254]。

「勾引女子的人」

薩德以作家的身分、尤其是以戲劇家的身分抓住大革命
的機遇，這是一個為「第三等級」（le tiers état）的人們打
開政治行動場域的時期，不過這也對應一個奇怪的空窗時期
（étrange temps de vacances）、某種社會運行的停滯。

在超過十年的監獄歲月中，曾為他散步的權利抗爭過的
薩德，如今恢復自由，大步走遍了巴黎的街道。白天，他從
一個社團到另一個社團，與很多人碰面，用高談闊論來麻痺
自己，夢想著在他每晚光臨的劇院裡演出他的戲劇。因為如
果說他對政治上的抱負反應冷漠，那麼文學上的野心（尤其
是作為戲劇家獲得認可）則令他熱血沸騰。他有好幾部戲已

---

254. 布爾丹編《薩德侯爵未出版書信集》，第 315 頁。1792 年 4 月 19 日信件。

經創作完成了。主要讓他掛心的，是如何將它們搬上舞台。在歷經多次的拒絕及跟演員間的糾紛後，《勾引女子的人》（Le Suborneur）（其實只是其劇作《技巧聯合會》[l' Union des Arts] 中的一個插曲）被意大利劇院（Théâtre-Italien）接受。薩德等了足足兩年才等到彩排。終於，他的劇作將要開演了……它上演了。

1792 年 3 月 5 日。《勾引女子的人》首演（最初名為《虛假的朋友》[Le Faux Ami]）。

看，我親愛的，如同帶著才智

一門深奧的藝術加入一定的威望，

發明和詆毀的出眾才華，

一個機智的人總會知道如何引誘，

並毫不費力地操縱

在世間所有的蠢貨之上……

一切都順利進行。薩德志得意滿。如此善於說謊的聖 - 法勒（Saint-Fal），竟讓他的作者都相信其在說謊方面的能力。結果一群無套褲漢（sans-culottes）闖進了大廳，跳上舞台。他們戴著弗吉利亞帽（bonnet phrygien）：這同一天也是這種新風尚的首度登場。當然，它使《勾引女子的人》的首度登場相形見絀。

「雅各賓派」，薩德向高福雷迪寫道，「在一個月前搞砸了我在意大利劇院上演的一齣戲，就因為它出自一個前貴族（un ci-devant）之手。他們頭戴紅色羊毛製成的軟帽出現在那兒。這是人們頭一回看到這樣的東西。這個風尚持續了十五天，最後幾天市長便將它取締了。可它拿我做它的第一個受害者。我天生就注定被人迫害。」[255]

蠢貨並不是那麼容易被操縱的，因為他們愚蠢的程度超出了明智之人的想像。在他記憶隱秘處，薩德孤身一人念念不忘《索多瑪一百二十天》故事當中的時間運用，他不知道那種訴求高尚情感的戲劇（comédie des bons sentiments）要推展到何種程度。不論他怎麼做，他創造的角色總被評價為「令人髮指的殘暴」（atrocité révoltane）。

難以克服的矛盾

當他大部分舊相識離開法國，而他的兩個兒子也加入了保皇黨軍隊之後，薩德卻從沒有設想流亡國外的可能性。他接受在大革命施加於他的矛盾處境裡一搏。大革命將他扔進

---

255. 布爾丹編《薩德書信集》，第 313 頁，1792 年 4 月 19 日信件。

了一個世界，控訴他最熱烈依戀的東西：感官享樂的至上權（souveraineté du plaisir）。作為可疑對象，前侯爵必須時刻顯露他巴士底獄犯人的身份。他在演講裡提到，在小說裡以註記的方式提醒：

不必如此驚愕於是否是因為這樣的原則，被我們的作者長期宣揚，才導致他在巴士底獄瑟瑟發抖，大革命將他從那裡解救出來 [256]。

又或者是：

1789 年 7 月 3 日，我還在巴士底獄。我在那裡策反駐防部隊；我在那裡向巴黎市民們揭露這座城堡醞釀著對付他們的暴行。

巴士底獄的監禁，在皇權時期象徵他的恥辱，如今卻成了他的市民證。

可是，如果說他無法太過著墨於自己身為囚徒的過去，那是因為他也必須掩蓋自己被關進巴士底獄的原因。貴族階級的放蕩行徑是被厭惡的。關於這位拉考斯特前老爺「極端

---

256. 《阿麗娜和瓦爾古》，第 541 頁。

荒淫」的謠言令世人震驚。再加上由於《朱斯蒂娜或美德的不幸》（1791）的出版，他隱匿自己的真實姓名並沒有騙過所有人，薩德表現出一犯再犯的樣子。

任何黨派的邊緣人

就歸屬於某個團體或黨派這一點而言，大革命讓薩德面臨深重的社會孤立。他的出生構成了他的身份認同感；然而，它沒有在他身上引起任何特權階級聯盟（alliance de caste）的反應；他甚至表現出對貴族階層歷史性失勢的蔑視。在他眼裡，它注定被大革命打敗，因為它在路易十四統治時期便已經讓位了。通過放棄它封建制的自給自足（autarcie féodale）和尚武傳統（traditions guerrières），以便成為宮廷中的貴族並安於在凡爾賽扮演花瓶的角色，貴族階層就已經自殺了。

> 在封建制度下，法國不過是一個龐大的盜匪窩（repaire de voleurs）：唯有形式在變，結局是一樣的。再也不是不可一世的諸侯（vassaux）在盜取，他們反而變成了被搶劫的對象；還有貴族階層，因為他們喪失了權力，成為了那些制服它的國王們的奴隸[257]。

---

257. 《薩德全集》，第 VIII 卷，第 123 頁。

無意擁護這種失去的利益，但另一方面，薩德跟大革命精神之間僅在一些理念上存在有限甚至矛盾的聯繫，他對人民團結沒什麼感覺。他嘲笑博愛的理念，而平等的理念在他看來則更加虛幻。基於自己的信念，薩德對新體制的大部分口號都不贊同。更糟糕的是：那些讓薩德表態支持大革命的理由（出於他對啟蒙主義的讚賞），隨著一個遂行恐怖統治（Terreur）的政府逐漸迫近，同樣也成為讓他更加可疑的理由。因為，除了他過去生活的醜聞之外，他挑明的無神論和他一樣堅定的反死刑態度都為他帶來麻煩。

　　當薩德將上帝的創造（invention d'un Dieu）看作是人類唯一無法原諒的弱點時，聖－茹斯特用他簡明扼要的風格寫道：「上帝，清白（innocence）與真理的保護者，既然你將我引領到若干惡人之間，這無疑是要讓我揭露他們！⋯⋯」[258] 而羅伯斯庇爾則更加誇大地向為了「至上崇拜節」（fête de l'Être suprême）而聚集起來的「共和派法蘭西人」（Français-Républicains）宣稱道：「法國人民獻給上帝的這個永恆吉祥的日子終於到來了。祂所創作的世界從未向祂獻出如此值得祂矚目的場面。祂看過暴政、犯罪和詐騙統御這片土地；此時，祂看到正同所有的人類壓迫者抗爭的整個國家，停下了它的英雄事業，以便將祂的思想和願望朝向偉大的神祇提

---

258. 聖－茹斯特（Saint-Just）：《作品集》（*Œuvres*），讓・格拉添（Jean Gratien）簡介，Cité universelle 出版，1946 年，第 281 頁。

升，賦予它實現它們的使命，以及貫徹它們的力量。」[259]

　　作為《索多瑪一百二十天》的作者，與其接受斷頭台的血腥恐怖統治，薩德甘冒生命危險。相比之下，那些貞潔的公民們，每天蜂擁至大革命廣場觀看新的頭顱落下，幾個小時之後又因觀看阿索姆（Anseaume）的劇作《兩個獵人和賣牛奶的女人》（*Les Deux Chasseurs et la Laitière*）而萌生同情之心（這部戲在大革命期間獲得巨大的成功）……

　　薩德嚴格地將放蕩之*幻想場景*（在其中，一切都被允許，且殘忍是尋歡作樂至關重要的成分），與其餘世界分隔開來，以及與自傳式的筆調分隔開來（正因如此，他依然是一位神秘作家）。如果窯子（bordel）——妓院（maison close）——對他來說，是他對於放蕩構想方式的起源地的話，那是因為他將它看作在社會內部的一個封閉劇場。正因如此，他的政治立場，頗為溫和且穩健，不可能從他的文學創作中推展出來，後者以特定的方式——並帶著一股性能量（énergie sexuelle）具有的不斷重新開始的力量——立足於*所有感官享樂可能性之進展*及它們的*想像放大*（amplification romanesque）之上。如果不顧及其文學基調上的自由和自

---

259. 國民公會主席馬克西米利安 · 羅伯斯庇爾（Maximilien Robespierre）向為了至上崇拜節（fête de l'Être suprême）而聚集起來的民眾發表演說……牧月 20 日，共和國第二年，巴黎，國家印刷社（頁數暫缺）。[譯按：「至上崇拜」（Culte de l'Être Suprême）是羅伯斯庇爾建立的自然神論，他試圖將其作為法蘭西第一共和國的國教以取代天主教。]

主（對他而言，文學首要遵從的便是「想像是無飽足的（insatiable）」這樣的理念）、不考量他那些鋪陳展示的情色目的論（finalité érotique）及他在理由上的絕對享樂特徵而閱讀薩德，便會導致將他類比為罪犯並如此將他判罪。侯爵所遭受刑罰之重，當然有利於歸結出他的犯罪性——好比一個人，如果已經在各種政權之下招致如此嚴屬的懲罰，那麼他就應該是有罪的一樣（雖然薩德的同時代人將他與吉爾 · 德 · 雷相類比 [260]，然而跟後者的情況不同，薩德的淫樂行徑並不包含任何謀殺）——好比墨水寫就的罪行會流著真的血一樣。

反對死刑

在所有這些法律中，最可怕的無疑是判一個人死刑的法律，而他只不過是屈服於比他自身更強大的念頭（inspirations）而已。沒有檢視人是否真有權利叫自己的同類去死，沒有遣我去讓你們搞清楚，人不可能從上帝那兒、從大自然那兒或是從制定法律，以及在其中人同意犧牲自己一部分自由去保全他人的制憲議會（première assemblée）那兒獲得這一權利；不必深入研究，為了說服你們相信這一法律的不公和殘忍，眾多有智慧的人已經陳述過這些細節，在

---

260. 吉爾 · 德 · 雷男爵（Baron de Gilles de Rais, 1405-1440），曾是聖女貞德的戰友，同時也因崇尚黑魔法、虐待致死大批兒童而聞名，後以異端之名被判處絞刑。——譯者注。

此我們只需檢驗，自遵從於這項法律以來，它在人們身上產生了何種效果。一方面我們計算所有因這法律喪命的無辜受害者，而另一方面我們計算所有被犯罪和惡毒之手所殺害的受害者。接著我們比較死在斷頭台上確實有罪的不幸者人數，和那些因為被判刑罪犯的警示而確實被約束的公民人數。如果我發現惡棍的受害者人數，比死於泰米斯利劍（glaive de Thémis）的無辜者人數多得多，而另一方面，十萬或二十萬的罪犯被公正地犧牲，而我發現有幾百萬的人被約束，那麼這項法律無疑是可以被容忍的；而假如相反地我發現，如同這過多地被證明的情況一樣，即相比於被惡棍謀殺的人數，有多得多的無辜受害者因泰米斯而死，而幾百萬個被公正處死的人，都沒有辦法阻止單單一次犯罪，這個法律不僅無用、過度、危險且礙事，正如剛剛所闡明的，它還是荒謬且令人不滿的，並且就它以身受刑的方式（afflictifvement）懲罰人這一點而言，它只能被看作是某種惡毒（genre de scélératesse），不比另一個更該被允許；習俗、習慣和武力，所有這些理由不比懲治卡爾杜什（Cartouche）的理由來得更合乎情理、更合法、更好。

《阿麗娜和瓦爾古》，第 666-667 頁

　　在她的隨筆《要燒了薩德嗎？》中，西蒙・波娃不僅並未將慾望劇場（théâtre du désir）同日常現實之間的區分看得至關重要，而且認為這是一種無能的標誌：「說真的」，她寫道，「借助商定的報酬，鞭笞一些女孩，只是一件相當小的事情……而在他的『小公館』之外，他完全不想*使用他*

的力量（*faire usage de ses forces*），這倒令人吃驚；我們在他身上窺探不到任何雄心，任何成就一番事業的精神，任何權力意志（volonté de puissance），而我甚至很願意相信他是個懦夫（lâche）。」[261] 對西蒙・波娃來說，人應該始終如一。在這種假定的統一性（unité supposée）之下，一位作者的人格跟他人物們的人格是一致的（「布拉蒙 [Blamont] 跟他妻子的關係大概相當準確地反映著薩德跟侯爵夫人的關係」[262]），墨水和血水不過是同樣的東西：如此一來，西蒙・波娃便能夠將薩德與任何一位社會新聞中的虐待狂混為一談。「如果對他投以一種太輕易的同情的話」，在戰後許多作家和知識分子所共通的一股憤恨不平的情緒中，她寫道，「那就是背叛薩德；因為他要的是我的不幸、我的屈服和我的死亡；而每次我們為被色情狂殺害的孩子聲援時，我們都起身反抗他。」[263]

然而，在馬克思主義的眼光下，他則被賦予了某種政治敏銳度：「視暴君的利益與奴隸的利益為不可調和，他預感到階級鬥爭」[264]，而阿多諾（Adorno）和霍克海默（Horkheimer），同樣援引馬克思的意見，在薩德身上看到

---

261. 西蒙・波娃（Simone de Beauvoir）：《要焚毀薩德嗎？》（*Faut-il brûler Sade ?*），巴黎，Gallimard 出版，Idées 系列，1955 年，第 17 頁。
262. 同上，第 20 頁。
263. 同上，第 79 頁。
264. 同上，〈前言〉。

了一個法西斯主義的先行者，而在他的作品之上看到了一座極權的紀念碑。在《啟蒙辯證法》中標題為「朱麗葉特，或理性與道德」的章節中，阿多諾與霍克海默將康德的定義（據此，「『不受他人指導的知性』是受理性指導的知性」[265]）跟薩德理性的抽象自主和他的非道德至上權（a-moral souveraineté）放在一起看，將薩德視作*啟蒙運動*（*Aufklärung*）的完美邏輯主體（parfait sujet logique）。然而這樣的主體與存在於一個極權制度下「先後以奴隸主、自由企業家、管理者等面貌出現的」[266] 資產階級是同一的。薩德因而是最具代表性的資產階級主體（sujet bourgeois par excellence），以及因此也是最具代表性的法西斯主體。「以前（在 19 世紀），只有窮人和野人被暴露在肆無忌憚的資本主義力量之下。但極權秩序建立了不受約束的算計思維（le penser calculateur），而且堅持純然的科學（science en tant que telle）。它有自己的血腥效能（efficience sanguinaire）作為規範。哲學，從康德的批判到尼采的道德系譜學，都書寫了它；唯有一人在所有細節中實現了它。薩德侯爵的作品呈現了『不受他人指導的知性』，也就是說從整個監管（tutelle）中解放出來的資產階級

---

265. 阿多諾（Théodor W. Adorno），霍克海默（Max Horkheimer）：《啟蒙辯證法》（*Dialectique de la Raison*），由埃蓮・考夫羅茲（Eliane Kaufholz）譯成法語，1974 年，第 91 頁。
266. 同上，第 94 頁。

主體」[267]……

1793 年 9 月 4-5 日，國民公會（Convention）「將恐怖排上日程」。薩德在 1794 年 3 月 8 日被捕。匹克分區遞給國家安全委員會（Comité de Sûreté）的報告在政治控告方面並無定見：「從報告中得出的結論是」，莫里斯·勒維（Maurice Lever）指出，「加在他身上的兩項主要指控為：

一、1791 年，他試圖獲得時任皇家護衛隊隊長的布里薩克伯爵（duc de Brissac）的幫助。

二、這是一個在各方面來看都非常不道德、非常可疑且不容於社會的人，如果我們相信《英國間諜》（*Espion anglais*）第三卷或《前貴族名單》（*Liste des ci-devant nobles*）（杜洛爾 [Dulaure] 編）（第一卷，第 89 頁，n°28）中不利於他的相關註記的話。」[268]

---

267. 同上，第 97 頁。
268. 勒維，《薩德傳》，第 520 頁。

布紐爾論薩德

薩德在他的想像中、並只有在他的想像中實現一切，除了有兩三次例外……。薩德反對由斷頭台執行死刑。同樣，他將會反對納粹的野蠻行徑，而這些人可能會將他槍決。

〈與路易 · 布紐爾對話〉（Conversation avec Luis Buñuel）

Tomas Perez-Turrent 和 Jose de la Colina

《電影筆記》（Cahier du cinéma），1993 年

依據富齊耶 - 丹維爾（Fouquier-Tinville）的起訴書，薩德被判處死刑。但當 7 月 27 日早晨（熱月 9 日），有人到聖 - 拉塞爾監獄（prison de Saint-Lazare）傳喚他、要送他去斷頭台的時候，他卻不見了。這位犯人當時待在皮克皮斯監獄（prison de Picpus）。得益於康斯坦絲 · 凱斯奈的四處奔走求來的政治庇護，薩德及時避開了最後一輛馬車 [269]。

薩德用如下文字描述他在皮克皮斯的停留：

一處人間天堂；美麗的房子，優美的花園，上層社會，令人愉快的女人們，突然間，就在我們的窗下，有人明目張膽地設置行刑場，在我們美麗的花園中央設置了被

---

269. 正如他在遺囑的第一項意見中所指出的那樣，侯爵對她始終懷有感激之情，因為「她不僅用細膩和無私見證了她的情感，甚至還用上最勇敢的能量，因為在恐怖時期，她將我從實實在在懸在我頭上的革命大鐮刀底下救走。」

砍頭者的墳地。我們知道，我親愛的朋友，三十五天內，有一千八百人被埋，其中三分之一來自我們這不幸的房子[270]。

一群自由人民——受到一股對公眾利益（Bien public）的無私之愛指引——的革命展望，在薩德看來，只是年代久遠不可考的權力鬥爭當中的一個階段罷了。一個復仇的時刻，直到權力關係被翻轉……：

> 大革命所要求的平等只不過是弱者對強者的報復：它是過去所發生的事情，但以相反的方向發生；但這個反動是公平的（juste），每一方都應該有它的機會。一切仍在變化著，因為在大自然當中沒有什麼是穩定的，而且由人所領導的政府應該同他們一樣是變動的（mobiles）[271]。

---

270. 布爾丹編，《薩德侯爵未出版書信集》，第 360-361 頁。
271. 《薩德全集》，第 VIII 卷，第 123 頁。

前貴族的罪惡

在本世紀重新犯下貴族階層的罪惡、以及封建制度的恐怖的人當中，還必須提到夏侯洛伯爵（comte de Charollois），他是隨心所欲的殺手；奧爾內伯爵（comte d'Hornes），因搶劫而成為殺人犯；前馮薩克公爵，如今是黎希留公爵，他是縱火者和強姦犯，連享樂都極其卑鄙及殘忍。

陰暗不已，人們早該通過明正典刑痛斥他。

他有權有勢，法律便不理睬他的罪行。

詩人吉勒貝爾（Gilbert）談到這最後一位，吟詠著這些重罪（forfaits）之一。在所有這些住在城堡裡、坐著馬車、穿著紅高跟、佩戴紅綬帶或藍綬帶的惡棍中，必須加上薩德侯爵，他可惡的重罪可能超越了他那個時代所有貴族犯的一切重罪。

薩德侯爵遇見一個向他乞討的年輕貧窮寡婦；他向她許諾一份在他阿爾克伊（Arcueil）的家中做工的差事。那是受難周（semaine sainte）的最後幾天。他向這個女人提出無恥的要求；眼見自己的提議不被接受，他採取了暴力手段：他扒光這個不幸女人的衣服，將她捆綁在一張桌子上，用一把刮刀或一把小折刀，在她的四肢上割出傷口，接著他在這些傷口處淋上融化了的西班牙蠟，而當他的受害者感到更強烈的痛苦，他的快樂便更大。

這個惡棍，在滿足了自己非人的殘暴之後，留下奄奄一息的女

人，並且自己在他的花園裡挖坑好埋了她；但這個不幸的女人使出了全身的力氣，赤裸且渾身是血，從一扇窗子成功脫逃。好心的人士對她施以援手，將她從這個發了狂的老虎巢穴中解救出來。

還要補充的是，就在這暴行發生的前一天，薩德侯爵在他朋友的一個貴族老爺那裡用晚膳，他一派平靜又極開心的樣子。這個惡魔根本沒有死在斷頭台上；他在這些跟宮廷有淵源的可恥老爺當中找到了有力的庇護，令我們古老又唯利是圖的司法的那隻能屈能伸的手臂卸下了武裝；他得到了赦免信，上面寫著他為一個當時還無人知曉的恐怖行動自首。為了將他從斷頭台前救出，人們將他監禁在皮埃爾-恩西斯（Pierre-Encise），在那裡他的妻子，即審計法庭庭長（président de la chambre des comptes）蒙特勒伊先生的女兒，同他的姻妹一起前來拜訪他。我們確信就在這座監獄，他試圖強暴這位親戚。從監獄出來之後，他去到君士坦丁堡；回到法國後他在馬賽居住，而這座城市依舊是另一類殘暴上演的地點……

節選自國民公會議員雅克-安東萬 ‧ 杜勞爾（Jacques-Antoine
Dulaure）的檄文：

《前公爵、侯爵、伯爵……等名錄集》

（ *Collection de la liste des ci-devant ducs, marquis, comtes, barons, etc.* ），

巴黎，前貴族印刷社（l'imprimerie des ci-devant nobles），

自由後的第二年 [1790]

　　薩德對政治（la politique）不做幻想，它「教導欺騙他的同類，同時避免自己被騙，這門學問自謊言（fausseté）和野

心中誕生，政治家（homme d'État）將它當作美德，社會人將它當作責任，而誠實的人將它當作惡習……」[272] 我們從中聽到馬基維利（Machiavel）的聲音——薩德少數引用的作者之一——以及在一個新紀元中對所有誠信（foi）的否定。

「飛利浦．羅傑寫道，「一切看來都好像大革命打動不了『薩德思想』。如果說它強化了他心中法律是濫用的信念，那麼它並未對他的論述帶來任何修改。……他看待大革命的冷淡眼光同他投向舊制度的眼光沒有絲毫不同。」[273] 薩德既在肉體上捲入大革命（到了差點丟掉性命的程度），又在精神上保持距離。這一「脫節」（hiatus）——隨即被理論化為其基本立場（fondateur）——只以註腳的方式注入他的小說中。而當他考慮使用一段與大革命有關的插曲時，它便取材於恐怖政治時期。他沒有在這永恆的「卑鄙史」（Histoire de l'Infamie）中讓任何東西褪色，他知曉能夠從中無止盡地汲取：

> 以下是阿拉斯（Arras）國民公會議員約瑟夫．勒奔（Joseph Le Bon）的罪行。德萊姆夫人（Mme de

---

272. 《阿麗娜和瓦爾古》，第 591 頁。

273. 飛利浦．羅傑（Philippe Roger）：〈法國大革命當前的薩德〉（Sade devant la Révolution），出自《法國大革命當前的作家，1780 年－1800 年》（*L'Écrivain devant la Révolution, 1780-1800*），由讓．斯卡爾（Jean Sgard）主編，Université Stendhal de Grenoble 出版，1990 年，第 149 頁。

Thélème）前來向他懇求將她丈夫從名單上刪去。勒奔愛上了她。一個侍女在整個詭計中扮演著穿針引線的角色；她告發夫人的丈夫和女兒要流亡。勒奔在其中看到兩個供他享樂的對象，先毀了母親，再把女兒搞來，姦污了她們兩個，讓丈夫和妻子上了斷頭台，並讓他們的女兒成為他正式的情婦。舊有的很多細節可以放到裡頭，但毫無猥褻，恐怖全都被轉嫁到人物的恐怖上，十分現實，並且一點都不像您的虛構。此外，純粹且規矩地加以書寫，並且在讓人厭惡這個時代罪惡的唯一目標下[274]。

關於法律批准方式的想法（1792 年 11 月）

公民們，

所有問題中最重要的問題出現了，而諸位看來花費了很長的時間回答它，不過這並不奇怪；……至上權（souveraineté）是*統一的*、*不可分的*、*不可轉讓的*，您們通過分攤而摧毀了它，通過移轉而失去了它。

那些被你們找來在你們的榮譽下制定一部新憲法的開明人士，因此除了向你們呈報想法之外，毫無其他任何權利；拒絕或接受這

274. 薩德：《個人備忘錄》（*Cahiers personnels*），出於《薩德全集》，第 XV 卷，第 34 頁。這則中篇小說名為《德萊姆夫人》（*Madame de Thélème*），應該是小說集《法國薄伽丘》（*Le Boccace français*）的一部分。

些想法完全取決於你們；你們的代理人（mandataires）的權力，簡而言之，就好像被照熱的玻璃所反射的陽光；你們就是我比作太陽的光束；你們的議員是滾燙的玻璃，他們所擁有的只是從你們手中收到的，他們唯有用你們傳遞給他們的亮光來照亮大地。人民，沒有他們，你們依然諸事皆能，沒有你們，光憑他們則什麼都幹不了。人們想像不到，將這些基本理念建立起來是多麼重要；貴族階級（aristocratie）並沒有如人們所想的那麼遙遠，它的煙霧依然充滿在未久之前還被其搞得晦暗不明的大氣中：其實，我們也可以說，雖然不會是同一批人在他們的烏煙瘴氣中自甘墮落，他們還是會毒害那些吸入者，而你們所戴上的自由之帽（bonnet de liberté）——跟你們雙槳戰船上苦役犯的帽子是一樣的顏色——或許不久之後也將隱藏相同的鎖鏈。

哦，我的同胞們，但願一種必要的不信任（méfiance nécessaire）因此永遠不會離你們而去，請不斷思考這些保有這種自由的方式，後者只能通過大量鮮血獲得，一瞬便可被奪走。那些驕傲的塔奎尼人（Tarquins）摧毀者可曾想到他們有一天會在凱撒的腳下卑躬屈膝？而誰又會相信在同一座城市裡同時孕育了布魯圖斯（Brutus）和梅塞納斯（Mécène）呢？……

匹克區全會（Assemblée Générale des Piques），在兩次聽取了《關於法律批准方式的想法》後，一致裁定將其印發並寄送至其他四十七個分區，連帶邀請它們盡可能迅速地針對一個如此重要議題表達其意見。

寫於全會，1792 年 11 月 2 日，法蘭西共和國元年。

主席吉阿爾（Guiard），秘書泰爾諾瓦（Ternois）

罪惡之友會

這些便是女社長向我提出的問題；我將答案附在下面：

—您是否保證永遠活在最無度的放蕩中？

—我發誓。

—所有淫亂的行為，甚至最可憎的，在您看來都是簡單且自然的？

—在我眼裡，對它們都一視同仁。

—您是否會為了滿足您的性嗜好中哪怕最微不足道的慾望而幹下所有這些行為呢？

—是的，所有。

……

—您結婚了？

—沒有。

—您是處女？

—不是。

—您被從屁眼操過嗎？

—經常。

—被從嘴巴操過嗎？

—經常。

—被鞭笞過嗎？

—有時。

—您叫什麼名字？

—朱麗葉特。

—您幾歲？

—18 歲。

……

—男人或女人，您最喜歡哪一個？

—我很喜歡給我手淫的女人，極其喜歡操我的男人。

（這樣的天真引發所有人開懷大笑。）

—您喜歡鞭笞嗎？

—我喜歡鞭笞別人也喜歡被別人鞭笞。

—可以為一個女人所帶來的兩種滿足中您更喜歡哪一個：通過陰戶操的滿足，或是通過雞姦的滿足？

—我有時錯失了操我陰戶的男人，可從未錯失那操我屁眼的男人。

（我發現這個答案同樣令大家十分高興。）

—您如何看待嘴的享樂？

—我愛極了它們……

（《朱麗葉特的故事》，《薩德全集》，

第 VIII 章，第 411-413 頁。）

薩德與抨擊刊物的世界：從《閨房哲學》到《巴伐利亞的伊莎貝拉》

簡而言之，我敢確定亂倫應該成為
所有以博愛為基石的政府的法律。

《閨房哲學》

審查的廢除

不過有一項革命所宣揚的原則薩德倒是完全贊成的，那
就是出版自由（於 1789 年 8 月宣示）。「與我的前任很不同，
我准許所有放蕩或不道德的著作出版」[275]，薩德讓他的筆下
人物聖 - 封如此說道。審查的廢除造成新聞報業非比尋常的
蓬勃以及大量情色出版物的出現。版畫和諷刺短文（libelles）
不斷湧現。標題都頗為動人：《酒後好興致的奧地利女人，
或皇家狂歡。一齣格言式歌劇。一名侍衛創作，在出版自由
後發行…》（1789）（L'Autrichienne en goguette ou l'Orgie royale.
Opera proverbe.）；《多姆 · 布格賀在三級會議，或查爾特
勒修院守門人的抱怨。Foutropolis 撰》（1789）（Dom Bougre
aux Etats-generaux, ou doléances du portier des Chartreux）；《 波
[利內] 公爵夫人（la Duchesse de P[olignac]）的閨房及最奇
異的場景報告：由此一淫亂學會的一名成員出版》（1790）
（Boudoir de madame la Duchesse de P[olignac], et rapport des scènes
les plus curieuses: publiées par un membre de cette accadémie de lu-

---

275. 薩德：《茱麗葉特的故事》，《薩德全集》，第 VIII 卷，第 308 頁。

bricité.）；《在國民議會裡的索多瑪地獄 ...》（1790）（*Les Enfers de Sodome à l'assemblée nationale*）；《舊制度時期巴黎一地所有因嫖妓現行犯被查獲的教士名錄》（1790）（*Liste de tous les prêtres trouvés en flagrant délit chez les filles publiques de Paris sous l'Ancien régime*）；《前公爵、侯爵、伯爵、子爵……等名錄集》（1790）（*Collection de la liste des ci-devant ducs, marquis, comtes, barons, etc.*）；《供決定投身這項職業的賣淫女孩及年輕小姐們使用的入門書，由德瓦涅小姐撰》（1791）（*Catéchisme libertin à l'usage des filles de joie et des jeunes demoiselles qui se décident à embrasser cette profession, par Mlle Théroigne*）；《由享樂批准的感官法令，羅馬發行，聖父印刷社出版》（1793）（*Décrets de sens sanctionnés par la Volupté. A Rome de l'Imprimerie du Saint Père*）……

諷刺短文，儘管價格不菲，依然在巴黎和外省到處散播。藉著在他的《閨房哲學》（*La philosophie dans le boudoir*）（1795）內塞進了抨擊刊物[276]〈法國人，如果你們想成為共和主義者，再加把勁！〉（*Français, encore un effort si vous voulez être républicains*），薩德為一種書寫類型在市場上的自由出現提供了鮮明的參照，這類型的文字在舊制度時期只能在地下傳播。既作為貴族階層墮落的證據而被引述的「前貴

---

276. pamphlet 為簡短的文字作品，具諷刺性，通常帶政治色彩，以激烈語氣捍衛主張，或嘲笑、批評、誹謗某些人與事，本書譯為「抨擊刊物」。——譯者注。

族」，同時又作為出版物的作者，他本身就屬於這一出版業的急劇增長現象。

「當初在所多瑪（Sodome）和蛾摩拉（Gomorrhe）[277]，可不會有人去讀如今人們印刷、還在平等宮殿（Palais-Égalité）[大革命時期皇家宮殿（Palais-Royal）的名字] 公開售賣的書。」梅爾西耶（L.S. Mercier）悲嘆道，「《朱斯蒂娜或美德的不幸》就陳列在書架上。即使您將一枝鵝毛筆放進人類的敵人撒旦或是惡靈的爪子裡，都不會搞得更糟。還有其他二十幾個出版物——它們確實沒那麼可惡，因為我提到的那本書獲得了卑鄙和邪惡的最高榮譽——也在這兒，如此得以將一些年輕人心中因本能而尚存的道德給腐蝕殆盡。」[278]

出版自由將那些當初在「大衣底下」流通、及在書店的店鋪後間（arrière-boutique）或通過私人訂購非法傳播的東西暴露在陽光下。這些作品——其中某些已經預告出版——被急切期盼，令公眾為之騷動，首先因為它們當初是被禁止的，其次也因為，藉著將歷史人物搬上了舞台，他們聲稱揭露他們不為人知的齷齪事兒，並且以這樣的方式拿讀者的窺視慾（voyeurisme）作文章。多多少少帶有暴力和淫穢的色彩

---

277. 聖經中提到的兩座城市。——譯者注。
278. 路易·塞巴斯蒂安·梅爾西耶（L.-S. Mercier）：《新巴黎》（*Le Nouveau Paris*），巴黎，Chez Fuchs, Ch. Pougens et Ch. Fr. Cramer 出版，1798 年，第 III 卷，第 114 頁。

（例如，《用於曼特農夫人史與上個世紀史的回憶》[*Mémoires pour servir à l'histoire de Madame de Maintenon et à celle du Siècle passé*, 1756]，相較於她的生活習慣，更著重於她的野心勃勃、她的「榮耀之愛」[279]，而《杜巴利伯爵夫人軼事》[*Anecdotes sur Madame la Comtesse Du Barri*（sic）, 1776][280]，或《十分尊貴的親王老爺、夏爾特爾公爵的私人生活或贊歌》[*Vie Privée ou Apologie de Très-Sérénissime Prince Monseigneur le Duc de Chartres*, 1784] 則著重描繪「主人公」們的性放蕩），這些作品之間有著某種共同觀點，即惡是社會真正的驅動力。這種地下文學，通過它的暴力、它的重複性力量（force répétitive），以及一種傾向於將性當成所有決定的唯一動機的極權邏輯（logique totalitaire），必然引起薩德的興趣。它的影響體現在朱麗葉特的意大利之行中，對作者來說，這是根據「私人生活」（Vie privée）模式描繪一系列人物私密肖像（portraits intimes）的機會。朱麗葉特跟她所駐足的不同城市中的各類領袖會面，在過程中她展露出真誠、蠻橫無理甚至傲慢，將每個談話者丟回一種純粹厚顏無恥的真實（une verité purement cynique）之中。如此，在杜林她有機會與薩爾丁國王（rois de Sardaigne）會談，在佛羅倫斯跟「大公、法蘭西王后兄弟、暴虐王子、如同他整個家族既驕傲又薄情、下流

---

279. 曼特農夫人是路易十四的第二任妻子。——譯者注。
280. 杜巴利伯爵夫人是路易十五的情婦。——譯者注。

又放縱的」[281] 列奧波德（Léopold）會面，在羅馬同教皇會晤，在那不勒斯跟費爾迪南（Ferdinand）和瑪麗 - 卡羅林（Marie-Caroline）相見。那些北方宮廷是透過強盜波爾尚（Borchamp）的諸多故事來加以描繪的，它呈現出一幅對於俄羅斯的凱瑟琳（Catherine de Russie）極為出色的肖像描繪。在這些 18 世紀末頭戴王冠的人物的肖像畫裡，薩德並沒有脫離諷刺短文所宣揚的看法。對於政治層面的說明漠不關心，在每次新的王室人物出現的時候，他都重複著一系列邪惡行徑，它們是其尊貴身分的特權（apanage de sa grandeur）。他謹守著個人誹謗的語調，其中主要的幾個項目每次都一樣，是有效性（efficacité）的保證：藉由它們的化繁為簡（simplisme）和固定不變（fixité），也因為宮廷生活的描繪是一種個人間的遊戲，在其中思想的對立或體系的分歧無足輕重。

除了人物方面的描繪之外，抨擊刊物的世界與薩德的世界的相近性，還觸及某些感官享樂的組織元素（élément d'organisation du plaisir），其 屬 於 遊 戲 的 氣 氛（note ludique）。如果我們將名為《愛國妓院，在王后與德瓦涅的保護之下》（*Bordel patriotique, sous les auspices de la Reine et de Théroigne*, 1791 年出版）的革命戲劇中所描繪的機構，與在

---

281. 《薩德全集》，第 IX 卷，第 20-21 頁。

《朱麗葉特的故事》（1797年出版）裡的「犯罪之友社」的地位相比較（當我們想到在大革命期間所建立的許多會社，並且尤其是由羅伯斯庇爾主持的「自由與博愛之友社」[Société des amis de la Liberté et de l'Égalité] 時，滑稽模仿的意圖是不容置疑的），這兩個場所皆被設定成以一種徹底的性自由（totale liberté sexuelle）為目的：

兩性所有的性嗜好，所有的性胃口都可以在這裡被充分滿足；男人可以在這裡和男人玩樂，女人也可以同女人一起[282]。

而「犯罪之友社」則制定如下規矩：

它所認識的唯一的神就是享樂；它向後者奉獻了一切；它接納所有可想像到的感官享樂，它覺得所有令它愉悅的都是好的；所有滿足的事都被允許在它內部進行；沒有一個它不極力奉承，沒有一個它不建議或者不保護[283]。

兩套規章都同時針對入會的價格規定了一種精確的等級

---

282. 《愛國妓院》（*Bordel patriotique...*），1791年，第12頁。
283. 《茱麗葉特的故事》，《薩德全集》，第 VIII 卷，第 402 頁。

制，以及針對藝術家的特殊條款。在「愛國妓院」，人們被告知：

> 作家與文學人士將會受到特別的、懷有感激的和免費的款待；他們將會率先上桌和上床[284]。

而「犯罪之友社」則規定：

> 二十個藝術家或文學家將以一年一千里弗爾（livres）的低廉價格入會。會社作為藝術的保護者，樂意授予他們這項敬重；它惱於其能力不允許以此低廉價位接納遠遠更多它始終如此尊崇的人士[285]。

「愛國妓院」非常注重裝飾：

> 享樂將由鳥兒們悅耳的歌聲宣告；枝葉形成的天幕（dais de feuillage）將遮住祭司們（sacrificateurs），並讓他們的宣洩和他們的感官享樂看上去神秘莫測[286]。

---

284. 《愛國妓院》，第 14 頁。對於這樣的慷慨，規則中僅有一項例外。它明確指出（第 14 頁）：「嚴厲禁止這個平庸的拙劣文人，這個無知的蹩腳作家，這個發育不全的馬拉，在這個享樂又風雅的會社中出現。」
285. 《茱麗葉特的故事》，《薩德全集》，第 VIII 卷，第 403 頁。
286. 《愛國妓院》，第 22 頁。

薩德拓展了這個想法。朱麗葉特講述道：

悅耳的音樂響起：有人告訴我這是晚宴開始的通知。我與所有的人一道步入奢華的宴會廳。作為裝飾，一片樹林被一望無盡的矮樹叢隔開，樹叢下是十二人座的餐桌。花環飾帶（guirlandes de fleurs）吊掛在樹木的垂花飾（festons des arbres）之下，數不盡的燈光，採用與另一個房間的燈光同樣技藝的方式擺設，散發出最溫和的光亮[287]。

不管是在細節還是在整體的幻想中，薩德都與抨擊刊物相契合，因為它們都要勾勒出──跟有權有勢者所享有的絕對無罪豁免（pleine impunité）相輝映的──一種在罪惡方面的深入。那些被諷刺短文譴責的「戴王冠的惡棍」和朱麗葉特行走在一條鋪滿鮮花的道路上。「對一位王后來說，生命的道路難道不該鋪滿著各式各樣的享樂，並撒滿各式各樣的鮮花嗎？如果它們是用人民的血淚澆灌的，呃！這對女王的至樂來說無關緊要，她在他們身上所看到的，只是一群為了滿足她的各種細微享樂而被丟棄在這個世界上的卑賤奴

---

287. 《茱麗葉特的故事》，《薩德全集》，第 VIII 卷，第 423 頁。

隸」[288]，瑪麗 - 安托奈特（Marie-Antoinette）如此表示。而戴爾貝娜夫人用以下幾句話勉勵朱麗葉特：「所有會圍繞在你周遭的人，在你看來，都是命中注定為你內心的邪惡獻身的受害者；不再有牽制，也不再有鎖鍊，一切都將迅捷地消失在你慾望的火焰之下，不會再有聲音從你的靈魂中升起激怒這些慾望的衝動，不會再有任何成見特別針對它們，一切都將被智慧瓦解，而你將循著一條鋪滿鮮花的道路不經意地抵達邪惡最終的無度。」[289]

而至上權的夢想（rêve de souveraineté）被諾瓦塞耶這樣表達：

如果我是掌權者（souverain），朱麗葉特，我最大的感官享樂將會是讓我被那些在此刻屠殺所有我看不順眼東西的劊子手所追趕，…… 我將踩在屍體上行走，而我將心滿意足；我便在流到我的腳下的大片血泊中射精[290]。

這個夢，恰恰*被實現了*，我們將其賜予那些為革命群眾而生，並且被他們鍛造的血腥暴君們。

---

288. 《杜巴利夫人下地獄》（*La Descente de la Du Barry aux Enfers...*），1793年，第6頁。
289. 《茱麗葉特的故事》，《薩德全集》，第 VIII 卷，第 29 頁。
290. 同上，第 VIII 卷，第 180-181 頁。

薩德與抨擊刊物的道德：〈法國人……再加把勁〉

不過，在這種相似性中存在一些限制，而沒有任何一個文本能夠比《閨房哲學》更加清楚地表現出這些限制，確切來說，它甚至在文本核心插入了一篇抨擊刊物的閱讀。

在評價《閨房哲學》時，吉爾伯特‧勒雷（Gilbert Lely）認為抨擊刊物〈法國人，如果你們想成為共和主義者，再加把勁！〉的插入是一種品味的缺失和某種建構方面的錯誤：

「不管〈法國人，如果你們想成為共和主義者的話，再加把勁！〉的主要價值是什麼（包含在對話中的某些觀念帶著社會學思考，使這些觀點帶有額外的力道），然而也不得不說，這個有著相當篇幅的片段以武斷的方式插入一個以卓絕方式構建的整體中，多少危害了《閨房哲學》的和諧。它有可能起初是被安排要單獨出版的，不過薩德相信應當將之納入自己的作品中，以便令這部其故事及風俗散發過多舊制度氣息的作品煥然一新。」[291]

在我看來，恰恰相反，遠非「危害」作品的「和諧」，被插入的、對革命時期抨擊刊物的閱讀，與薩德的計劃是同體的（consubstantielle）。而這點並不僅僅對《閨房哲學》成立（在其中薩德有意明確表現出自己對大革命初期蔚為風潮

---

291. 吉爾伯特‧勒雷（Gilbert Lely）：《閨房哲學》前言，巴黎，UGE 出版，「10/18」系列，1972 年，第 10 頁。

的抨擊刊物的興趣），而且對他所有的小說也成立，在其中，薩德用一種更間接但無可否認的方式，顯現出他長期以來跟「私人生活」、秘密回憶錄和諷刺短文這類地下文學的親近。

〈法國人，如果你們想成為共和主義者的話，再加把勁！〉，因其戲仿（pastiche）的樂趣和主導它的幽默意圖，可以被看作一篇名副其實的諷刺短文。但是，通過其脈絡和所鋪陳的思想，它又與後者完全區分。

《閨房哲學》這件對話式作品是關於年輕的歐仁妮·德·密斯梯瓦爾（Eugénie de Mistival）「受教」的故事。正是藉著回答她的問題「我想要知道道德（mœurs）在一個政府中是否真的必要……」[292]，她的一位教導者多勒蒙塞（Dolmancé）拿出了一本抨擊刊物，對此他特別提到，是當天早上在平等宮買的，——大概是在成堆的《朱斯蒂娜或美德的不幸》中找到的！……這次閱讀被告知的方式跟《朱麗葉特的故事》裡一套申論被告知的方式一樣（例如：「我對諾瓦塞耶說，這個需要詳述。」[293]）。依循著讓狂歡與申論輪替的節奏，這個閱讀出現在一場淫樂之後。它對應一場墮落勾當的理論階段，而且只有在一種享樂方面的菁英學習上具有教育意義。這就是為什麼，在閱讀過程中，有人遣退了園丁。在回到實踐上時，人們才又將他叫回來：

---

292. 《薩德全集》，第 III 卷，第 477 頁。
293. 同上，第 VIII 卷，第 167 頁。

該死的！我勃起了！……把奧古斯丁叫回來，勞駕。

（鈴響了；他進來）。 他可不得了，因為從我開始說話
的時候，這個漂亮男孩的美妙屁股就一直盤踞在我的腦
海中 [294] ！

不僅通過它的語境（contexte），但也通過它明顯帶有
淫穢色彩的內容和標的，此一抨擊刊物偏離了任何嚴肅的政
治。薩德在此爽快地跟共和國的道德改革原則背道而馳，並
且尤其是這種母性崇拜（culte de la maternité），作為盧梭思
想（rousseauisme）的遺產，被革命意識形態崇敬，卻是薩德
的整部作品努力嘲諷的。薩德將「母親要求女兒讀這本書」
這句話放在《閨房哲學》的題詞中，以諷刺的方式重提了「母
親禁止女兒讀這本書」，正是由這後一句話，開啟了抨擊刊
物《路易十六的妻子瑪麗 - 安托奈特的子宮狂熱》（*Fureurs
utérines de Marie-Antoinette, femme de Louis XVI, Au manège. Et dans
tous les bordels de Paris,* 1791）[295] 的故事。這個諷刺是殘酷的，
如果我們想到這齣戲的結局，想到歐仁妮加諸在她母親身上

---

294. 同上，第 III 卷，第 530 頁。
295. 在薩德跟革命時期抨擊刊物在題銘方面的相同對照中，他放在《巴伐利亞的伊
莎貝拉》第三部分開頭的伏爾泰詩句「……因此是一些滔天重罪 / 願眾神的怒
火永不饒恕」已經被用作抨擊刊物《王后與她的男女寵臣告別》（*Les Adieux de
la Reine à ses mignons et mignonnes,* 1793）的題銘了。

的酷刑（這種酷刑是從女紅中得到的靈感，它的作法是，將花柳病注入密斯梯瓦爾夫人 [Mme de Mistival] 身上，再將她的性器官縫起來）：

> 歐仁妮，十分激切：「…… 我看不見了，我會縫得歪歪斜斜的……不要動，您看我的針腳都偏到哪兒去了……都到大腿、到乳頭上去了……啊！該死！真爽！……」
> 密斯梯瓦爾夫人：「你要我撕裂了，惡棍！……我是多麼羞愧生了你！」
> 歐仁妮：「少來了，省省吧，媽咪！這不就結束了。」[296]

　　母性並不是唯一被嘲笑的價值。一切價值都被嘲笑。而薩德的賭注是想要以共和價值自身的名義去反駁它們。大革命還不徹底。藉著匿名抨擊刊物作者的聲音，薩德給它上了嚴厲的一課。國家所有的價值觀都崩塌了，要麼被消滅要麼顯得自相矛盾。平等為偷盜正名，博愛滋生亂倫，而誹謗、褻瀆、賣淫、通姦、強姦、雞姦、謀殺……等等，所有這些共和政府認為需要禁止的「無聊事」（fadaises），都屬於這種它固有的無止盡自由運動的一部分。

---

296. 《薩德全集》，第 III 卷，第 546-547 頁。

再加把勁，既然你們致力於摧毀所有偏見，假如只要一個偏見就會讓所有偏見重新回來，那就不要讓任何偏見繼續存在[297]。

戴爾貝娜同樣囑咐朱麗葉特：

但單單一次的抗拒，我跟你再說一遍，只要單單一次就會讓你失去最近所有傾覆下獲得的成果；如果你不是已然認識一切，那麼你將什麼都不認識[298]。

由多勒蒙塞閱讀的抨擊刊物，與貫穿薩德所有著作的對於放蕩所作的連續不斷的勸勉其實是一回事，這樣的勸勉在所傳遞的信息上是不變的，同時在形式上則是多樣的。這個文本所針對的是一個國家，它不是不夠共和，而是不夠放蕩。透過一種暗中設計好的逐步滑移，原本以一個革新國家的原則來衡量薩德思想的計劃翻轉了：正是這個共和主義的法國——這個革命派想要給世界上的一堂自由之課——在薩德體系的衡量下，彷彿一個蒼白的草樣（pâle ébauche）……

大革命這一事件被認為意味著罪惡史的止步，對此，薩德不僅不認可，他還在這個事件中看到一種跟暴力間增添的

---

297. 同上，第 483 頁。
298. 《薩德全集》，第 VIII 卷，第 29 頁。

親和性（affinité supplémentaire）：「難道不是借助謀殺，法國如今才自由嗎？」[299]

　　薩德與抨擊刊物的作者們都大量運用歷史提供的犯罪案例，但他們的目的相反。這種範例性（exemplarité）——其化為一串又一串由殘忍王后及血腥暴君所構成的精彩名單——對於大革命時期的諷刺短文作者來說，意味著過去的恥辱標誌。對薩德來說，它其實就是歷史本身的內涵，無論是在最古老的過去，還是在當下及近或遠的未來。

巴伐利亞的伊莎貝拉，或惡作為唯一的政治綱要

　　薩德的最後一本著作是《法國王后巴伐利亞的伊莎貝拉秘史》（*Histoire secrète d'Isabelle de Bavière, reine de France*）。似乎在他的小說裡獻給罪惡的國王和王后數不清的鋪陳還不夠，而且這個主題——當他在意大利旅行時就已經令他著迷：「這個皇帝的個性是」，他如此描繪卡拉卡拉（Caracalla），「他要通過其罪惡和宏偉超越宇宙」[300]——還需要一整本書的篇幅來處理。

　　透過選擇王后巴伐利亞的伊莎貝拉作為女主人公，薩德重新拾起處理了一個經常被當成範例引用的人物。他將查理六世的妻子「伊莎貝拉」當成極度女性化和極度邪惡的典型

---

299. 同上，第 III 卷，第 516 頁。
300. 《意大利遊記》，《薩德全集》，第 XVI 卷，第 264 頁。

來加以描寫。「藉著以此種方式將名字女性化（féminiser）」，讓 - 克勞德・伯奈寫道，「他鮮明地表現出一個女性人物是她歷史功業的標誌和後盾。捨棄了偉大人物、國王、戰士和先賢祠的慣常男性面孔，女人在此代表著野蠻的強度（intensités sauvages）。」[301]

　　這最後一部作品，在繼續呈現他的虛構世界的情況下，同樣也非常接近於對歷史的一種抨擊刊物式的觀點。他對伊莎貝拉的構想方式跟出現在路易絲・羅貝爾的《法國王后們的罪行：從君主政體開始到瑪麗 - 安托奈特包含在內》（*Les Crimes des Reines de France depuis le commencement de la monarchie jusques y compris Marie-Antoinette*）中的伊莎貝（Isabeau）沒有什麼區別[302]。在精神上，薩德只擴大了這位革命派作家和記者的主導性思想，即一個「由那些復仇女神（lcs furies）撫養長大，意在從國家的頹圮上耗損它，並將它賣給敵人」[303] 的王后──一個被賦予「蹂躪法國的絕對權力」[304] 的王后。某些段落給人的印象甚至就是對路易絲・羅伯爾抨擊刊物的簡

---

301. 讓 - 克勞德・伯奈（Jean-Claude Bonnet）：〈薩德作為歷史學家〉（Sade historien），見《薩德：書寫危機》（*Sade, écrire la crise*），第 143 頁。

302. 由路易・普魯東（L. Prudhomme）出版，於巴黎，於巴黎革命辦公室（Le bureau des Révolutions de Paris），1791 年，460 頁。作者為路易絲・羅貝爾（Louise Robert）（克拉里奧小姐 [Mlle de Keralio]）。

303. 路易絲・羅貝爾，《法國王后們的罪行》（*Les Crimes des Reines de France*），第 138 頁。

304. 同上，第 152 頁。

單剽竊。

依循一種抨擊刊物的慣用手法，其給予它們在指控方面的措辭更重的份量，薩德暫停他的第三人稱敘事，彷彿親口（de vive voix），向伊莎貝拉說道：

機巧的人啊，因為你知曉利用一個國家的衰弱，它的最大錯誤便是讓你待在王位上，或者毋寧說允許你登上王位 [305]！

從抨擊刊物的措辭當中，他也採納了在列舉罪名時那種厭煩的腔調：

哦，太出名的女人，在這方面為什麼你不會偶爾藉由一些美德來表現呢？關於它們的描繪至少會緩和作家的苦差事，即在為你勾勒真實的面貌時，唯有暴行可供描繪 [306]。

為了在抨擊刊物這一脈絡中追溯得更深，也為了回顧一部薩德十分熟悉的著作，就必須提到公元 6 世紀的歷史學家普羅科匹厄斯（Procope de Césarée）所撰寫的關於查士丁

---

305. 《薩德全集》，第 XV 卷，第 365 頁。
306. 同上，第 466 頁。

尼（Justinien）和狄奧多拉（Théodora）統治方面令人驚嘆的
《秘史》（*Histoire secrète*）。在這幅對於掌權夫婦的描繪裡，
推動歷史的唯一真實動力，即「隱秘原因」，是查士丁尼和
狄奧多拉兩人殘暴的邪惡。他們二人對於掠奪沒有飽足的一
日，而對於國家的摧殘則是帝國經濟唯一的主導原則。查士
丁尼，普羅科匹厄斯寫道，比瘟疫還要致命。他對征服的渴
望只不過是將他的殘暴傳播得更遠的需要：

> 對於瘟疫……即使它傾瀉到整個大地，人們或許還可以
> 逃過……然而對於這個男人，沒有任何一個羅馬人有機
> 會逃過：好比災難從天而降到所有人類身上，沒有一個
> 人可以完全倖免[307]。

查士丁尼的統治可以達到一場災難的廣度，因為這不是
一人之功，還有狄奧多拉這個注定下地獄的靈魂能夠支持並
鼓動他。在這一結合裡，狄奧多拉秘密地主宰著。皇后既迷
人又不道德。她在馬戲團裡出生，擁有一種改也改不掉的出
賣肉體傾向。不久以後，成為了帝國王后，她將國家事務「隨
自己的任性，變成了笑話，就好像她當初在舞台或劇場上的

---

307. 普羅科匹厄斯（Procope）：《秘史》（*Histoire secrete*），由皮埃爾 · 馬拉瓦爾
（Pierre Maraval）翻譯並批注，阿蘭 · 納德（Alain Nadeau）作序，巴黎，Les
Belles Lettres 出版，1990 年，第 51 頁。

那樣。」[308]

　　狄奧多拉，這個將惡樹立為原則的美麗女主角，並沒有被大革命修辭遺忘。她同樣出現在薩德論述所列舉的邪惡典型中。她的存在——描繪了關於一位邪惡王后敢於從事的一切——預示了接下來所有「惡毒女暴君」（infernales tyrannes）（路易絲・羅貝爾語）的存在。

　　閱讀完《法國王后巴伐利亞的伊莎貝拉秘史》之後，可以相信，這位女王不必嫉妒狄奧多拉。為了建構她的罪惡行徑，即形成一個連續不斷的情節，薩德需要擯棄他之前的歷史學家們。他所服膺的（也是伊莎貝拉所體現的）惡的理想（idéal du mal）得上最高的科學權威。仗著它的名義，薩德毫不客氣。這些「極無知的歷史學家」、這些「素養差勁的輯錄者」（他將他們同他曾經剽竊的遊記作家們看得一樣糟糕！）的盲目，據他看來，在於忽略了一篇重要文件：一個名叫布瓦 - 布爾東（Bois-Bourdon）的審問報告，他是王后的情人和同謀者，在盤問下，什麼都招認了。可惜啊！這份文件被「18 世紀的汪達爾人 [即革命者] 愚蠢的野蠻行徑」[309] 摧毀了。這都不重要了，因為薩德已經看過了。許多頁末的註腳都引領我們去參照——作為形式——「其訴訟案卷第 1

---

308. 同上，第 87 頁。
309. 《巴伐利亞的伊莎貝拉》，序言（薩德補充：「為了理解本書，閱讀它十分重要」），《薩德全集》，第 XV 卷，第 253 頁。

捆，第 18 頁」，或「第 10 捆，第 9 頁」……

　　薩德聲稱，如果沒有在這份史料中獲得肯定……或是不合邏輯的內容，便沒什麼好說的。這就是歷史學家的第二個重大瑕疵：他們的不合邏輯。薩德要求的邏輯努力凸顯出一條「看來是真的線索」（fil de vraisemblance），據之，他能夠將查理六世統治時期的所有事件，當成是伊莎貝拉所犯的罪行或是所煽動的罪行，全都連貫起來。正是她「陰險的手」操縱陰謀詭計並引導法國走向覆滅。抨擊刊物歸咎於奧地利的瑪麗-安托奈特的所有邪惡都體現在巴伐利亞的伊莎貝拉身上。薩德暗示她們的相近性。伊莎貝拉，傲慢、淫蕩、貪婪、墮落，是一位有德行的國王的妻子。查理六世一心期盼的是他臣民的福祉，但他沒有能力使其成為現實。他的統治被一場革命威脅。國王的智慧（召開三級會議，明智選擇部長大臣們，接受改革）既沒能阻止內戰，又無法平息民眾暴力，這些暴亂因為監獄裡的大屠殺達到最高點，關於這些的敘述使得薩德能夠間接地印證他關於九月大屠殺的見聞。

　　伊莎貝拉隨心所欲坑弄她丈夫的軟弱。根據自己的需要，她藉著藥物的控制，讓他忽而瘋癲忽而清醒。打從她一進宮並成為了她小叔（奧爾良公爵）的情人以來[310]，王

---

310. 他占據了在諷刺短文文學中跟瑪麗-安托奈特相關聯的阿爾托公爵（le comte d'Artois）的位置。關於諷刺短文與瑪麗-安托奈特的關係，可參見琳恩‧亨特（Lynn Hunt）的《情色主義與身體政治》（*Eroticism and the Body Politic*），巴爾的摩，約翰斯‧霍普金斯大學出版社，以及本人專著，《一代妖后，潑糞刊物

后因他好幾次懷孕。如果說她最終背叛了他，那是由於一個更糟糕的惡棍的緣故，著名的「無畏的約翰」（Jean sans Peur）[311]。伊莎貝拉與約翰公爵達成了「這一可怕的約定，它由復仇女神制訂，並由暴烈的地獄前來具體執行。」

伊莎貝拉，「這個無法滿足的女人」，將宮廷貴婦們拉入賣淫行當。殘忍、嗜血，將巴黎投浸在血海裡，在國家各地煽動不和，對她來說這些還不夠，她還要殺了她的兩個兒子，最後，下令燒死聖女貞德。

伊莎貝拉王后為所欲為。薩德，也一樣。帶著強烈的激情一以貫之的觀念，為了證明一個大膽的假設，他可以主張：「如果她應該會說，那麼伊莎貝拉就是說了，而如果她說了，剩下的就水到渠成，剩下的都獲得證明了。」[312]

造就這個文本之美的——在其中，薩德毫不猶豫且固執地將伊莎貝拉描繪成所有罪惡的*唯一原因*——是抨擊刊物觀點的修辭法跟薩德獨有的一些特徵間達成的微妙平衡。伊莎貝拉的出場達到了同朱麗葉特、克拉維爾或是歐仁妮的肖像一樣的高度：

帶著她這個年紀尋常可見的優雅與魅力，伊莎貝拉的容

裡的瑪麗-安托奈特》（*La Reine scélérate, Marie-Antoinette dans les pamphlets*），巴黎，Seuil 出版，1989 年。
311. 《薩德全集》，第 XV 卷，第 354 頁。
312. 同上，第 434 頁。

貌中卻存有一種在上十六歲少見的驕傲。相比於年輕人天真眼神中如此溫柔和如此動人的多愁善感，在她特別大特別黑的眼睛裡，透露出更多的自豪。她的身材顯得高挑而柔軟，她的姿態鮮明、步伐果決，她的嗓門有點冷酷，她的話語簡短。個性相當高不可攀，無一絲溫柔的人性，這是那些美麗靈魂的固有特性，藉著拉近臣民們跟王權的距離，在命運讓他們生於其中的這種痛苦距離上，給予他們撫慰[313]。

在這一幅外貌與精神兼具的肖像中（其優雅顯露出薩德對其人物懷有一種帶著愛慕的同情），對伊莎貝拉口才的評語將她與他小說中的「偉大浪蕩子們」聯繫起來，同時也將她與大革命中的某些領袖的演說才幹相聯繫。伊莎貝拉擁有「蠱惑與鼓舞人心的技藝」：

一些類似的演講由一位既美麗又驕傲的女性所發表，帶著伊莎貝拉所有行為都具有的這種熱情、這種激烈被宣

---

313. 同上，第 272 頁。這幅伊莎貝拉的肖像讓人想起抨擊刊物《王后與傑出人物書信集》（*Correspondance de la Reine avec d'illustres personnages*, 1790）中瑪麗 - 安托奈特的肖像：「生來便具備一種感官享樂上不可抗拒的誘惑力；太過驕傲，而不能不睥睨一切；她的慾望是她的法則。」（第 12 頁）接下來還有：「自豪多於多愁善感，享樂多於溫柔，她想要品嘗所有感官享樂，並擁有所有恩寵。」（第 26 頁）

讀出來，會毫不費力地引誘軟弱、上鉤的男人，並會在這些變質的靈魂上產生火山熔岩的效果，點燃它們所碰到的一切 [314]。

激烈的場景並不排除深思熟慮的殘忍，而在強加的酷刑中也會出現凝視性的暫停。約翰公爵謀殺奧爾良公爵是一種野蠻行徑（不難猜出伊莎貝拉伸到其中的手！），不過它也包含了留給謀殺者的時間，來慢慢品味他所安排的死亡表演：

握著一根火把，如同為了讓他的受害者激起最後的一些恐慌，他便將這根灼熱的火炬放在他的眼皮底下 [315]。

通過伊莎貝拉的魅力，通過殘暴細節的內在化（intériorisation）和他的享樂筆調，薩德區別於作為報復者的抨擊刊物作者。他運用抨擊刊物的論說武器——誇張、再三重複（ressassement）、偏執狂的邏輯（logique monomaniaque）——以便將它們納入一種他宣告了其至上權的罪惡的煉金術（alchimie du mal）。在《巴伐利亞的伊莎貝拉》中，薩德說要尋找一個「極端的真理」（vérité extrême），一種他大膽地界定為「幾何學的」真理。這樣

---

314. 《薩德全集》，第 XV 卷，第 387 頁。
315. 同上，第 357 頁。

的說法可能看起來毫無根據，或是挑釁的——如果我們考慮到，相對於客觀真理，薩德的放肆。然而它以最靠近的方式，接近於一種將文學等同於那些它有能力把握到的負面強度（intensités négatives）的文學觀念——為了冒險之美（beauté du risque）和邏輯的嚴謹（rigueur de la logique），為了計劃的純粹殘暴（pure monstruosité）。

　　《巴伐利亞的伊莎貝拉》中所展現出的暴力要特別歸功於諷刺短文，其多揭發王后們的罪行。然而以此素材為基礎，薩德將受害人訴求式的觀點提升到了浪蕩子的觀點。「惡，簡而言之，總會越來越強大」[316]，薩德為了總結伊莎貝拉所施行的政治而寫道。正是這樣一條上升曲線，在其輝煌燦爛的抽象性上，被《法國王后巴伐利亞的伊莎貝拉秘史》實現，並且，在近一個半世紀以後，由安東尼・阿爾托（Antonin Artaud）在他的《埃洛迦巴羅斯或加冕的無政府主義者》（Héliogabale ou l'Anarchiste couronné）中延續。探索一幅類似於殘酷劇場（théâtre de la cruauté）——其作用與一場鼠疫流行病相類似——的世界場景，阿爾托如此描繪埃洛迦巴羅斯皇帝抵達羅馬：「他的出場好比一支舞蹈、好比一個美妙落下的舞步，儘管埃洛迦巴羅斯絕不是一個舞者。一陣沉默，緊接著火焰升起，狂歡，一場冷酷的狂歡重新開始。埃洛迦

316. 同上，第392頁。

巴羅斯收集慘叫，指揮著生殖和燒灼的強烈慾望，死亡的炙熱，無用的儀式。」[317]

朱麗葉特／朱斯蒂娜，巴伐利亞的伊莎貝拉／聖女貞德：
在虛構中，如同在歷史中，罪惡昌盛著，美德則是不幸的⋯⋯

　　最後，錢財在一切終結時出場：有人買下了這個可憐女孩的命；不是要用這筆錢救她，而是要揮霍錢財弄死她；而貞德（Jeanne），周圍只剩下敵人，不久便如他們渴望的那樣落在他們手裡卑微地死去了。而這一殘暴的場景與我們無關，我們無需再讓讀者費神在相關細節上：描繪它發生的種種原因，將它們與我們要寫的故事的女主人公關聯起來，對我們來說就夠了；我們僅限於這樣一個相當殘酷的思索，那就是，由於一些我們不清楚並且大概應該尊重的原因，上帝的意志讓罪貫滿盈、心狠手辣的伊莎貝拉在年老時安詳地死去，卻讓一個在她那個時代最有智慧、最勇敢、最令人驚嘆的人在花樣年紀隕落在斷頭台上。

（《巴伐利亞的伊莎貝拉》，《薩德全集》，

第 XV 卷，第 481 頁。）

伊莎貝拉惡毒的手

　　儘管烈日當頭，查理仍將自己包裹得嚴嚴實實；蒼白、憂愁、

---

317. 安東尼・阿爾托（Antonin Artaud）：《埃洛迦巴羅斯或加冕的無政府主義者》（*Héliogabale ou l'Anarchiste couronné*），巴黎，Gallimard 出版，L'Imaginaire 系列，1979 年，第 111 頁。

胡思亂想，他就這樣穿越森林，遠離那批為了避免造成他任何不便而保持距離的隨從。

突然一個穿黑衣的幽靈從兩棵樹中間騰空而來，抓住君王所騎乘馬匹的轡繩：

─「國王」，他用陰森森的音調同他說道，「不要騎馬向前，回去吧，因為你被出賣了。」

這個人物形貌恐怖；別有居心與裝神弄鬼的醜陋混合扭曲了他的面部肌肉，令他顯得可怕。

查理顫抖著……一些武裝的人衝向前來，拍打這可怕傢伙的手，迫使他從馬的韁繩上鬆手；可是人們不阻止他……人們不阻止他！這樣的失職暗示了什麼想法啊！人們甚至不問他，他是誰；似乎他只不過做了他必須做的，而他的任務已完成，人們應該放他一馬。

甫從森林裡出來，拿著國王長槍（lance）的年輕侍從一不小心讓它砸在他同伴的頭上。從這一聲響中，查理認為他弄清了幽靈剛剛跟他說的話是怎麼一回事；他大喊自己被叛徒包圍，把劍放在手上，狂怒地撲向所有圍在他身邊的……

看診的醫生們將一切都歸結為國土方才顯露出的疲倦，此時他已處在一種嚴重虛弱和精疲力竭的狀態中。親王們則將此歸咎於巫術，而人們看不到，或者是人們不願意看到，這隻挑起可怕事端的惡毒的手與不久前操控科里森（Clisson）刺殺陰謀的正是同一隻。

（《巴伐利亞的伊莎貝拉》，《薩德全集》，

第 XV 卷，第 303-304 頁。）

瘋癲

靈魂難道不是在所有人類疾病中變質了嗎？而如果沒有跟身體間緊密聯繫的話，它怎麼會這樣呢？……對精神能力（facultés morales）發動攻擊的瘋癲（folie）之所以能夠對它們造成麻煩，就是因為它們是肉體的；它之所以能夠使它們紊亂，就是因為所有攻擊精神的東西必然侵害身體，反之亦然，而瘋癲只是一種同時攻擊靈魂和身體的疾病，因此它會被染上，如同它會被治癒，或者更準確地說，它能被染上，既然它能被治癒。

（《巴伐利亞的伊莎貝拉》，《薩德全集》，

第 XV 卷，第 293 頁。）

精心佈局：對戲劇的熱愛

薩德對戲劇的熱愛是全心全意的、始終如一的。它陪伴他度過所有人生階段而且能夠根據環境屈從於特定時期的條件。這是他的人格所具有的特徵之一，也是跟他的貴族出身分不開的一個特點。入學於一所耶穌會（Jésuites）中學，其實是一個年輕貴族在教育上的必經階段。而戲劇是耶穌會教學的一個重要部分。爾後，他們的學生會將之作為消遣的媒介繼續實踐這項才能，無論是在鄉下或在巴黎，在朋友之間，在他們為了其它享樂而租用的豪華花園宅邸（les Folies）裡……大革命之下，在恐怖統治年代的監獄裡，某些死刑犯運用戲劇抽離效果（dédoublement théâtral）、還有它蘊含的種種距離和幽默可能，以面對走上斷頭台的前景：

　　「在房間裡，他們上演著革命法庭（Tribunal révolutionnaire）的戲碼。角色按照大家的興趣和表演天分來分配……訴訟過程一律會以處決死刑犯作為結局，他們被綁在床上，平躺著，脖子在一片板子下。第二幕發生在地獄裡。戲班中最靈巧的人裹著床單，假扮幽靈，而一位名叫杜科爾諾（Ducorneau）的年輕波爾多律師則扮演魔鬼，從雙腳處抓住『被斷頭者』，這一切都讓大家禁不住發笑。」[318]

　　正是從一個劇場人的觀點，帶著一個專業者的眼光，薩德才在考慮撰寫《回憶錄》和思索自己在監獄中度過的漫長

---

318. 奧利維・布朗（Olivier Blanc）：《最後一封信》（*La Dernière Lettre*），巴黎，Robert Laffont 出版，1984 年，第 83 頁。

人生時寫道：「在我的《回憶錄》中放一句話：*我人生的中*
場休息太長了。」

煙火

　　由耶穌會所推出、而年輕人們會籌備一整年的演出節
目，在大部分的時候，上演的都是修辭學老師的原創劇本。
它們採用了華麗的布景和機關。而路易大帝中學 —— 薩德於
1750 年至 1754 年間在那裡求學 —— 尤其在這種目標遠高於
業餘愛好層次的戲劇實踐方面享有盛譽。這一點，我們可以
藉由在這裡上演的劇目標題和描述上看出來；例如，這則在
1754 年 8 月上演的芭蕾舞劇 [薩德在學校的最後一年]：《巴
納斯山的演出》（*Les Spectacles du Parnasse*），它的主題是：
「受阿波羅之邀聚集在巴那斯山，眾神贊成班都斯山之神
（dieu de Pinde）所制訂的計劃，即讓祂的學生們遠離所有損
害他們純真的演出。朱庇特於是命人宣告一場公共慶典，以
匯聚所有最能吸引巴納斯山上年輕居民注目的演出，也就是
說，優雅的演出（spectacles gracieux）、驚人的演出（spectacles
frappants）、高貴的演出（spectacles nobles）和喜劇的演出（les
spectacles comiques）。」[319] 在一場盛大的饗宴上，狩獵、葡

---

319. 寫給信使（le Mercure）的信，摘自恩斯特・博伊斯（Ernest Boysse）的《耶穌
　　會戲劇》（*Théâtre des Jésuites*, Paris, Henri Vaton, Libraire-Éditeur, 1880）。它曾在《薩
　　德侯爵的大小戲劇》（*Petits et Grands Théâtres du Marquis de Sade*, , Paris Art Center,
　　1989）中被引用（第 37-38 頁）。需要注意的是，薩德的《技巧聯合會或愛情

萄豐收、競賽（jeux）以及田野搏鬥（luttes champêtres）、走繩索雜技等場景一一上場。第一部分以煙火結束：「這是一種特殊的煙火，其作法由知名的傳教士安卡維爾神父（Père d'Incarville）在未久前寄自北京的一份論文中提到……它的輪轉煙火（soleils）比我們歐洲的更耀眼；它們的光芒輻射更廣，顏色也更漂亮。當人們呈現出樹木形狀的煙火時，它們產生了一種獨特的效果。人們可以在上頭清楚地看見樹枝、樹葉和花朵。墜落的星火像火球一樣，人們看著它們在地上像果子一樣滾動。如此美妙、在中國煙火中卻稀鬆平常的效果，讓煙火製造專家們決定在劇場背景處架起有三個跟布景高度、寬度一樣的大拱孔（arcades），再於上面裝上煙火。只要一點燃，人 便會驚異地看見火樹拔地而起，轉瞬間升至布幕並形成三個美妙的植物穹頂（berceaux）。」[320]

薩德在兒童時期，並非通過閱讀文本、關注對話文字從而發現戲劇的，而是在裝飾的光采、光影的遊戲、變形的驚奇、仙境般特效的喜悅中發現的。在戲劇中，他首先喜愛神奇的無所不能（toute-puissance du merveilleux），這門藝術通過物質手段造就了這方面的奇跡。正是通過煙火令人驚嘆的效果、舞台上人群走動的和諧、芭蕾舞和歌唱的優雅，薩德

的詭計》（*L'Union des arts ou Les ruses de l'amour*），作者將它定義為「章回式戲劇」（comédie épisodique），由多個劇目構成，其連續表演所需的時間在五個小時以上。它在結構上與《巴納斯山的演出》非常接近。

320. 《薩德侯爵的大小戲劇》，第 38 頁。

培養了對於戲劇幻景的嗜好。一種對於盛大饗宴和大型演出的品味跟一種對於想像騙術（tromperie imaginative）和熟稔詭計（subterfuge réussi）的嗜好相結合。

《巴納斯山的演出》的最後一部分呈現了奧古斯都（Auguste）的勝利，以及柏修斯（Persée）和芙里尼（Phrinée）間的爭吵。它被獻給軍事操練。人們可以從中欣賞到一場軍事要地的攻佔，由舞蹈老師所安排。演員們是那些將來注定要在王國軍隊中擔任領導職位的兒童和青少年。他們穿上了他們不久之後將要在戰場上穿著的相同制服，只是裝飾程度稍微高一點。

十四歲的時候，薩德離開路易大帝中學。他進入了騎士預備學院，隸屬於國王衛隊的輕騎軍團。兩年之後，他參加了七年戰爭。正是在這段軍旅生涯期間——其隨著戰爭的終結而結束——他寫了一封優美的信，是要致歉，因為他為了慶祝法國勝利而以有些過分的方式、在不尊重他人安寧的情況下燃放煙火。他如此在末尾寫道：

先生們，如果形勢令我在這裡再待一段時間，因為我預料自己找樂子的機會可能會變得更多，先生們，我會選擇一處離城市更遠的場地，並且避開所有危險，好在那

裡燃放我的煙火 [321]。

在《索多瑪一百二十天》裡，薩德任憑自己自由發揮著想像的創造力。在第三級別或犯罪的一百五十種性嗜好裡頭，有這樣的煙火裝置：「他往他的屁眼裡塞進一束煙火，火花重新落在他的屁股上，讓屁股在燒炙下變硬。」[322]

社交劇場

只要閱讀薩德書寫的所有作品，就可以清楚地看出，他基本上是個喜愛作戲劇的人──是個喜歡戲劇活動所有面向並且全部參與的人。他的劇作家作品不過是對表演所具有的這種無限熱愛的一種形式。在他年輕的時候，這一愛好令他與上流社會習慣（habitudes mondaines）聯繫起來。薩德，剛與熱內 - 佩拉日成婚，便為在艾莎弗爾（Echauffour）城堡或在艾維（Évry）城堡中舉辦的家族慶典，創作了賀詞和韻腳詩 [323]。他甚至在艾維城堡開始了一種社交劇場（théâtre de société）。大家在戲中唱了一些歌曲，其中有一首是由薩德創作的嬉遊曲（divertissement），當中一段輪到蒙特勒伊夫人吟唱：「宴席結束前 / 永遠要牢記 / 沒有哪個好宴席 / 是沒

---

321. 1759 年 4 月 22 日信件，寄給「克萊夫攝政老爺們」（Messieurs de la régence de Clèves），引自勒維：《薩德傳》，第 92 頁。

322. 《索多瑪一百二十天》，第 334 頁。

323. 韻腳詩（bouts-rimés）:17-18 世紀貴族沙龍裡流行的即興詩遊戲。──譯者注。

有明天的」。這些根據場合創作的作品有助於我們想像侯爵人生中那些闊綽又平和的時期。它們表現的，並不是一個越軌的人物，那個在文森堡和巴士底監獄裡頑固不化的人，而是某個在同伴中自得其樂、讓鄉間生活悠哉的空檔變得生動有趣的人。不久之後，薩德同他的妻子回憶他在社交中施展的才華，還有他樂意將它們分享給眾人的慷慨：

> 那就給我寄來剩下的那些劇本吧。這真是個差勁的笑話：當我還有飽滿有力的胸和肺時，這些如今這麼醜陋地不承認我的胸和肺的人們清楚地曉得，為了愉悅他們，我曾經用它們給他們朗誦，況且，不是我自吹自擂，當時在他們了不起的社交圈子裡可沒有多少人像我這樣能為他們朗誦戲劇呢 [324]。

當然，這些在諾曼底或普羅旺斯城堡花園裡的嬉遊曲已經不復存在了。但對於我們來說，鄉村繼續透過薩德賦予其劇作中侍從們的可愛名字而存在著。他們叫：拉弗拉爾、德尚、杜波瓦、弗拉芒、傑斯明，還有拉皮諾 [325] —— 他是《亨利葉特與聖 - 克萊兒或血的力量》（*Henriette et Saint-Clair ou*

---

324. 《薩德全集》，第 XII 卷，第 258 頁（1780 年 12 月 14 日）。
325. 這些名字及意思依次是：Lafleur 花、Deschamps 田野、Dubois 灌木叢、Flamand 弗拉芒、Jasmin 茉莉花、Lapineau 兔子。——譯者注。

La force du sang）裡的一名獵場看守人。熟悉薩德小說的讀者會在聖 - 法勒（Saint-Fal）、聖 - 法爾（Saint-Fard）、聖 - 封（Saint-Fonds）、封弗萊德（Fonfrède）、封羅斯（Fonrose）……等這些侯爵或是伯爵的名字上或是出人意料地在給一個年輕小伙子所取的莉莉（Lili）這個名字上感受到一種變體（variantes）的或詞的性、數、格變化（déclinaisons）的趣味。這一場景發生在《技巧聯合會：阿瑟莉絲》（*L'Union des Arts: Azélis*）：

> *阿瑟莉絲，她一碰老虎，它瞬間變形成一個十五歲的年*
> *輕人*
> 牠就要變了……哦！老天，是個人！
> 教我怎麼給他取個名字。
> 他很年輕又很漂亮。
>
> *阿蒂爾德，端詳著他*
> 因他年齡的緣故，我們叫他莉莉 [326]。

「沒有哪個好宴席是沒有明天的」，庭長夫人當時還真說對了。她很快便會哀嘆，當她看到薩德是以怎樣誇張

---

326. 薩德：《薩德戲劇集》（*Théâtre*），第 II 卷，第 205 頁。

的方式在 1765 年的夏天 —— 當他與一個自稱波娃桑（la Beauvoisin）的知名高級妓女在拉考斯特短住時 —— 毫無限制地投身於他在戲劇方面的愛好。他很快便表現出不得體、欠申飭的情況，因為他所造成的龐大開支（拉考斯特劇場的修繕所費不貲），也因為他的作風，1771 年，在一次居留期間（這次是家庭式的），薩德毫無顧忌地，帶累他的妻子以及他的小姨子勞奈修女（chanoinesse de Launay），跟一些職業男演員搞曖昧。他組織了一個小型的巡迴劇團，這激起了鄰里及家族的非議。「當人們在其社交圈裡頭跟著同好一起投入其中，這些本身特別簡單的演出，客氣一點地說，是一樁十分滑稽可笑的事，當有人毫無節制地沉湎其中，並且結合一些人（其職業就是娛樂像薩德先生這一類和這種地位的人，在這筆交易對他們雙方皆合宜的情況下，但如此並不是為了能夠在公眾眼裡顯得旗鼓相當），從而變成一個演出，演給全省的人看（他們因此不以為然）的時候」，蒙特勒伊夫人在 1772 年 5 月 29 日的信中寫道 [327]。庭長夫人起初看作討人喜歡的社交特性，不久之後在她眼裡顯得像是一種「凌駕一切的嗜好，如果不說它是（一種）瘋狂的話」[328]。她感覺自己被戲耍了。

在薩德對社會成規漠不關心、不滿足將戲劇僅僅當成一

---

327. 同上，第 III 卷，第 358 頁。
328. 同上。

種消遣的態度中，有著一種逐步增強的性質（escalade）。在其色情放蕩方面，他的表現也是一致的。在戲劇嗜好中，如同在性的嗜好裡，他走得太遠。「本身特別簡單的東西」並不讓他感興趣。在他恢復自由的那幾年裡，透過醜聞的「加重」而前進是他的法則，在他的書寫中，它也成為敘事的法則。薩德搞亂了約定俗成的嬉遊曲常規。然而，以某種方式，他也從未脫離社交劇場的理念。戲劇構成了他藉此在同代人中維持活躍的必要紐帶。

在獄中，藉著緊追戲劇界動態（他甚至叫人寄來新表演廳的設計圖），正如藉著自己寫作劇本，他從未遠離他的時代。此外，在文森堡還有巴士底的時候，他還舉辦朗讀會，他邀請自己能從社交圈中聚集起來的一切加入（正如這張在巴士底獄寫的便條所呈現出來的：「出於莫大的好意，人們非常希望在明天來訪時聽聽另一天提到的那部博韋（Beauvais）的悲劇。杜・普杰（Du Puget）長官 [329] 會拒絕到場給出他的看法嗎？它對作者來說將十分珍貴，但提出要求是惹人煩厭的，我們知道……」）。當他在 1790 年被釋放的時候，革命時期的巴黎對他而言首先意味著跟劇場導演接洽、與演員討論，以及在動蕩的時代下讓自己的戲劇上演的

---

329. 杜・普杰（Du Puget）於 1785 年任命為巴士底監獄的國王上尉（lieutenant de roi），權力僅次於典獄長。

執拗意志 [330]。最終，在極度貧困中，在凡爾賽，他找到的唯一可以從事的職業仍然與戲劇相關。1798 年，薩德曾經在市立劇院裡做了幾週的提詞人（souffleur）。

對演員的頌揚：《阿麗娜和瓦爾古》的一個插曲

　　薩德對戲劇的熱愛延展到對於演員的好感，甚至對他們的尊重，這種態度在他的時代是罕見的。在小說《阿麗娜和瓦爾古》中，雷奧諾兒與聖維爾為了重逢而走遍全世界。正如朱斯蒂娜與朱麗葉特，雷奧諾兒到處只遇見卑鄙。唯有兩次例外：一伙強盜和一個戲班子。與第一伙人一起，她學習跳舞。與第二批人一起，她則學習演員的職業。她的美貌、她的優雅、她一舉一動的風采讓她很適合於此。但由於演員的壞名聲（在當時被逐出教會、被禁止基督教葬禮），她害怕從事這份職業。她的對話者貝薩克先生（M. de Bersac）——在戲裡飾演尊貴父親的角色——勸慰她。

　　演員們組成了一個自成一格的社會，但它也因而得以自我保護。演員，就像強盜，在不歸於普通法律管轄的情況下，也避開了法外之徒的孤立。劇場不僅是鍛鍊才華的學校，也是培養情感的學校。

---

330. 只有《奧克斯提埃恩伯爵或放蕩的危險》（*Le Comte Oxtiern ou Les dangers du libertinage*）一齣戲於 1791 年在巴黎莫里哀戲劇院（le théâtre de Molière）上演。我們已經知道《勾引女子的人》上演的第一天發生了什麼。

很少有人知道我們在這些擁有此一才華的人身上發現了多少待人之道（procédés）和細膩啊。呃！這些基於職業而必須在他們一半的人生中都如此行事的人，怎麼會不正直和敏感呢 [331]！

與盧梭相左，因為他在戲劇中看到的是一所謊言學校和一處腐敗之淵藪，與狄德羅不同，因為他在《關於戲劇演員的悖論》（*Paradoxe sur le Comédien*）裡將真實情感（émotion vraie）跟表演情感（émotion représentée）區分開來，並主張一種內在間離（distanciation intérieure）的工作對於真正的演員才華而言是必不可少的條件，薩德——而這或許是他某些行為中具有完全像謎一般和含糊不清特徵的原因之一——將表演情感作為真實情感的源頭，將戲劇性（théâtralité）作為一種真實性（vérité）的源頭，而這真實性跟偶然、當下、自我暗示（autosuggestion）、或是跟人為了他一人而自我演繹的舞台相聯繫……

最後，這份職業的最後一個吸引力，且並非無足輕重的，那就是戲劇帶來榮耀：

---

331. 《阿麗娜和瓦爾古》，第 722-723 頁。

還有什麼比作為舞台偶像，登台只為了聽到人們慷慨獻給自己的掌聲，更加令自尊心雀躍的呢！如同人暢快地呼吸著獻給他祭台的焚香；您的名字從一張嘴裡傳到另一張嘴裡；嘴裡所吐露的只有讚頌；人們愛您、渴求您、追尋您；女人們嫉妒您、奉承您、模仿您；您同時主導音調和調式 [332]。

雷奧諾兒被吸引。她表達自己最後的擔心：

—「我只會講一點兒法語，打從我講意大利語、葡萄牙語和西班牙語以來，所有字的發音都變亂了。」
—「這些很快便會恢復的」，貝薩克夫人對我說道，「丟棄這些外國話，重新習慣語法規則的約束。」[333]

雷奧諾兒不再抗拒了。她學習、反覆練習，而且，儘管怯場使她不能動彈，她在狄德羅作品《一家之主》（*Le Père de famille*）中的演出獲得成功，這是薩德偏愛的劇目之一，在給夫人的信中他寫道：

關於這部《一家之主》，你還沒讀卷首的獻詞：這是一

332. 同上，第 939 頁。
333. 同上，第 939-940 頁。

篇傑作。我請你讀一讀吧；儘管是獻給一位公主的，可它是一套對天下母親皆適用的教育準則，而且它真的很了不起。你做得到的時候，就讀給你兒子聽。我們會從中重新認識狄德羅[334]。

（比方說他在其中寫道：「女人對於男人來說是最動人的自然造物。

沒有這個命運注定的伴侶，男人作為整個自然的所有者，會是可憐、孤獨和悲哀的。

……失控的激情奪走了靈魂的安寧。無節制的享樂奪走了健康。享樂的盤算是當下的盤算，而正是在這一點上它是錯的。耽於享樂的人並沒有預見等著他的衰弱和厭倦。

當激情消退，愧疚、厭倦和痛苦便開始了。於是他害怕端詳自己。而美德總是得意洋洋地端詳自己。」[335]）

正是在波爾多劇院一場《一家之主》演出的場合上雷奧諾兒和聖維爾才終於重逢。戲劇性的轉折（coup de théâtre），真是名符其實。演出被取消了，而在後台則上演著更緊張的劇情：「有人通報新手女演員昏倒了，不可能演出《一家之主》了，而整個戲班跟我們一起待在休息室裡，

---

334. 《薩德全集》，第 XII 卷，第 259 頁，1780 年 12 月 14 日信件。
335. 《狄德羅全集》（*Œuvres complètes*），巴黎，Hermann 出版，1980 年，第 X 卷，第 188 頁。

閉門不出。」[336] 小說繼續發展，此一插曲的加入只不過是薩德從自己的戲劇經驗中獲取養分來豐富他的小說寫作的多種方式之一。

薩德作品是對於打破所有束縛的巨大且不倦的勸勉，但至少尊重其中一種：語法規則的束縛。在薩德那裡，在他藝術凌駕一切的特徵之一（在最純粹的語言中談猥褻）和他對朗誦（déclamation）的興趣（一種讓人聽到法語之精妙的方式）之間，存在一種不可分的聯繫；這必然在他的風格中帶來一種唸說（diction）的效果。這兩套東西在他的生命中永遠都無法分開。薩德從未停止寫作。他更沒有停止表演。語法和句法在薩德同時身為劇場人和作家的活力中扮演了一種居於首要地位的角色。

如果只涉及到唸說，薩德應該會將自己限定在朗誦上（為了這方面的演練，大革命為他提供了舞台）。但他還希望有戲劇空間的有形呈現。

舞台上的黑夜

不論他握有什麼樣的條件，薩德從未在腦海中出現過一種簡陋劇場（théâtre pauvre）的想法。極簡主義（minimalisme）從未吸引過他。他對戲劇的寫作慾望關聯著大型視覺機關的

---

336. 《阿麗娜和瓦爾古》，第 722 頁。

設置，在其中布景、燈光、舞台空間都扮演了關鍵角色。在一封給安伯萊神父的信中，薩德寫道：

> 我的想法跟布封先生（M. de Buffon）的有點像。我在愛情裡只喜歡滿足並且找到的好東西也只有這個。這方面的形上學對於我而言是最平庸和最大而無當的（gigantesque）東西，而且當如同戲劇藝術所要求的，我必須用它來點綴我的作品時，我就打退堂鼓了[337]。

對於戲劇，如同對於愛情，薩德採取了一種非形上學式的取徑。他對於戲劇的樂趣是物質主義的。他的劇作《唐克瑞德》（*Tancrède*）是一個關於張冠李戴的故事：主人公，認為自己跟敵人決鬥，事實上殺死了未婚妻。我們從中認出——以「無情色」（sans érotisme）的方式被呈現，也就是說沒有一種放蕩目光（regard libertin）的框架——席林劇場殺戮嗜好中的一種：

> 一個非常離經叛道的人（homme très bougre）以下列方式給自己找樂子。他將情夫和情婦聚在一起：「在這個世上只有一個人」，他對情夫說，「妨礙您的幸福；我

---

337. 1782 年？1 月？信件，引自《薩德戲劇集》，第 III 卷，第 375 頁。

會將他交到您的手裡。」他將他帶進一個陰暗的房間，那裡有一個人躺在床上。深深地被挑動，年輕人會拿刀捅這個人。他一幹完，我們就讓他看到他所殺的是自己的情婦[338]。

（在《索多瑪一百二十天》結尾處被簡要勾勒出來的性嗜好 [passions schématisées] 是薩德的源頭活水，他從中不斷汲取小說和戲劇情境的靈感。）

對薩德而言，《唐克瑞德》的構思也落在一種宏偉的視角中，落在透過他的照明而來的一種地點建構中：

一段戰爭音樂響起，幕布升起，視野廣闊；在左側遠處，是耶路撒冷城，城周圍環繞著有雉堞、塔樓的高聳城牆……；在營地和城市間是一片無遮掩的小平地，如今無序地鋪滿很多戰爭武器。在各種東西中，我們看到一座傾倒的高塔。這些武器是昨夜的「悲慘進攻」中才被使用過的武器，一支敵方分遣隊跑來一把火燒了它們。幕布升起時，它們燃燒著，眼前的視野中只有月光和這場大火的火光照亮[339]。

---

338. 《索多瑪一百二十天》，第 366 頁。
339. 《薩德戲劇集》，第 I 卷，第 285-286 頁。

幻夢劇（comédie-féerie）《技巧聯合會：阿瑟莉絲》在第 5 場（scène）中包含了一場暴風雨的肆虐：

> 阿瑟莉絲，獨自一人。烏雲密布，閃電不停，但慢慢地我們聽到幾聲遠方的雷聲。海面開始翻湧，風捲起海濤，猛烈地拍打岸邊激起浪花。舞台深處聚集越來越多凶殘的野獸，發出嚇人的嘶吼聲。這場獨角戲的朗誦聲交錯著一些表現出忽強忽弱暴風雨的間奏曲、野獸的吼叫聲、氣流的呼嘯聲及海浪的咆哮聲 [340]。

在這一幕場景的書寫中，相較於對話 —— 無論如何，它們都消失在自然的喧囂中了 —— 的推進，薩德將遠遠更多的重要性賦予了暴風雨的進展及它的恐怖效果。

在某處，當可憐的阿瑟莉絲呼喊道：

> 我對老天爺做了什麼它要讓我遭遇如此多的不幸！
> 而且為什麼它那令人討厭的手
> 為我指定了如此悲慘的日子！

薩德指出：

---

340. 同上，第 II 卷，第 209 頁。

劇場籠罩在最深的陰暗中，舞台上的光只來自許許多多
的閃電及不時打在樹上、在亮光中將樹木劈斷而讓情境
更多恐怖的雷電之火 [341]。

舞台上的黑夜（nuit sur scène）對薩德的劇場、對他的戲
劇意涵（sens du drame）來說都至關重要。因為表現它事實
上令光線的驟然或漸進出現變得更加神奇。在《貞‧萊斯奈
或博韋圍城》（*Jeanne Laisné ou le Siège de Beauvais*）中：

劇場在整個作品演出過程中呈現了一個十分寬敞的公共
廣場，被哥特式建築環繞：……一片寧靜，劇場在最深
的陰暗之中。只有快到第一幕第四場的時候，它才開始
悄悄照亮：這幕結束時，亮如白日 [342]。

因為沉浸在陰暗中的舞台上，聲音的存在感加強了。
例如，在這同一齣劇目裡，薩德為第一場戲註記道：「庫西
（Coucy）、尚普利（Champlit）、道特雷（Dautrey），三人
從佈雷勒（Bresle）身邊出現，在黑暗中遊蕩。庫西，以一種
低沉的聲音……」（第一卷，第 78 頁），而稍後，第三場戲：

---

341. 同上，第 210-211 頁。
342. 同上，第 I 卷，第 77 頁。

「西麥（Chimai）、庫西、馬修（Mathieu）、萊斯奈。*在這場戲中的三個演員必須依據他們所身處的關鍵情境（situation critique），以及依據他們怕被人聽到的擔憂害怕來調整他們的嗓音*（第一卷，第 83 頁）。」

遊戲指示

　　薩德的劇場表現出他在修辭學方面的精湛技藝，它得自於他讓觀點多重化並針鋒相對的樂趣上。他與遵守精確規則的戲劇寫作方式一脈相承，薩德善於顛覆其規則。他從傳統的故事情節中取材，為它們加入那些揮之不去的主題，有時用喜劇的音調處理，有時則以悲劇的調式呈現，比如父親的暴力和壓迫（尤其是在強制婚姻中）或是張冠李戴（帶有讓情人錯殺其愛人的明顯喜好）。但此處讓我們最感興趣的顛覆方式是人物的去心理化（dé-psychologisation du personnage），相對於一整套在一種宏偉尺度上進行思考的照明、音樂還有空間元素，人物只佔據次要位置。薩德式人物，正如皮埃爾・弗朗斯的評論，「是一種機械、一種詭計（machination），是些沒有面孔的口唇，一種話語及一種沒有源頭、不然就只是虛構的聲音，它們不是被建構著，而是在表演中被消耗著。」[343] 這就是為什麼薩德能夠用一種平

---

343. 皮埃爾・弗蘭斯（Pierre Frantz）：《薩德：文本，戲劇性》（*Sade: texte, théâtralité*），見《薩德：書寫危機》，第 197 頁。

淡無奇的隱喻來界定一種感情，他似乎經常缺席於書寫的文本之中，但對於一切跟演員的導演有關的事，他都警覺以對。在文森堡和巴士底創作了他大部分的戲劇，薩德極度精確地想像著聲音、語調、唸說：「*因此，至關重要的是，以最高的細膩程度，於兩造之間，在發音咬字上，讓這場戲產生細微的差別*」，他在《反覆無常的人》（*Le Capricieux*）裡寫道。

強弱程度、節奏總是被指明。如果說在這些劇本的書寫方面很難說出什麼獨特之處，但是確確實實有著一種在他表演計畫上特有的節奏。針對《技巧聯合會》（它在一種狂想曲的形式下被構思），薩德寫道：這是一部「可以說幾乎沒有喘息」[344] 的劇作。

正是通過口音（薩德對「加斯科化的人物」（rôles gasconnés）[345] 情有獨鍾，在《技巧聯合會：神秘的塔樓》[*L'Union des Arts: la Tour mystérieuse*] 和《老古董》[*Les Antiquaires*] 中便是如此），他暗示一個人物的喜劇性。正是通過一種語調的嘎然轉換，他讓人感受到一個人心中燃起的惡毒。薩德明白絕對不能讓一些如同他小說裡一樣惡貫滿盈的人物登上舞台。他將對戲劇的興趣 —— 作為弄虛作假的技藝，作為騙人把戲的露骨勝利 —— 與他呈現邪惡的意志融合成同一種嗜好，即他的邪惡人物首先是藉由虛假（fausseté）

---

344. 《薩德戲劇集》，第 I 卷，第 366 頁。
345. 同上，第 II 卷，第 78 頁。

來表現的。他們是一些不知悔改的騙子（trompeurs），他們享受自己虛情假意的樂趣。「弗洛朗日（Florange），一副裝出來的溫柔；*手法高明*」，薩德指明道（《反覆無常的人》，第一卷，第 346 頁）；又或者：「封羅斯，*在他極端冷靜和一種古怪興趣的表象下掩蓋著他的心緒不寧*」（《反覆無常的人》，第一卷，第 371 頁）；又或者是《技巧聯合會：危險的人》：「聖 - 法勒，*特別狡黠地*」，「聖 - 法勒，*看上去特別坦率且特別真誠*」等等。

夏倫敦的劇場

　　薩德在夏倫敦精神病院度過了他人生的最後十一年。友誼很快地讓他跟院長庫勒米爾先生（M. de Coulmier）拉近距離，也因為友誼讓他在這座機構舉辦的兼具醫療性與戲劇性的精彩節目中扮演了一個重要的角色。庫勒米爾先生——很有活力和聰明的人物——是一名還俗的神父。這位普利孟特瑞會（les Prémontés）前會長在大革命期間表態支持第三等級（le tiers état），並且因為他在財政問題上的立場而特別受到矚目。作為國民議會議員，他的很多演講都出版了：《關於公民宣誓的看法》（*L'Opinion sur le serment civique*）、《關於財政的提案》（*Motion sur les finances*）、《關於指券的提案，既非破產，亦非紙幣……》（*Motion sur les assignats, Ni banqueroute, ni papier-monnaie...*）。當這位矮小、醜陋又駝背

的庫勒米爾先生——跟他偏愛的院友一樣,他也擁有對於享樂的放縱之愛——成為在夏倫敦的這所「前慈善兄弟會收容所」的主管,在主任醫生夏爾・傑勞迪(Charles Giraudy)的建議和支持下,他決定嘗試讓病人參與戲劇活動的想法。在自娛中被治癒。夏倫敦的劇場是一種運用歡樂(gaîté)甚至運用世俗享樂(mondanité)的治療法。通過增加舉辦「社交中無傷大雅的遊戲(jeux innocents)、音樂會、舞蹈、和全部由病人們所表演的戲劇」[346],庫勒米爾先生確信將有助於他們恢復健康。這個計劃——包括每週一次的音樂會和舞會,還有每個月一次的戲劇表演——釀成了醜聞;尤其它由薩德全權負責——他正式擔任了這些奇特演員的唸說老師。

夏倫敦收容所

1804 年,夏倫敦收容所的主治醫生、「亞維儂瘋人院」(maison des insensés d'Avignon)的前任醫生、皮奈爾(Pinel)的學生夏爾・傑勞迪,發表了這段同時表現出他人道主義觀念和科學好奇心的回憶:

夏倫敦國家收容所是法國第一所只用於治療精神病人(aliénés)的收容所;這也是第一所,在這裡無法治癒的病人絲毫不會損害那

---

346. 庫勒米爾先生(M. de Coulmier):《夏倫敦收容所概要》(*Précis sur la maison de santé de Charenton*),勒維引用,參見《薩德傳》,第 607 頁。

些還有可能被治癒者的地方；在這裡，病人在任何情況下都不會被視為徹底失去判斷能力的人；在這裡，他們既不會被粗暴對待，也不會被惡意戲弄，既不會被可怕的鐐銬鎖住，也不會承受任何其它不人道的處置；……

兩棟主樓（corps-de-logis）分別住著男人和女人，每棟各自被分成四組，具備單獨的散步場；在第一組裡，安置了狂躁、吵鬧、特別激動的精神病人；在第二組裡安置憂鬱、安靜或不太激動的精神病人；在第三組裡安置痴呆（idiots）和癲癇病人（épileptiques）；在第四組裡安置處於康復期的病人，同他們在一起的還有那些間歇性的狂躁症（manie intermittente）病人，當然只在他們意識清醒的時候。

在每一個主樓裡，都配備了普通浴室，還有實施清醒浴和淋浴的浴室。

這些浴室受到相當的隔絕，被帶來病人的喊叫、怒罵聲，只能隱約被那些一旦感到不舒服、其平靜就受到干擾的人聽到……

這些被命運折磨、只能求助於這些公共援助的人，有多少感激，沒有向那些學者表達啊！他們強有力的訴求使存在於人間的野蠻行徑（1786 年在巴黎主宮醫院仍然被奉行著，乃至於將三個精神病人綁在一張床上而互相成為他們癲狂發作的受害者）消失……

《論專治精神病患的夏倫敦國立收容所》（*Mémoire sur la Maison nationale de Charenton, exclusivement destinée au traitement des aliénés*）

共和十二年花月呈內政部

巴黎，醫學協會印刷所（Imprimerie de la Société de médecine），共和十二年

一邊為了自己有一天從夏倫敦出去而規畫著三人的生活安排（跟他的伴侶康斯坦絲，還有收容所一名女僱員的女兒年輕的瑪德琳 [Madeleine]），同時繼續努力讓自己的劇作在巴黎的劇院上演並撰寫著他最後一部重要的放蕩小說和一些歷史故事，侯爵另一邊也在他所指導並吸引了許多觀眾的表演上頭投注了很多精力。透過皮特 · 韋斯（Peter Weiss）的劇作《馬拉－薩德》（*Marat-Sade*），我們可以對這些表演產生一種無序的、狂亂的看法。相反地，我想在此強調薩德在這些戲劇活動上所給予的得體調性（ton de convenance）。當我們閱讀薩德為庫勒米爾先生所寫的這篇《致謝辭》時，與吼叫和瘋狂下的狂暴相反，跟他外露的激烈相差甚遠，我們發現一種用詩句書寫的對於柯繆斯之神充滿理智的召喚 [347]。對薩德來說，瘋癲無法成就表演。正是這種被仔細留意的平和（lisse）、禮貌，想像起來才令人感動。參與者致力於不要招致「品味社會」（bonne société）的好奇，使得他們前來消遣。

在巴黎，他們有成百上千的表演可供選擇。他們可以觀賞法國人劇院（Théâtre-Français）的《快樂的賭注》（*L'Heureuse gageure*）、皇后劇院（théâtre de l'Impératrice）的《奧林匹斯、維也納、巴黎、和羅馬》（*L'Olympe, Vienne, Paris, et Rome*），

---

347. 柯繆斯之神（Dieu Comus）：拉丁語中的歡樂與美食之神。——譯者註。

歡樂劇院（théâtre de la Gaieté）的《天上蜂巢》（*La Ruche cé-leste*）、雜耍劇院（théâtre du Vaudeville）的《十五歲的軍官》（*L'Officier de quinze ans*）、綜藝劇院（théâtre des Variétés）的《小紅帽》（*Le Petit Chaperon rouge*）。他們可以笑著看《丑角灰姑娘或神奇的狗》（*Arlequin Centrillon ou le Chien merveilleux*）、《天上搖籃》（*Berceau céleste*）、《打鼓的女孩》（*La Fille Tambour*）、或是《我快窒息了》（*Je suffoque*）。但是不，他們選擇去瘋人劇場。經歷幾小時的舟車勞頓，他們到達夏倫敦-聖-莫里斯村（Charenton-Saint-Maurice）。他們在陰暗中認出馬恩河，穿過庭院，從男子病樓（pavillon）和澡堂（又稱「恐怖澡堂」[bain de terreur]）前經過，進入女子病樓，在那裡的頂樓，根據薩德的指示，建造了戲劇廳。他們談論羅馬王的誕生 [348]、梅萊妮・勒梅特勒（Mélanie Lemaître）的雙人芭蕾舞、斯塔爾夫人（Mme de Staël）的一封信、前一夜的暴風雨……他們入座，不情願地閉上嘴。在他們對面，在幕布後面，那些既膽怯又激動的演員們低聲複習他們的角色。每個人都竭力做到沒有障礙、失措、走音的情況。他們全神貫注並盡可能念好薩德先生創作的韻文。如同正常的演員。精心佈局地（Bien artificieusement）。

---

348. 指拿破崙一世之子（François Joseph Charles Bonaparte, 1811-1832），他一出生即被其父冊封為羅馬王（roi de Rome）。——譯者註。

回憶

　　瑪麗-康斯坦絲·凱斯奈——我們沒有她的任何肖像或是信件——是侯爵在二十四年間（1790-1814）的伴侶。這位曾當過演員的年輕女士在夏倫敦分享著薩德的日常生活及戲劇活動。在薩德的《日記》中，可以找到這樣一則註記，見證著他對這位被他暱稱為「感性」的女人的柔情：

　　我不該忘記，我親愛的朋友在她生病的頭一個星期同我講的那又強烈又痛徹心扉的話，這令我一旦獨處時便流下不少眼淚；一天她像是在感謝我對她的照拂時說道：「*那麼您無論如何都希望我活下來？*」又一次：「*您不會收留我太久了*」；這話聽來更可怕，因為跟我十二或十三個月前夢到的話可以連結起來。另一天她認真地盯著我並同我說道：我清楚地知道您會將我埋葬的（哦！不，不，因為我會追隨你的）。

《未出版日記》（*Journal inédit*），

1808 年 6 月，第 75 頁

在表演旁，浪蕩子邊欣賞邊手淫……

馬爾泰娜說過的一個男人，以觀看女孩從梯子高處摔下為樂，如此讓他的性嗜好完美（但要確認是哪位）。他將一個女孩安置在一個小支架上，面對著一口深水潭，在水潭另一邊是一堵牆，為她提供了一條退路，尤其是這面牆上靠著一把梯子而讓這退路更加可靠。但是她必須跳進水潭中，而且因為在她置身的支架後有一團火逐步向她逼近，這讓她更加著急地想要跳進水潭。如果火燒著了她，她會被燒死，而由於她不會游泳，如果，為了躲避火焰，她跳進水裡，她則會淹死。然而火勢蔓延，她決意跳進水裡並去抓住她看見的那把靠牆梯子。通常的下場是她會淹死：那麼一切就結束了。如果她夠幸運能夠到達梯子底下，她爬上去，可是在梯子的上端預先準備了一個梯級，在她爬上時在她腳下斷掉，讓她掉進一個被土覆蓋因而她看不見的洞裡，由於她身體的重量而塌陷，讓她掉進一堆炙熱的炭火中被燒死。這位浪蕩子在表演旁一邊欣賞一邊手淫。

（《索多瑪一百二十天》，第 357 頁）

《奧克斯提埃恩伯爵或放蕩的危險》

愛奈斯汀（Ernestine），*使出全身的力量說話。*

叛徒，在你讓我失去尊嚴的情況下，你能夠同我結成什麼連理呢？我不停地擺盪在恥辱和羞辱間，不停地擺盪在擔憂和眼淚間，想方設法地將我的配偶擄獲在他僅僅出於責任才形成的關係中。說吧，奧克斯提埃恩（Oxtiern），這世間，還有什麼平靜和幸福時刻

會降臨在我身上呢？一邊是仇恨和失望，另一邊是束縛和悔恨；婚姻的火焰只會用暴怒的火焰來為我們點燃，蛇將是我們的紐帶，而死亡將是我們唯一的希望。

奧克斯提埃恩，*急忙跪在愛奈斯汀跟前，然不改虛偽。*
那麼好吧！既然只有我該死，那麼打死我吧。愛奈斯汀，我的心在這兒；用你的雙手將這有罪的血傾倒出來吧，它不配再驅動著這個曾經如此殘忍地輕視你的野蠻存在了。

愛奈斯汀，*使出更大的力量說話並且推開他。*
願它可以流得到處都是，卻不沾濕大地；它會在其上滋生出罪惡。

奧克斯提埃厄，*站起身來。*
那麼您想怎麼樣，愛奈斯汀？我可以做什麼來證明我的愛和懺悔呢？

愛奈斯汀，*不屑、用力說話和怒火。*
你的愛，絕不……你的懺悔，我或許會相信，如果你打碎你的卑鄙覆蓋在我愛人身上的鐵鍊的話：去向法官揭露你的陰謀；去接受你的罪行該領受的死：不要再讓大地負擔起令之疲倦的重量了，自從照耀著你的日子以來，陽光都變得不純淨了。

奧克斯提埃厄，一股*傲慢隱忍著*。

愛奈斯汀好像還搞不清楚自己的處境？

（《戲劇集》，《薩德全集》，第 III 卷，

第 5 場戲，第 95-96 頁。）

《奧克斯提埃恩》的婉拒信

吾十分榮幸隨信附上，先生，您的「奧克斯提埃恩或放蕩的危險」（Oxtiern ou les Malheurs du libertinage）手稿。委員會不認為我們能夠上演一部建立在最醜惡殘暴性上的劇作，並獲得成功……

米哈蒙（Miramond），費伊度街劇院

（théâtre de la rue Feydeau）

致薩德，1791 年 7 月 25 日

那不勒斯王的戲劇

—「我們再回到另一個房間吧」，費爾迪南（Ferdinand）說道，「我們或許可以在那裡嚐到其他的感官享樂」。

這個巨大的房間被一座宏偉的劇場佔據著；七種不同的酷刑看來已經備妥；四名劊子手，像戰神一樣赤裸且俊美，將為每一種酷刑效勞，第一種是火刑；第二種是鞭刑；第三種是絞刑；第四種是輪刑；第五種是樁刑；第六種是砍頭；第七種是剁成肉塊。我們每個人都有一塊寬闊的場地，好讓我們站著，在裡頭可見五十個最漂

亮孩子的肖像，有男有女。我們進入為我們預備好的位置，不過每人配備一條鞭子、一個小女孩和一個小男孩，好在行刑過程中為我們的享樂服務；在圍繞我們四周的每個肖像旁，都有一條響鈴索。

——「輪到的時候，每個人」，費爾迪南對我們說道，「從環圍在他身旁的五十個肖像中選出一個受害者，拉扯跟他對象相應的響鈴索：他所指定的受害者隨即被帶來；他可以拿他玩樂一番……接著，你們可以看到，在每個位置上都有一座樓梯可以通向劇場：他讓受害者從此處登上，並併到最讓他勃起的酷刑項目上，接著，如果他樂意的話，他可以自己執行；否則的話，他可以向他所選出的酷刑劊子手示意，而這個受害者，會立即被這個男人帶走，並在他眼前行刑。不過，考量怎樣對您的享樂最好，請勿一個接著一個幹：我們是自己時間的主人，任何事都不能催促我們，生命中運用得最好的時刻就是我們剝奪其他人生命的那些時刻。」

（《朱麗葉特的故事》，《薩德全集》，

第 IX 卷，第 410-411 頁。）

《瀆職者》（*Le Prévaricateur*）

菲洛克（Philoquet），*想像自己還在跟賽勒慕小姐*
（Mlle de Selmours）說話
為了讓您擺脫害怕和困窘
盡我所能早地，我趕來，小姐，
向您證明我的敬意、我的愛慕和我的熱忱，

在我所做的報告中，十分不可能

人們將一個完美的勝訴判給聖 - 阿勒本（Saint-Albon）。

我如此有效地削弱他反對的理據

以至於毫無異議地他馬上敗訴了

而勝利確定屬於賽勒慕家的先生們。

　　　　低聲且溫柔地對著阿特娜伊絲（Athénaïs）說

哎呀，敬請您始終記得

或者至少讓我有機會吹捧一下我的記憶

關於賜給勝利的美味獎賞？

　　　阿特娜伊絲，*恢復她在第三幕戲時的語氣和性格*

毫無疑問，都白說了，您一點也不會指望我什麼

理所當然，先生，您將被一筆勾銷；

對於您的傑出服務沒有任何忘恩負義，

我感覺到您做出了巨大犧牲；

正直、榮耀……

　　　　　　　　菲洛克

盡是胡思亂想，

我們不再停留在這些不值得一提的東西上。

所有這些擄獲人的幽暗束縛

如今都喪失了力量：在我們身處的世紀裡

公正意味著服務其朋友。

僅只為此，人應當對其意見有所保留

受害者是有權利的，我們知道並且有何重要呢

一旦命運必須落在一個人身上，

並且要考慮整個全體

在宿命眼中任何選擇都無可撼動地是公平的，

有何重要呢……於是我說管他是保羅還是皮埃爾

去經歷那討人厭的命運之怒

這出於一個如此真實、如此被認可的無所謂

如果質疑它，就是不講道理。

或者我要問一問是否在這樣的情況下

我們膽敢決定運氣就是犯了錯，

站在能夠取悅我們想要服務的人這一邊：

正直，有人說？我們必須擺脫它。

我們別再像我們年邁的先祖們一樣混日子。

必須始終是他的看法的主人

而哲學有權規定它們。

（《戲劇集》，《薩德全集》，第 III 卷，

第 2 場，第 193-194 頁）

《瀆職者》的婉拒信

先生，我已經盡我所能認真地看了您在第五幕戲中的修改，而且我直率地跟您坦白它們並不能令我滿意。菲洛克是一個惡棍……這樣的一個人是沒有辦法懺悔的……他想方設法所要糟蹋、侮辱、使之成為自己惡行重罪受害者的家庭，會為了一個值得稱頌的情感而犧牲掉它公正的報復，這合情合理嗎？或許是吧，但也許這發生在人性形式之外吧？況且，這個原諒，公眾恐怕不會接受。當公眾聚集起來的時候，它是公正且貞潔的；它希望罪惡遭受懲罰。寬恕一個菲洛克，這是要讓他們產生反感，摧毀您劇作的道德目的並造成一個危險的例子。就連上帝自己也做不出來……

蓋亞爾（Gaillard），法蘭西戲劇院（Théâtre Français）

致薩德，1791 年 8 月 31 日

手淫課

歐仁妮

哦，老天爺啊！它伸展得多麼長啊！……

多勒蒙塞

您如今的動作變得更加熟練，更來勁了……位置讓我一下，好好看看我是如何做的。（*他幫奧古斯丁勃起。*）您看到這些動作多

麼有力同時更加柔軟嗎？……來，重新來，尤其不要反覆拍打……
好！它精力滿漲；我們現在來檢視一下它是否真的比騎士先生的還
要粗大。

歐仁妮

毋庸置疑；您看得很清楚，我都握不住它了。

多勒蒙塞，*量著尺寸*

是的，您說得有道理：長十三寸周長八寸半。我從沒見過比這
還粗的。這就是所謂的極品陰莖。來享用它嗎，女士？

德・聖-昂熱夫人（Mme de Saint-Ange）

當我在這鄉下時，每晚固定都來。

多勒蒙塞

不過是在屁眼裡吧，我希望？

德・聖-昂熱夫人

比在陰戶裡還多些。

多勒蒙塞

啊！該死的！何等的放蕩啊！……欸，說真的，我不知道我是
否受得起。

德 · 聖-昂熱夫人

別繃得太緊啊，多勒蒙塞；它進入你的屁眼就會像進入我的一樣……

（《閨房哲學》，《薩德全集》，第 III 卷，
第 451-452 頁。）

薩德日記的最後一頁

21 日我的表妹第八次前來拜訪；我非常滿意她，她細細詢問了折磨我的病痛，並十分體貼地說，如果他們不給我開陳酒（vin vieux）的處方，她會自己給我寄來，並且家裡已經同意負擔這次治療的額外費用，不過她拿房間的變化當話題，開了不少長度的玩笑。她去見院長，向他說了以上所有事宜，而隔天布萊尼（Bleni）便前來看我，並給我開了我之前留下並將繼續遵循的治療處方。

表妹好幾次談到*自由*。

22 日我見了布萊尼，他給我開了一個藥方，起初他們同意陳酒，第二天他們只給我不多於半瓶的量，對治療而言，這完全不對，Md.[康斯坦絲 · 凱斯奈] 替我去反應了。

Mad. 短暫地去了巴黎，尋找 78 f（r）。

26 日同一天 Md. 從巴黎回來並帶回錢可卻沒帶回酒，她說放貸者（Boursier）等著她的錢；我的疼痛一直十分劇烈，副主治醫生

前來為我安置陰囊懸帶（suspensoir）；我當時已經痛了八天，尤其是碰觸到或是晚上的時候。

27 日 Mgl.[瑪德琳]：第 96 次前來拜訪，她對我所細述的這些疼痛看來非常感同身受；她不曾去過舞會並允諾不會去任何一個，她談到將來，說她下個月 19 日就滿十八歲了，隨後像往常一樣任憑我們小遊戲的擺佈，允諾周日或是下週一再來，感謝我為她做的，並且讓我明白她不曾背叛也沒想背叛。在這次會面過程中，里瓦雷訥（Varennes）帶來了羅茲先生（M. Roze）的回覆，他快要著手工作了。Mgl：呆了兩個小時，我十分滿意。

Mg：在她拜訪時，整個盧梭式舞會的放蕩。

夫人向摩西 [薩德給自己取的名字] 確認，據丈母娘全部所說的，春天之前什麼都別指望。據我看來，應該要到 3 月 5 日或 6 日，這樣全部滿 14 個年頭，而且 11 年 5 或 6 日是我用鉛筆寫在我佩拉日門上的數字。

1814 年 9 月 30 日他們第一次給我綁上了皮繃帶（bandage de peau）。

薩德侯爵於 1814 年 12 月 2 日逝世。[349]

---

349. 第一及第十一章分別從發表在 *Critique* 以及 *Les Cahiers de la Comédie-Française* 上的兩篇文章的基礎上發展而來。我在此感謝 Jean Piel 與 Jean-Loup Rivière 允許我在這本書中重新利用。

為其珍貴及友好的合作，我在此向薩維爾・德・薩德伯爵（comte Xavier de Sade）表達我的謝意。

附
錄

薩德生平

1733

11 月 13 日：讓 - 巴迪斯特 · 約瑟夫 · 弗朗索瓦（Jean-Baptiste Joseph François），薩德伯爵，索芒（Saumane）和拉考斯特（La Coste）的領主、馬桑（Mazan）的共同領主，迎娶瑪麗 - 艾雷奧諾爾 · 德 · 瑪耶 · 德 · 卡爾門（Marie-Éléonore de Maillé de Carman）。薩德伯爵夫人是孔岱王妃（princesse de Conté）的隨從女官（dame d'accompagnement）和親戚。

1737

卡羅林 - 勞拉（Caroline-Laure）出生。

1739

11 月 24 日：讓 - 巴迪斯特的父親蓋斯帕爾 · 弗朗索瓦 · 德 · 薩德（Gaspard François de Sade）去世。他曾是教皇克萊蒙十一世（pape Clément XI）轄下的沃奈桑伯爵領地大使（ambassadeur du Comtat）以及亞維儂法官（viguier d'Avignon）。

卡羅林 - 勞拉去世。

1740

6月2日：多納西安 • 阿爾方斯 • 弗朗索瓦（Donatien Alphonse François）出生。他在孔岱宅邸的內宅（appartements）中度過自己最初的童年。他是路易-約瑟夫 • 德 • 波旁王子（prince Louis-Joseph de Bourbon）的玩伴。

1741

薩德伯爵成為科隆選帝侯（Électeur de Cologne）、克萊蒙-奧古斯特 • 德 • 維特斯巴赫大主教（archevêque Clément-Auguste de Wittelsbach）的全權部長。

1744

多納西安被托付給住在亞維儂的祖母，後又被托付給他的叔叔保羅 • 阿爾方斯 • 德 • 薩德（Paul Alphonse de Sade），他是學識淵博的享樂主義者和聖萊傑德埃布呂伊的西多會修道院（abbaye cistercienne Saint-Léger d'Ebreuil）的代理主教。多納西安輪流住在波旁省（Le Bourbonnais）和普羅旺斯省（索芒城堡）。

1745

2月：薩德伯爵在辛西格（Sinzig）被奧地利軍隊逮捕。被押送到安特衛普，之後又到魯汶，他在11月獲釋。他的外

交生涯至此結束。

1746

8 月 13 日，瑪麗 - 弗朗索瓦絲（Marie-Françoise）出生，幾天之後便去世。

1750

回到巴黎，多納西安去路易大帝中學（collège Louis-le-Grand）上課。他與自己的老師安伯萊神父（abbé Amblet）親近，一段持續他一生的友誼。

1753

夏天：初戀。

1754

入社會。軍旅生涯開始。進入位於凡爾賽的輕騎兵學校（école des chevau-légers），二十個月以後，官拜少尉（sous-lieutenant）。

1755

薩德伯爵擔心兒子的未來，因為如同他的翻版，兒子行為輕率、愛花錢、荒淫。

1756

6 月 27-28 日：多納西安參加「七年戰爭」的戰役。

6 月 27-28 日：攻佔馬翁港（Port-Mahon）。

1757

1 月 14 日：晉升為普羅旺斯伯爵騎兵團（régiment des Carabiniers du comte de Provence）的執燕尾旗軍官（cornette），即掌旗官（officier porte-drapeau）。

1758

6 月：薩德在西伐利亞的克雷費爾德戰役（bataille de Crevelt）中戰鬥。

10 月：待在鄉下一個月，在隆熱維爾城堡（château de Longeville）。

1759

春天：駐紮在聖 - 迪濟耶（Saint-Dizier）。有人給伯爵寫信：「您親愛的兒子表現優異；他討人喜歡、順從、幽默……軍旅遷徙恢復了他當初被巴黎的聲色犬馬所薰染的健壯和氣色。」

1760

薩德伯爵夫人歸隱地獄街（rue de l'Enfer）的卡梅利特修道院（couvent des Carmélites）。

1763

「七年戰爭」結束，薩德的軍旅生涯也確然結束。

5 月 17 日：與熱內 - 佩拉日・德・蒙特勒伊（Renée-Pélagie de Montreuil）成婚。迷戀著一位普羅旺斯的領主夫人，薩德萬念俱灰。他流連妓院，並在穆夫塔爾街（rue Mouffetard）上租了一處「小公館」（petite maison）。

10 月 29 日：因褻瀆和過度放蕩而被監禁在文森堡監獄（Vincennes）。11 月 13 日獲釋，薩德隱遁於蒙特勒伊家族在諾曼地的埃修福城堡（château d'Echauffour）。他熱衷於建立一個社交劇場。

1764

薩德獲得第戎法庭（parlement de Dijon）接待 [350]。

薩德夫人懷孕。孩子在出生後不久即死亡。

薩德神父（abbé de Sade）三卷本的《彼特拉克生平回憶錄》（*Mémoires pour la vie de Pétrarque*）出版（1764-1767）。

---

350. 薩德繼承其父的司法官（lieutenant-général）頭銜，赴法庭發表演說。——譯者注。

侯爵為了一些女演員消沉。

1765

與老鴇波娃桑（la Beauvoisin）同遊普羅旺斯。回到巴黎，比起妻子，他更樂意住到這位高級妓女家裡。蒙特勒伊庭長夫人愈發惱怒。

1766

11 月 4 日：在阿爾克伊（Arcueil）的小公館。根據警察，薩德在此找來「跟他進行不正常淫蕩關係的男男女女，不分日夜，引起很多醜聞。」

1767

1 月 24 日：薩德伯爵去世。他獲得了一份殘缺不全的遺產。薩德在拉考斯特接受了屬於新領主的臣從宣誓（hommage）。

8 月 27 日：路易 - 瑪麗（Louis-Marie）出生。

10 月 16 日：「人們不消多久便會聽到薩德伯爵先生的可怕行徑」（馬黑警探 [Inspecteur Marais]）。

1768

4 月 3 日：這個復活節早上，薩德在勝利廣場（place des

Victoires）上搭訕了一個叫羅斯・凱勒（Rose Keller）的女人。他將她帶至阿爾克伊，讓她自己脫得一絲不掛、鞭笞她並將她關進房間。她逃跑並報案。「衝著他來的公眾憤恨已經超出言語可以表達的程度……」，薩德的一位女性朋友寫道，「人們認為他幹下這樁瘋狂的笞淫（flagellation）來嘲諷耶穌受難。」

薩德被關在里昂附近的皮埃爾-恩西斯（Pierre-Encise）。1768 年 11 月 16 日獲釋，被勒令隱遁到自己的領地上。

1769

5 月：薩德回到巴黎，「徹底自由」。

6 月 27 日：多納西安・克勞德・阿爾芒（Donatien Claude Armand）出生。

9 月 25 日至 10 月 23 日：荷蘭旅行。撰寫《荷蘭遊記，以書信形式》（*Voyage de Hollande, en forme de lettres*）。

1771

4 月 27 日：瑪德琳-勞拉（Madeleine-Laure）出生。

9 月：因為債務問題被關入主教堡監獄（Prison de Fort-l'Évêque）。

全家在拉考斯特短住。

1772

6月：侯爵預先規劃了一些淫亂活動。馬賽：跟四個妓女（瑪麗安 [Marianne]、瑪麗埃特 [Mariette]、瑪麗安奈特 [Mariannette] 以及蘿絲 [Rose]）和他的侍從拉圖爾（Latour）的聚會：笞淫、雞姦、斑蝥春藥。

第二天，相同的把戲，對象是某位名叫瑪格麗特・考斯特（Marguerite Coste）的人。

薩德回到家並重新投入戲劇活動。這些馬賽女人們報案，告他蓄意下毒。

7月：薩德與妻妹安娜-普羅佩・德・勞奈（Anne-Prospère de Launay）潛逃至意大利。他岳母的怒火達到頂點。9月：侯爵和他的侍從，因犯雞姦罪，在普羅旺斯的艾克斯（Aix-en-Provence）以模擬像的方式（en effigie）被處死並火燒。罪犯當時在威尼斯。在秋天，薩德躲在尚佩里（Chambéry）。

12月：應蒙特勒伊庭長夫人的要求，被撒丁尼當局逮捕。被關在米奧蘭堡壘（citadelle de Miolans）。

1773

4月：薩德從廁所窗戶逃脫。他的幫兇是拉雷男爵（baron de l'Allée）。獲得自由，他要求將他的狗送還給他。

1774

1 月：城堡遭到搜查。

3 月：侯爵，喬裝成教士，離開拉考斯特。他在意大利住了一段時間。

9 月：里昂。薩德夫婦雇用了七位家僕：秘書安德烈（André）、貼身女僕娜儂（Nanon），以及五名女孩。

冬季狂歡。

1775

安德烈還有懷有身孕的娜儂的父母向司法當局報案。

薩德再度前往意大利。在那裡待了一年。

1776

夏天：返回拉考斯特。開始寫《意大利遊記》（*Voyage d'Italie*）。

（9 月）：在羅馬，薩德的意大利友人伊貝爾提醫生（docteur Iberti）因為替侯爵收集無恥的軼事而被宗教裁判所（l'inquisition）逮捕。

1777

1 月 14 日：他的母親薩德伯爵夫人去世。

2 月 13 日：前往巴黎，薩德採取了一切必要的謹慎措施，

因密函（lettre de cachet），在他跟妻子下榻的丹麥旅館（hôtel du Danemark）內被逮捕。他被關在文森堡的主塔（donjon）裡。

12 月 31 日：薩德神父去世。

1778

6 月：普羅旺斯的艾克斯審判：「至少有兩百人聚集……來看薩德先生，但由於坐椅旁簾子遮擋，他們希望落空了。侯爵在我看來並沒有因為第一次審訊而特別激動。」（馬黑警探）

薩德，被判無罪，盤算著將被釋放，卻在 2 月 13 日密函重新生效的情況下，當局準備將他重新送進監獄。在瓦倫斯（Valence），他逃跑到拉考斯特，8 月 26 日夜裡他在此被捕。9 月 7 日：文森堡監獄。他被關入 6 號牢房。

1779

薩德吩咐他那名叫「青春」的侍從抄錄他的《意大利遊記》若干頁面。

1780

聽聞人們有意將他放逐到島上，薩德十分驚惶：「如果人們來硬的，我寧願在岸上被千刀萬剮也不願登上任何一艘

船。」

6 月：跟同樣被關的米拉波（Mirabeau）間產生嚴重口角。

10 月：女僕勾彤（Gothon）去世。（薩德：「……她可是一個多世紀以來出自瑞士山區最美的 c…[譯按：c…應為 cul 屁股的省略] 了。」）

1781

侯爵拒絕去蒙特利瑪爾監獄（prison de Montélimart）。

5 月 13 日：安娜 - 普羅佩 · 德 · 勞奈去世。

薩德夫人在聖 - 奧爾修道院（couvent de Saint-Aure）定居。

1783

薩德忍受著可怕的眼痛。

自傳計劃：「我想寫——只為我自己，我向您發誓——《我一生的回憶錄》（*Mémoires de ma vie*）」（1783 年 9 月 15 日寫給妻子的信）。

他要求看盧梭的《懺悔錄》，被拒絕。

1784

1 月 25 日：他忠實友人瑪麗 - 多羅特 · 德 · 胡塞（Marie-Dorothée de Rousset）去世。

薩德擔心被流放至蒙特勒伊夫人的一座城堡裡：「……

她會命人將我扔進地牢的一個密室裡並向世人公佈我死了。」

2月29日：被轉移至巴士底監獄。在那裡五年內，同時著手多個計畫，他孕育出了他的主要著作。

1785

薩德完成了《索多瑪一百二十天》。

繼續撰寫《意大利遊記》。

侯爵要求養一隻狗。

1786

「……在等待現銀期間，在這些我還付得起的極少數小玩意兒中，我保留了花，在我悲慘的境況下，它們是我唯一的快樂。」（致洛訥少校 [major de Losme] 的信，6月30日）

1787

薩德朗誦他的悲劇《貞 · 萊斯奈》（Jeanne Laisné），這是他在巴士底獄中創作出的眾多劇目之一。

在6月23日至7月8日間：創作了第一個版本的《美德的厄運》（*Infortunes de la vertu*），採取哲理小說（conte philosophique）的形式。

1788

完成《歐仁妮・德・弗朗瓦爾》（*Eugénie de Franval*）。

薩德建立了作品全集（catalogue raisonné）。他花費三年創作的作品《阿麗娜和瓦爾古》（*Aline et Valcour*）完成。

一道雷劈在巴士底監獄的一座主塔上。

1789

7月4日：被轉移至夏倫敦（Charenton）。

1790

4月2日：因為法令廢止了密函的效力，薩德獲釋；蒙特勒伊夫人思忖著是否有一種合法的方法將她的女婿當成例外處理。

6月9日：離婚。財務問題惡化。

薩德，在他表姊妹德爾菲娜・德・克萊爾蒙-托奈爾（Delphine de Clermont-Tonnerre）的社交圈中，重新拾起了他的社交興趣。他努力讓自己的劇作上演。

7月1日：薩德在匹克分區（la section des Piques）獲得了他「有權選舉的公民」（citoyen actif）證。

8月25日：與瑪麗-康斯坦絲・凱斯奈（Marie-Constance Quesnet）相遇。1月，她前來跟薩德同住，連同她的兒子，

地點在納夫 - 德 - 馬特倫街（rue Neuve-des-Mathurins）。

1791

匿名出版《朱斯蒂娜或美德的不幸》（*Justine, ou les Mal-heurs de la vertu*）。

王室家族出逃：薩德，有可能在逃亡者被押解回巴黎的馬車經過時，將他的〈一位巴黎公民向法蘭西人國王的請願書〉（Adresse d'un citoyen de Paris au roi des Français）丟進車窗。

《奧克斯提埃恩伯爵或放蕩的結果》（*Le Comte Oxtiern ou les Effets du libertinage*）在巴黎莫里哀劇院（théâtre Molière）上演。

1792

薩德被任命為匹克分區書記。他的名字被列在了隆河口省（Bouches-du-Rhône）逃亡貴族名單上。拉考斯特遭洗劫。

10 月：完成關於巴黎醫院的報告。

11 月：完成〈關於法律制裁方式的想法〉（Idée sur le mode de la sanction des lois）。

他的兩個兒子流亡。

1793

4 月 8 日：晉升為控訴陪審員。薩德解救了蒙特勒伊一家：

「如果我動了口，他們便會下場悽慘。我選擇噤聲：我便是這樣報仇的。」

10 月 9 日：朗讀〈向馬拉與勒・佩勒梯耶的亡靈說話〉（Discours aux mânes de Marat et de Le Pelletier）一文。

12 月 8 日：逮捕。「弗朗索瓦・德薩德（François Desade），五十三歲，出生於巴黎，作家」，被送至瑪德羅奈特修道院（Madelonnettes）關押。在極其惡劣的拘留條件下，被監禁六個星期。

1794

1 月 12 日：輾轉於幾所恐怖統治時期的監獄：卡爾門（Carmes）、聖 - 拉薩爾（maison de Saint-Lazare）、皮克皮斯（Picpus）。

7 月 27 日：薩德被判處死刑。

熱月 8 日：在康斯坦絲不懈的斡旋下，薩德逃過了最後一輛斷頭台囚車。

10 月 15 日：獲釋。

1795

匿名出版《閨房哲學》（*La Philosophie dans le boudoir*）和《阿麗娜和瓦爾古，或哲理小說》（*Aline et Valcour, ou le Roman philosophique*），由「公民 S***」創作。

1796

賣掉拉考斯特。購得聖-托安（Saint-Ouen）的一戶房子。

1797

匿名出版《新朱斯蒂娜或美德的不幸，接著她的姐妹朱莉葉特的故事或邪惡的富足》（*La Nouvelle Justine ou les Malheurs de la vertu, suivie de l'Histoire de Juliette, sa sœur, ou les Prospérités du vice*）。

1799

薩德在凡爾賽收容所（hospice de Versailles）。在這座城市的劇院裡做提詞人。

1800

與其女友人，再次返回聖-托安。出版《奧克斯提埃恩伯爵或放蕩的不幸》（*Oxtiern ou les Malheurs du libertinage*），以及《愛之罪》（*Crimes de l'amour*），正文前〈關於小說的想法〉（*Idée sur les romans*），「由《阿麗娜和瓦爾古》的作者 D.A.F. 薩德」所作。

1801

3 月：薩德被自己的出版者舉報，在後者家中被捕。查獲一本《新朱斯蒂娜》和《朱麗葉特的故事》一卷。侯爵被押送至聖 - 佩拉日監獄（Sainte-Pélagie），又從這兒被送到比色特爾監獄（Bicêtre）。他在這個臭名昭著的監獄裡待了兩年。

1803

4 月 27 日：應他家族的要求，薩德離開聖 - 佩拉日前往夏倫敦，在那裡，直到最終，侯爵對於會被送到一個更遠地方監禁的擔憂都沒有停過。

康斯坦絲與薩德一起住在監獄中，達成了薩德夫人無法實現的夢想。

嚴密的警方監視。薩德所保存的大部分日記及許多手稿都被收走並銷毀。

1805

在跟夏倫敦的院長庫勒米爾先生（M. de Coulmier）有私交的情況下，薩德主持了夏倫敦劇場（直到 1813 年）。

路易 - 瑪麗出版了《法蘭西民族史》（*Histoire de la Nation française*）第一卷。

1806

　　薩德在他的工作註記上寫道：「我在 1806 年 3 月 5 日開始謄清稿子（le net）。我完成了十六本冊子，剛好花了一年。」（《弗蘿貝兒的日子》[*Les Journées de Florbelle*]）

1807

　　《弗蘿貝兒的日子或被掀開面紗的天性》的冊子（*Journées de Florbelle ou la Nature dévoilée*）被查獲，被指為「一系列根本無法形容的淫穢、褻瀆及卑鄙」。應他小兒子的要求，手稿將在他死後焚毀。

1808

　　9 月 15 日：多納西安・克勞德・阿爾芒與他的堂妹路易斯・加布里埃爾・勞拉・德・薩德・德伊紀埃爾（Louise Gabrielle Laure de Sade d'Eyguières）成婚。

1809

　　6 月 9 日：受薩德偏愛的大兒子路易 - 瑪麗去世。他在意大利靠近奧特朗托（Otrante）的一條路上被那不勒斯叛亂分子謀殺。

1810

7月7日：薩德夫人去世。

1812

薩德撰寫《阿德拉伊德・德・布倫斯維克》（*Adélaïde de Brunswick*）。

1813

薩德完成《巴伐利亞的伊莎貝拉》（*Isabelle de Bavière*）。

匿名出版歷史小說《剛日侯爵夫人》（*La Marquise de Gange*）。

1814

12月2日：多納西安・阿爾方斯・弗朗索瓦・德・薩德逝世。

作品的倖存：19 世紀或對薩德之名的詛咒

在他去世前的幾年，薩德從一位親戚那裡收到了一本夏多布里昂（Chateaubriand）的《基督教真諦》（*Le Génie du christianisme*）。

我唯有十分誠摯地感謝您，我親愛的表姊妹」，他回答她道，「剛剛給我的這份很美的禮物。我向您保證我對此十分重視，而且《基督教真諦》，乘著那位集美德、才智及恩典於一身的佳人之翼到我身邊，只會產生您期盼的所有良好效果。可是，我親愛的表姊妹，您送給我的這件討人喜歡的禮物卻附上怎樣的表達啊！在討喜得多又風趣得多的遣詞用字中，您要向我傳達的字面意思卻毫不誇張地是：當您變乖的時候，您就可以出院了。恕我冒昧問您，對一個受病痛和監禁所迫的悲慘老人，我們說出這種話，是恰當的嗎？要麼我是我所當是的那樣（je suis ce que jc dois être），要麼我永遠都不會成為那樣。在我兩難境地的第一條支路中（唯一真實的），如果我是我所當是的那樣，而且我確實如此，那麼讓我承受如此長時間的痛苦又有什麼意義呢？……

在諷刺語氣之外，這段話還反映出一個存在於思想正統

社會（société bien-pensante）裡的現實，那就是，對這種社會來說，光是侯爵的名字本身就是詛咒了。被打發到瘋人院，不斷被司法部長富歇（Fouché）威脅要流放到遠離巴黎的地方（漢姆城堡 [le château de Ham]），薩德變成了達到恐怖極致的被拒斥對象。在幻想和傳奇之間，在各式各樣圍繞著他的謠言與抨擊所釀成的混淆和誇張中，他成了一個駭人聽聞的人物——既是舊制度的惡棍，又是大革命的同謀，並最終，只能借由一群悲慘的瘋子去擾亂他最淫亂的最後慾火。在他父親去世後，多納西安・克勞德・阿爾芒讓警察局燒了《弗蘿貝兒的日子》的手稿，他這一舉動代表了一整個時代對薩德所持的態度（路易十八、查理十世的復辟時期、路易-菲利浦王朝、第二共和國時期……），對這個時代來說，應該燒了薩德：一筆勾銷關於他的記憶，查禁他的作品。因此在皮埃爾・拉魯斯（Pierre Larousse）的《19 世紀通用大字典》（*Le Grand Dictionnaire universel du 19 siècle*）中關於《朱斯蒂娜或美德的不幸》是這樣寫的：「關於這本偏執及情色的可恥作品，《通用大字典》將書本介紹的精確性予以省略以便將欄位留給那些文學傑作。關於它，我們僅以寥寥數語帶過。寫這類東西的人，在這些下流不堪的頁面中體現出他的思想和他的慾望的人（其中也許包含了他生活中的一些真人實事），夏倫敦保留了他的位置。」（第 IX 卷，1873）

　　這位被公認令人厭惡到難以形容的作者的書，只能通

過地下通道編輯出版。圖書館的禁區、私人收藏的秘密、某些精神病專家和作家的好奇心，是僅有的一些管道，能夠見證侯爵作品一種地下的、扭曲的、殘缺的倖存狀態。這種官方的定罪、這種籠罩在薩德滔滔不絕宣揚內容之上的噤聲（chape de silence），產生了至少不亞於這種鎮壓的一種執念效果（effet d'obsession）。龔古爾兄弟愛德蒙和儒勒（Edmond et Jules de Goncourt）在他們的《日記》（1855年）中寫道，「福樓拜，一位被薩德先生糾纏不休的聰明之士，總是會回到薩德身上，如同回到一個引誘他的謎團。」並且經常在他們記載下談話內容的晚會或晚宴上，話題一直都是圍繞在「薩德先生」身上。同福樓拜一樣，19世紀也被薩德糾纏不休，並幾乎完全對這一糾纏不發一語或只是間接地表現出來。福樓拜，沒有引用他的名字，卻在《薩朗波》（*Salammbô*）中放進了《朱麗葉特的故事》的句子，巴爾扎克在《金眼女郎》（La Fille aux yeux d'or）中寫道：「人們跟我們談到《危險關係》以及另一本我不知道是什麼的書——以一名女僕來命名——的不道德；然而卻存在一本可怕、骯髒、令人厭惡、使人墮落並始終敞開、人們從未闔上的書，即世界這本大書，更不用說還有另一本危險一千倍的書，裡面記載著夜晚在舞會上在男人間口耳相傳的或在女人間在扇子下所聊的一切事情。」同樣入迷的波特萊爾（Baudelaire）則記錄道：「必須永遠回到薩德，也就是說，回到自然的人（homme naturel）

身上，來解釋惡……」，同時於斯曼（Huysmans）在《逆流》（*A rebours*）中也寫道：「實際上，薩德侯爵留下其名的這種狀況跟教會一樣古老；它曾經在 18 世紀橫行肆虐（為了不追溯得更遠），通過一種祖傳舊習（atavisme）的簡單現象，將中世紀惡魔夜會（sabbat）上褻瀆神明的活動帶回來。」也需要提到激烈拒斥及公開憎惡陣營中的米什萊、以及儒勒‧雅靈（Jules Janin）（他被佩特魯斯‧博萊爾 [Pétrus Borel] 激怒，因為後者將薩德稱為「殉道者」[martyr]：「但是如果說密函曾經可以從某個方面加以辯解，但是如果說國家監獄曾經派上用場，但是如果說當權者抓走一個人並占有了他的身體及靈魂曾經有其道理，那麼應該正是這個人充作一個殺雞儆猴的榜樣！一個殉道者！一個殉道者！薩德侯爵，一個殉道者！」），還有巴爾貝‧德‧阿爾維利（Barbey d'Aurevilly）（「儘管薩德的書 [既然有人敢提及] 是齷齪下流的，並且由於書寫它們的語言使它們變得更加齷齪下流，然而它們的罪惡和危險並不怎麼在於它們可惡的描繪上，而是更在於伴隨這些描繪而來的可惡詭辯 [sophisme] 上」），而在帶著一種熱切期待和一種清晰閱讀的一方，幾乎是唯一一位的斯溫伯恩（Swinburne），他在探究了《朱斯蒂娜或美德的不幸》之後，寫給一個堅信不疑的薩德主義者里查德‧蒙克同‧米勒尼斯（Richard Monckton Milnes）：「起初我以為自己將要在這位如此有天分的作者所造成的受害者名單上再添一

人；我真的以為我將要死去，不是把我劈成兩半就是笑到窒息而死……關於這位陰莖愛好者，我忘記了一點：為什麼您從未對我說過這是一位如此優秀的抒情詩人呢？在《阿麗娜和瓦爾古》的第八部分有一首歌詞，在我看來，縱觀整個18世紀的法國文學，它是一種文雅與質樸語言的最精緻例子……它與同時期英國的布萊克（Blake）的詩相似，兩個人的詩都既美妙又完美，跟當時盛行的非常不同，由於它們的雅緻和泰然的美感而相當具有中世紀的色彩。」（1862年8月18日）

他的作品很難尋覓，人們閱讀它如同接近一項可怕的秘密，在其中薩德、他的文本以及性虐主義不過是一體的。這種針對薩德作品的嚴厲審查一直持續到1904年，那一年伊萬‧布洛施（Iwan Bloch）博士（以歐仁‧杜航 [Eugène Duehren] 為化名）出版了《索多瑪一百二十天》。以下的日期、並且標誌著作家薩德漫長平反之標竿的日期，意味著程度相當的戰鬥。我們可以列出：

1909

紀堯姆‧阿波利奈爾（Guillaume Apollinaire）出版《薩德侯爵作品集，節選》（*L'Œuvres du Marquis de Sade, pages choisies*）。

1926

莫里斯・海涅（Maurice Heine）為哲理小說社（Société du Roman philosophique）成員出版《小故事、短篇小說及韻文諷刺故事》（*Historiettes, Contes et Fabliaux*），巴黎。

莫里斯・海涅出版《一個教士和一個垂死者的對話》（*Dialogue entre un prêtre et un moribond*），巴黎，Stendhal et Compagnie 出版。

1929

保羅・布爾丹（Paul Bourdin）出版《薩德侯爵、他的家人以及友人未出版書信集》（*Correspondance inédite du Marquis de Sade, de ses proches et de ses familiers*），巴黎，Librairie de France 出版。

1930

莫里斯・海涅出版《美德的厄運》（*Infortunes de la vertu*），巴黎，Éditions Fourcade 出版。

1931-1935

莫里斯・海涅校訂出版《索多瑪一百二十天或淫亂學校》（*Les Cent Vingt Journées de Sodome, ou L'École du liberti-*

nage），巴黎，S.et C. 出版，由珍本愛好預訂者（Bibliophiles souscripteurs）出資。

1947

讓 - 雅克・鮑威爾（Jean-Jacques Pauvert）開始出版《薩德全集》（*Œuvres complètes*）。

莫里斯・納多（Maurice Nadeau）出版了一部薩德文選。

1952

吉爾伯特・勒雷（Gilbert Lely），《薩德侯爵的人生》（*Vie du Marquis de Sade*），卷一。

1953

吉爾伯特・勒雷出版《法國王后巴伐利亞的伊莎貝拉秘史》（*Histoire secrète d'Isabelle de Bavière, Reine de France*）以及《個人備忘錄（1803-1804）》（*Cahiers personnels（1803-1804）*），巴黎，Gallimard 出版。

1957

讓-雅克・鮑威爾因出版《閨房哲學》、《新朱斯蒂娜》、《朱麗葉特》及《索多瑪一百二十天》被定罪。

吉爾伯特・勒雷出版《薩德侯爵的人生》，卷二。

1962-1964

15 卷《薩德全集》在珍本社（Cercle du livre précieux）出版。

這份年表在編訂上參照了吉爾伯特 · 勒雷及莫里斯 · 勒維的薩德傳記，以及弗朗索瓦絲 · 拉加 - 特勞（Françoise Laugaa-Traut）的《閱讀薩德》（*Lectures de Sade*）一書，其以許多例子為佐證，提供了一個對於薩德作品接受史 —— 法國文學中獨一無二的歷史 —— 的細緻分析。

參考文獻

薩德作品 Œuvres de Sade

Sade (Donatien Alphonse François, Marquis de), in *Œuvres complètes*, Paris, Cercle du livre précieux, 1966-1967, 16 tomes en 8 vol.

N. B.: Nos citations de Sade renvoient à cette édition, sauf pour les textes publiés dans *Œuvres*, t. I, Paris, Gallimard, coll. « Bibl. de la Pléiade »,1990.

Œuvres. t. I, édition établie par Michel Delon, «Sade philosophe » par Jean Deprun, Paris, Gallimard, coll. «Bibl. de la Pléiade », 1990 (contient: *Dialogue entre un prêtre et un moribond, Les Cent Vingt Journées de Sodome, Aline et Valcour*).

Théâtre, édition mise en place par Annie Le Brun et Jean-Jacques Pauvert, Paris, Éditions Pauvert, 1991, 3 vol. (t. XIII, XIV et XV de la nouvelle édition des *Œuvres complètes du Marquis de Sade* par Annie Le Brun et Jean-Jacques Pauvert, commencée en 1986).

Cahiers personnels (1803-1804), textes inédits, établis, préfacés et annotés par Gilbert Lely, Paris, Corrêa, 1953.

Journal inédit, deux cahiers retrouvés du *Journal inédit du Marquis de Sade* (1807, 1808, 1814), suivis en appendice d'une *Notice sur l'hospice* de Charenton par Hippolyte de Colins. Publiés pour la première fois sur les manuscrits autographes inédits, avec une préface de Georges Daumas, Paris, Gallimard, coll. «Idées », 1970.

書信集，檔案 Correspondances, documents

Bourdin (Paul), *Correspondance inédite du Marquis de Sade, de ses proches et de ses familiers*, Paris, Librairie de France, 1929.

L'Aigle, Mademoiselle..., lettres publiées pour la première fois sur les manuscrits auto graphes inédits, avec une préface et un commentaire par Gilbert Lely, Paris, Georges Artigues, 1949.

La Vanille et la Manille, lettre inédite à Mme de Sade... Cinq eaux-fortes originales de Jacques Hérold, Paris, coll. « Drosera», 1950.

Monsieur le 6, lettres inédites, publiées et annotées par Georges Daumas, Paris, Julliard, 1954.

Mon arrestation du 26 août, lettre inédite, suivie des *Étrennes philosophiques*, Paris, Jean Hugues, 1959.

Lettres et Mélanges littéraires écrits à Vincennes et à la Bastille avec des lettres de Mme de Sade, de Marie-Dorothée de Rousset et de diverses personnes, recueil inédit publié sur les manuscrits autographes de l'Arsenal par Georges Daumas et Gilbert Lely, six introductions de Gilbert Lely, Paris, Ed. Borderie, 1980, 3 tomes en 1 vol.

Lettres inédites et documents retrouvés par Jean-Louis Debauve, correspondance publiée avec introduction, biographies et notes par Jean-Louis Debauve, préface et chronologie de Annie Le Brun, Paris, Ramsay/J.-J. Pauvert, 1990.

研究薩德的部分法語出版書籍
Choix de livres sur Sade publiés en français

Adorno (Théodor W.), Horkheimer (Max), *La Dialectique de la raison*, traduit de l'allemand par Eliane Kaufholz, Paris, Gallimard, 1974.

Alméras (Henri d'), *Le Marquis de Sade: l'homme et l'écrivain, d'après des documents inédits, avec une bibliographie de ses œuvres*, Paris, Albin-Michel, 1906.

Apollinaire (Guillaume), *L'Œuvre du Marquis de Sade*, Paris, coll. des Classiques galants, «Les Maitres de l'amour», 1909.

Barthes (Roland), *Sade, Fourier, Loyola*, Paris, Éd. du Seuil, 1971.

Bataille (Georges), *La Littérature et le Mal*, Paris, Gallimard, 1957.

Beauvoir (Simone de), *Faut-il bruler Sade? (Privileges)*, Paris, Gallimard, coll. «Idées» 1955.

Blanchot (Maurice), *L'Inconvenance majeure*, préface à *Sade, Français, encore un effort....*

Paris, J.-J. Pauvert, coll. « Libertés », 1965.

-, *L'Insurrection, la Folie d'écrire*, Paris, Gallimard, 1969. Réimpr. dans *Sade et Restif de La Bretonne*, Bruxelles, Complexe, 1986.

-, « La Raison de Sade », dans *Lautréamont et Sade*, Paris, Éd. de Minuit, 1963. Réimpr. dans *Sade et Restif de La Bretonne*, Bruxelles, Complexe, 1986.

Breton (André), *Manifestes du surréalisme*, Paris, J.-J. Pauvert, 1962.

Brochier (Jean-Jacques), *Le Marquis de Sade et la Conquête de l'unique*, Paris, Losfeld, «Le Terrain vague», 1966.

- ,*Sade*, Classique du xx siècle, Ed. Universitaire, 1966.

Cabanès (D), *Le Marquis de Sade et son œuvre devant la science médicale et la littérature moderne*, par le Dr Jacobus X, Paris, Carrington, 1901.

Camus (sous la direction de Michel), *Obliques*, n° 12-13, « Sade », Paris, 1979.

Carter (Angela), *La Femme sadienne*, Paris, Henri Veyrier, 1979, trad. fr. par Françoise Cartano de *The Sadeian Woman*, Londres, Virago, 1979.

Chérasse (Jean A.)et Guicheney (Geneviève), *Sade, j'écris ton nom Liberté*, préface de Xavier de Sade, Paris, Pygmalion, 1976.

Cormann (Enzo), *Sade, concert d'enfers*, Paris, Éd. de Minuit, 1989.

Deleuze (Gilles), *Présentation de Sacher-Masoch*, avec le texte intégral de *La Vénus à la fourrure*, trad. de l'allemand par Aude Willm, Paris, Ed. de Minuit, 1976.

Delpech (Jeanine), *La Passion de la marquise de Sade*, Paris, Ed. Planète, 1970.

Desbordes (Jean), *Le Vrai Visage du Marquis de Sade*, Paris, Éd. de la Nouvelle Revue Critique, 1939.

Didier (Béatrice), *Sade: une écriture du désir*, Paris, Denoël/Gonthier, 1976.

Duehren (Eugène) (pseud. de Dr. Iwan Bloch), *Le Marquis de Sade et son temps*, trad. de l'allemand par le D'A Weber-Riga, préface d'Octave Uzanne, Berlin, Barsdorf, Paris, Michalon, 1901.

Fin de l'Ancien Régime (La). Manuscrits de la Révolution: Sade, Rétif, Beaumarchais, Laclos. (sous la direction de Béatrice Didier et Jacques Neefs). Presses universitaires de Vincennes, 1991 (A. Angrémy, M. Delon, G. Festa, M. Lever, J.-J. Pauvert, Ph. Roger).

Flake (Otto), *Le Marquis de Sade*, trad. de l'allemand par Pierre Klossowski, Paris, Grasset, 1933

Fauskevag (Svein-Eirik), *Sade dans le surréalisme*, Solum Forlag A/S Norvège-Privat France, 1982.

Fauville (Henri), *La Coste, Sade en Provence*, préface de Michel Vovelle, Aix-en-Provence, Edisud, 1984.

Favre (Pierre), *Sade utopiste. Sexualité, pouvoir et État dans le roman*

«*Aline et Valcour*», Paris, PUF, 1967

Festa (Georges), *Les Études sur le Marquis de Sade. Contribution à une bibliographie ana lytique*, thèse de 3 cycle, Université de Clermont-II (dactyl.), 1981.

Frappier-Mazur (Lucienne), *Sade et l'écriture de l'orgie*, Paris, Nathan, 1991,

Garçon (Maurice), *L'Affaire Sade*, Paris, J.-J. Pauvert, 1957.

Heine (Maurice), *Le Marquis de Sade*, texte établi et préfacé par G. Lely, Paris, Gallimard, 1950.

Henaff (Marcel), *Sade. L'invention du corps libertin*, Paris, PUF, 1978.

Jean (Raymond), *Un portrait de Sade*, Actes-Sud, 1989.

Klossowski (Pierre), *Sade mon prochain*, Paris, Éd. du Seuil, 1947.

-, *Les Derniers Travaux de Gulliver, suivi de Sade et Fourier*, Fata Morgana, 1974.

Laborde (Alice), *Sade romancier*, Neuchâtel, A la Baconnière, 1974.

-, *Le Mariage du Marquis de Sade*, Paris-Genève, Champion-Slatkine, 1988.

-, *Les Infortunes du Marquis de Sade*, Paris-Genève, Champion-Slatkine, 1990.

-, *La Bibliothèque du Marquis de Sade au château de La Coste (en 1776)*, Genève, Slatkine, 1991.

Lacan (Jacques), *Ecrits II*, Paris, Éd. du Seuil, 1971.

Lacombe (Roger G.), *Sade et ses masques*, Paris, Payot, 1974.

Laugaa-Traut (Françoise), *Lectures de Sade*, Paris, A. Colin, 1973.

Le Brun (Annie), *Les Châteaux de la subversion*, Paris, J.-J. Pauvert, 1982.

-, *Soudain un bloc d'abîme*, Sade, Paris, J.-J. Pauvert, 1986.

-, *Sade, aller et détours*, Paris, Plon, 1989.

-, (présentés par), *Petits et Grands Théâtres du Marquis de Sade*, Paris, Art Center, 1989.

Lely (Gilbert), *D.-A.-F. de Sade*, Paris, Seghers, 1948.

-, *Sade. Étude sur sa vie et sur son œuvre*, Paris, Gallimard, collection «Idées», 1967.

-, *Sade. Étude sur sa vie et sur son œuvre*, Paris, Gallimard, 1952-1957, rééd. in *Œuvres complètes*, Paris, Cercle du livre précieux, t. I-II, 1962, 1966, 1982 (J.-J. Pauvert, Éd. Suger); rééd. Mercure de France, 1989.

Lever (Maurice), *Les Buchers de Sodome*, Paris, Fayard, 1985.

-, *Donatien Alphonse François, Marquis de Sade*, Paris, Fayard, 1991.

-, (sous la dir.), *Bibliothèque Sade (I)Papiers de famille, 1. Le règne du père (1721-1760)*, Paris, Fayard, 1993.

-, *(sous la dir.), Bibliothèque Sade (II)Papiers de famille, 2. Le Marquis de Sade et les siens (1761-1815)*, Paris, Fayard à paraitre en novembre 1994).

Marquis de Sade (Le), Centre aixois d'études et de recherches sur le xviii siècle, Paris, A. Colin, 1968. (J. Biou, A. Bouër, A. Bourde, J.-J. Brochier, J. Cain, H. Coulet, J. Deprun, C. Duchet, J. Fabre, J.-M. Goulemot, P. Guiral, B. Guyon, R. Jean, J. Molino, P. Naville, M. Parrat, J. Tulard, M. Vovelle).

Mishima (Yukio), *Madame de Sade*, version fr. d'André Pieyre de Mandiargues, Paris, Gallimard, 1976.

Paulhan (Jean), *Le Marquis de Sade et sa complice, ou les revanches de la pudeur*, préface de Bernard Noël, Paris, Complexe, 1987.

Pauvert (Jean-Jacques), *Sade vivant*, t. I «Une innocence sauvage 1740-1777»Paris, Robert Laffont, 1986; t. II: « Tout ce qu'on peut concevoir dans ce genre-là...», 1989; t. III: « Cet écrivain à jamais célèbre... », 1990.

« Pensée de Sade (La)»*Tel Quel*, n°28, hiver 1967 (P. Klossowski, R. Barthes, Ph. Sol
lers, H. Damisch, M. Tort).

Roger (Philippe), *Sade. La philosophie dans le pressoir*, Paris, Grasset, 1976.

Sade. Écrire la crise, Centre culturel de Cerisy-la-Salle (sous la dir, de Michel Camus et Philippe Roger), Paris, Belfond, 1983. (J.-C. Bonnet, M. Camus, N. Châtelet, M. Delon, B. Didier, J.

Ehrard, J.-P. Faye, L. Finas, B. Fink, P. Frantz, J. Gillibert, J.-M. Goulemot, A. Pfersmann, J. Proust, Ph. Roger, Ch. Thomas).

Sade. Revue Europe.

Sade (Thibault de), *Lecture politique de l'idéologie du Marquis de Sade, ou des systèmes politiques raisonnés,* mémoire pour le DEA d'Etudes politiques (dactyl.), 1982.

Saint-Amand (Pierre), *Séduire, ou la passion des Lumières,* Paris, Méridiens-Klincksieck, 1987.

Sollers (Philippe), *L'Écriture et l'Expérience des limites,* Paris, Éd. du Seuil, coll. «Points», 1971.

-, *Sade contre l'Être suprême,* Paris, Quai Voltaire, 1989.

Thomas (Chantal), *Sade. L'ail de la lettre,* Paris, Payot, 1978.

Thomas (Donald), *Le Marquis de Sade,* trad. fr. de A.-M. Garnier et G. G. Lemaire, Paris, Seghers, 1977

Weiss (Peter), *La Persécution et l'Assassinat de Jean-Paul Marat représentés par le groupe théâtral de l'hospice de Charenton sous la direction de Monsieur de Sade,* trad. de l'allemand par Jean Baudrillard, Paris, Ed. du Seuil, 1965.

* 這一節選性的參考文獻，是通過 *Donatien Alphonse François, Marquis de Sade,* de Maurice Lever, Paris, Fayard, 1991. 中的參考文獻建立的。

譯後記

這本《薩德》從開始翻譯到最終出版，歷經三載。我自覺十分有幸，能夠翻譯這樣一部兼具深刻思想和豐富情感的當代學術人文著作。這期間，我亦從法國歸國，完成了從索邦大學博士生到大學教師的身份轉變。這本譯著或可作為我在法國求學生涯的延續，因為我在求學時便研究薩德；它也可算作我青春歲月最美好的印記之一，因為翻譯薩德需要一種足以戰勝理智的熱情，再過十年，我或許不復現今的勇氣和毅力。

在此，我要感謝陳慶浩先生與張寧女士的引薦，讓我得以與台灣的無境文化出版的吳坤墉先生合作。我要感謝吳先生，他給予我在翻譯過程中很大的自由度，令我盡情發揮所長。同時我還要感謝王紹中先生，他的審校工作令這本譯著更加完美，同他的交流也令我收穫了豐厚的翻譯經驗。

我還要感謝索邦大學的兩位教授，一位是我的導師Michel Delon 先生，另一位是我的老師和親切的朋友 Jean-Christophe Abramvoici 先生。兩位都是薩德研究專家，感謝他們不厭其煩地為遇到翻譯難題的我解惑。

最後我要感謝《薩德》的作者，優雅迷人的 Chantal Thomas 女士，與她的相識和交談令我得以近距離領略一位法國乃至歐洲最偉大學者的風采。她對我翻譯工作的支持和幫助是激勵我不斷改善譯文的原動力。

對於我而言，薩德代表一種法國精神的極端化例子，那

就是對個體自由的強烈渴望和對時代真相的徹底揭露。禁止和壓迫在他面前顯得面目可憎，而虛偽和矯飾則會變得蒼白可笑。他的形象在任何時代都有爭議，但其存在的確有永恆的價值。因此，在東西文化交流日益頻繁的今天，我們需要將薩德譯介到漢語世界。這本《薩德》的出版，或可推進這份事業。

沈亞男

2021 年秋，於南京家中

奪朱017
社會政治
批判叢書

薩德

作者｜香塔勒‧托瑪(Chantal Thomas)
譯者｜沈亞男
校閱｜王紹中
美術設計｜楊啟巽工作室
電腦排版｜辰皓國際出版製作有限公司
出版｜無境文化事業股份有限公司
【精神分析系列】　　總策劃／楊明敏
【人文批判系列】　　總策劃／吳坤墉
地址｜802高雄市苓雅區中正一路120號7樓之1
信箱｜edition.utopie@gmail.com
總經銷｜大和圖書書報股份有限公司
地址｜248 新北市新莊區五工五路2號
電話｜(02)8990-2588

一版｜2022年06月
定價｜380元
ISBN 978-986-06019-7-8

Sade by Chantal Thomas
© Editions du Seuil , 1994
Chinese translation Copyright ©2022 Utopie Publishing/©2022沈亞男
All rights reserved, 版權所有，翻印必究。

國家圖書館出版品預行編目(CIP)資料

薩德 / 香塔勒.托瑪(Chantal Thomas)作；
沈亞男譯. -- 初版. -- 高雄市：無境文化，
2022.06
　面；公分
譯自：
ISBN 978-986-06019-7-8（平裝）

UTOPIE